# 教育現場ですぐに役立つ
# 肢体不自由教育の手引書

## ～肢体不自由児の生理・心理・病理から
## 教育課程までこれ一冊で～

松元泰英

# はじめに

　特別支援学校の教員として働き始めると、多くの戸惑いを感じることがあると思います。例えば、学級のペア担任制や実質的に存在しない休み時間、頻繁に学校で目にする保護者の姿などが挙げられます。その中でも特に、肢体不自由児に対する指導支援の在り方に戸惑うことが多いのではないでしょうか。

　なぜこのようなことが起こるのでしょうか。大きな理由の一つとして、学生時代に肢体不自由児と触れ合う機会が少ないことが挙げられます。例えば、特別支援学校教諭免許状（肢体不自由者に関する教育）を有していても、教育実習で肢体不自由児と接する機会が少ない場合が少なくありません。これは、筑波大学附属桐が丘特別支援学校が日本で唯一の国立の肢体不自由児のための特別支援学校であることからもわかるように、教育学部の附属特別支援学校のほとんどが知的障害児を対象にしているためです。そのため、教育実習でも肢体不自由児と接することなく学校現場に赴任することが多いのです。

　もちろん、学生によっては出身地に近い特別支援学校で教育実習を行う場合もあります。その場合、多くの特別支援学校では知的障害と肢体不自由の両方を対象としているため、肢体不自由の子どもと接する場面もあるかもしれません。しかし、学級数などの関係から、教育実習での配属先は知的障害の標準学級であることがほとんどです。

　このような事情から、学生が特別支援学校の現場ですぐに使える肢体不自由教育の知識や技能を身に付けることはかなり難しいことになります。つまり、大学で肢体不自由教育を学んでも、実際に子どもたちと触れ合う機会が少ないため、教育課程や自立活動、個別の指導計画の作成などの内容を机上学習で終えるしかない現状があります。

　特別支援学校の教育現場でよく聞かれる会話として、「肢体不自由教育は習いましたが、実際に肢体不自由児と接したことがないので、どう指導したらいいのかわかりません」「摂食指導は習ったのですが、実際には食べさせたことがないので、食べさせるのが不安です」「肢体不自由の水泳指導は習っていないので、どうやっ

ていいのかよくわかりません」などが挙げられます。これらの問題は、附属特別支援学校の多くが知的障害中心であること、また大学での授業が実践や実技を伴わない場合が多いことに起因していると考えられます。

　そこで、本書では、大学時代にどのような知識や技能を身に付けておけば、特別支援学校で肢体不自由児を担当したときに役立つのか、その内容を記載しています。つまり、大学生向けのテキストになりますが、もちろん、現在特別支援学校で教鞭を執っている先生にも、肢体不自由児と接したことが少ない場合には有効なテキストになるはずです。

　内容としては、教育課程や制度、自立活動、病理、生理、解剖学、運動機能などの肢体不自由教育に必要な知識を中心に、教育現場ですぐに役立つように、写真と図を多く取り入れました。多くの大学では「肢体不自由○○論」と「肢体不自由児の病理、生理、心理」として、2講座分30コマを授業に充てていると思います。その30回分を15章にまとめて記載しました。また、実技を記載してある章もあるので、ぜひ動きを体感してみてください。紙面での学習より興味・関心を持って取り組めると思います。

　使い方は自由です。大学での肢体不自由教育のテキストとして使うもよし、学校現場の肢体不自由児の教育で参考にするのもよし、また、必要な章だけ見るのもよしです。本書は、大学生の皆さんや肢体不自由教育に自信が持てない現場の先生方や肢体不自由教育の基礎・基本を学びたい先生方のために出版した本になります。皆様方のお役に立てることを懇望しています。最後に、三作目となるイラストを描いてくださった燦燦社のさめしまことえ氏、並びに、お忙しい中、モデルを快く引き受けてくださった鹿児島南特別支援学校の有村佳能氏、鹿児島幼稚園の乾はるな氏、鹿児島国際大学の畠成美氏、および出版にさいして労をいとわずにご尽力くださったジアース教育新社の編集部長舘野孝之氏と小須田智香氏、表紙デザインの小林峰子氏、DTP作業の遠藤氏（彩流工房）には深く感謝申し上げます。

2025年3月　松元泰英

# Contents

はじめに ........................................................ 2

## 第1章　肢体不自由教育とは　13

1　肢体不自由の定義 ........................................ 14
2　肢体不自由の教育の歴史について ...................... 15
3　学習指導要領の制定と改訂について .................... 16
4　教育課程について ........................................ 17
5　肢体不自由児の学習上の困難 ........................... 23
　（1）準ずる教育課程の児童生徒の困難さ ............... 23
　　　①　運動や姿勢に対する困難さ
　　　②　視覚認知の困難さ
　　　③　経験や体験不足からくる困難さ
　（2）準ずる教育課程の児童生徒の困難さへの対応策 ... 24
　　　①　運動や姿勢に対する困難さへの支援方法
　　　②　視覚認知の困難さに対する支援方法
　　　③　経験や体験不足からくる困難さに対する支援方法
　（3）知的障害の重複障害（知的代替の教育課程）の授業の注意点 ... 27
　　　①　生活単元学習や遊びの指導、作業学習などの各教科等を合わせた指導
　　　②　肢体不自由の3つの困難性
　　　③　自立活動の時間を考慮した学習内容
　　　④　学級の構成を考慮した学習内容
6　特別支援学校（肢体不自由）教育の専門性 ............. 27

## 第2章　運動機能と解剖学（1）　29

1　肢体不自由教育の難しさ ................................. 30
2　触ることのメリット ...................................... 32
3　身体の構造 .............................................. 33
　（1）解剖学的な位置と方向 ............................. 33
　（2）筋骨格系 ........................................... 34
　（3）上肢 ................................................ 42
　（4）下肢 ................................................ 43

## 第3章　運動機能と解剖学（2）　47

1　身体の動き .............................................. 48
　実技 A…動きを覚えよう ................................. 53

実技 B…肩甲骨の動きを確認しよう ............................................ 53

　2　移乗動作 .................................................................................... 55

　　（1）ボディメカニクス ................................................................ 55

　　　　①　子どもとの距離を近づける

　　　　②　支持基底面を広くする

　　　　③　子どもの身体を小さくする

　　　　④　重心を低く保つ

　　　　⑤　腕力だけに頼らずに、身体の大きな筋群を使う

　　　　⑥　水平移動を考える

　　　　⑦　てこの原理を使う

　　　　⑧　押す力より引く力を活用する

　　（2）移乗動作を支援するときの注意事項 ...................................... 56

　　　　①　移乗動作を支援するときには必ず言葉掛けをする

　　　　②　子どもができる動作は必ず自分でしてもらう

　　　　③　担当者が変わる場合には、引き継ぎをしっかり行っておく

　　　　④　子どもの実態把握を適切に行い、子どもに応じた移乗動作の支援を行う

　　　実技 C…車椅子（椅子）から椅子への移乗動作を体験しよう ............ 57

　　　実技 D…座り直しの支援をやってみよう ...................................... 61

　3　呼吸介助 .................................................................................... 62

　　　実技 E…相手の呼吸を感じてみよう ............................................ 62

# 第4章　医療的ケアについて　　65

　1　医療的ケアとは ........................................................................... 66

　2　学校における医療的ケアの変遷について ....................................... 66

　3　医療的ケアに関する推移 .............................................................. 69

　4　医療的ケアの課題 ....................................................................... 73

　5　医療的ケア児への教育 ................................................................. 74

　6　医療的ケアの内容 ....................................................................... 75

　7　医療的ケアをより効果的にするためには ....................................... 75

　8　経管栄養 .................................................................................... 77

　　（1）経鼻経管栄養 ....................................................................... 77

　　（2）胃ろうや腸ろう ................................................................... 78

　　（3）誤嚥性肺炎の原因 ................................................................ 78

　　（4）経管栄養の実際 ................................................................... 80

　　（5）姿勢と胃の内容物の関係 ....................................................... 82

# 第5章　脳機能と神経　　85

　1　神経の分類と働き ....................................................................... 86

　2　脳の構造と働き ........................................................................... 88

3　情報の伝達経路 ............................................................ 93
　　　　実技 A…膝蓋腱反射を体験しよう ............................... 95
　　4　神経細胞と神経伝達物質 ........................................... 95
　　5　てんかん ...................................................................... 98
　　　（1）　てんかんの分類 ................................................... 99
　　　　　①　原因による分け方
　　　　　②　発作による分け方
　　　（2）発作の種類と状態像 ........................................... 101
　　　（3）学校での教師の役割 ........................................... 103
　　　（4）てんかん発作時の介助 ....................................... 104
　　　（5）抗てんかん薬について ....................................... 105
　　　（6）てんかんの現在の治療法 ................................... 106

# 第6章　水泳指導　107

　　1　指導法について ........................................................ 109
　　2　水の特性 ................................................................... 109
　　　（1）浮力について ....................................................... 109
　　　（2）水圧について ....................................................... 110
　　　（3）水の粘性について ............................................... 110
　　3　水温と室温 ............................................................... 110
　　4　学習時間 ................................................................... 111
　　5　塩素濃度 ................................................................... 112
　　6　衛生管理 ................................................................... 112
　　7　その他 ....................................................................... 113
　　8　学習内容 ................................................................... 113

# 第7章　肢体不自由児に関する疾患　125

　　1　脳性まひ ................................................................... 126
　　　（1）定義と原因 ........................................................... 126
　　　（2）分類 ..................................................................... 127
　　　（3）タイプ別の目標設定 ........................................... 129
　　2　筋ジストロフィー ................................................... 132
　　3　その他の疾患 ........................................................... 134

# 第8章　姿勢と補装具について　147

　　1　基本的な介助や支援の在り方 ............................... 148
　　　（1）抱き方 ................................................................... 148
　　　　　①　緊張の強い子どもの場合
　　　　　②　低緊張の子どもの場合

③　脱臼している子どもの場合

④　身体の大きな子どもの場合

（2）抱っこでの座位の効果 ……………………………… 150

**2　姿勢と姿勢変換** 151

（1）姿勢変換の有効性 ……………………………… 151

（2）仰臥位 ……………………………… 152

（3）側臥位 ……………………………… 153

（4）腹臥位 ……………………………… 154

（5）座位 ……………………………… 154

**3　ポジショニングのポイント** 157

（1）バスタオルとクッション等の活用 ……………………………… 157

（2）変形への対応 ……………………………… 160

①　風に吹かれた股関節への対応

②　股関節脱臼への対応

③　側弯への対応

**4　身長計測の方法** 162

（1）側弯や身体の変形がない場合 ……………………………… 162

（2）側弯や身体の変形がある場合 ……………………………… 162

**5　補装具** 163

# 第9章　ストレッチ 167

**1　他動的ストレッチ** 168

（1）言葉掛けの必要性 ……………………………… 169

（2）身体の部位の意識化 ……………………………… 169

（3）触り方 ……………………………… 169

（4）子どもの表情と教師の表情 ……………………………… 169

（5）姿勢 ……………………………… 169

（6）触る部位 ……………………………… 170

（7）ストレッチの具体的手法 ……………………………… 170

（8）ストレッチの実際 ……………………………… 171

**2　姿勢でのストレッチ** 182

**3　装具によるストレッチ** 183

# 第10章　摂食・嚥下指導（理論編） 185

**1　摂食・嚥下について** 186

**2　摂食・嚥下指導の基礎・基本** 187

**3　肢体不自由児の摂食・嚥下障害の原因** 189

**4　誤嚥の発症のメカニズム** 195

**5　誤嚥の臨床像** 195

**6 摂食・嚥下障害への支援の考え方と直接訓練** 197

 （1）姿勢のコントロール 197

 （2）食形態 199

 （3）口腔に対するコントロール 199

**7 自食** 199

 （1）自食支援のポイント 200

  ① 骨盤が前にずれる

  ② 身体が崩れ斜めになる

  ③ 上肢の活用がうまくいかない

 （2）スプーンの握り方 203

# 第11章　摂食・嚥下指導（実践編） 205

**1 摂食・嚥下について** 206

 実技 A…摂食体験 206

**2 直接訓練** 209

 （1）オーラルコントロールの目的 209

 （2）オーラルコントロールの具体的な方法 210

 （3）異常動作への対応 212

 実技 B…オーラルコントロール 214

**3 間接訓練について** 214

 （1）脱感作 214

 （2）鼻呼吸 215

 （3）バンゲード法 215

  ① 口唇訓練

  ② 頬訓練

  ③ 舌訓練

 （4）歯肉マッサージ（ガムラビング） 217

 実技 C…間接訓練 218

**4 捕食・咀嚼の練習（「自立活動の時間における指導」での直接訓練）** 218

 （1）捕食の練習 218

 （2）咀嚼の練習 219

  ① 舌の側方への動きが見られない場合

  ② 舌の側方への動きがある場合

  ③ 嚥下の促進の方法

**5 水分摂取と水分補給** 221

 （1）水分摂取の介助 221

  ① 水分補給

  ② 水分摂取

（2）水分補給と水分摂取の違い ‥‥‥‥‥‥‥‥ 223

# 第12章　自立活動（基礎編）　225

1　自立活動 ‥‥‥‥‥‥‥‥‥‥‥‥‥‥‥‥‥‥ 226
（1）自立活動とは ‥‥‥‥‥‥‥‥‥‥‥‥‥‥‥ 226
（2）自立活動の授業時数 ‥‥‥‥‥‥‥‥‥‥‥‥ 227
（3）自立活動の指導形態 ‥‥‥‥‥‥‥‥‥‥‥‥ 228
（4）自立活動の目標 ‥‥‥‥‥‥‥‥‥‥‥‥‥‥ 228
（5）自立活動の内容 ‥‥‥‥‥‥‥‥‥‥‥‥‥‥ 229
2　個別の指導計画 ‥‥‥‥‥‥‥‥‥‥‥‥‥‥‥ 231
（1）個別の指導計画と個別の教育支援計画の関係 ‥ 231
（2）個別の指導計画の変遷 ‥‥‥‥‥‥‥‥‥‥‥ 232
（3）自立活動の個別の指導計画の作成に関して ‥‥ 233
（4）個別の指導計画の作成の実際 ‥‥‥‥‥‥‥‥ 234
　　① 実態把握
　　② 指導すべき課題の整理
　　③ 指導目標の設定
　　④ 指導内容の設定
　　⑤ 指導計画の作成
　　⑥ 自立活動の指導の実際
　　⑦ 評価と改善
3　個別の教育支援計画 ‥‥‥‥‥‥‥‥‥‥‥‥‥ 237
（1）個別の教育支援計画とは ‥‥‥‥‥‥‥‥‥‥ 237
（2）個別の教育支援計画の対象者 ‥‥‥‥‥‥‥‥ 237
（3）個別の教育支援計画の作成プロセス ‥‥‥‥‥ 238
（4）実際の形式について ‥‥‥‥‥‥‥‥‥‥‥‥ 239

# 第13章　自立活動（応用編）　241

1　肢体不自由児と自立活動の現状 ‥‥‥‥‥‥‥‥ 242
2　自立活動の課題 ‥‥‥‥‥‥‥‥‥‥‥‥‥‥‥ 242
3　個別の指導計画 ‥‥‥‥‥‥‥‥‥‥‥‥‥‥‥ 243
（1）実態把握 ‥‥‥‥‥‥‥‥‥‥‥‥‥‥‥‥‥ 244
（2）長期目標の設定に欠かせない事項 ‥‥‥‥‥‥ 245
　　① 疾患名
　　② 意図的な動きの可能性
　　③ 変形や拘縮などの身体の全体像
　　④ コミュニケーション
　　⑤ 知的レベル
　　⑥ 好きなもの（強化子）

⑦　家庭との連携

⑧　難治性のてんかんの有無

⑨　視覚支援の効果

⑩　現在の年齢

（3）　具体的な目標設定について　　　　　　　　　　　　　250

①　昨年度の目標を達成できている場合

②　目標が達成できていない場合

③　目標設定の重要視点

④　有効性とは

⑤　長期目標と短期目標の関係性

（4）指導内容の設定について　　　　　　　　　　　　　　252

①　指導内容の考え方

②　指導目標と指導内容の関係

（5）評価と改善について　　　　　　　　　　　　　　　　254

# 第14章　コミュニケーションについて　　259

## 1　コミュニケーションの発達段階　　　　　　　　　　　260

（1）鯨岡の考え方　　　　　　　　　　　　　　　　　　　261

①　原初的コミュニケーション段階

②　前言語的コミュニケーション段階

③　言語的コミュニケーション段階

（2）ベイツの考え方　　　　　　　　　　　　　　　　　　262

## 2　自立活動とコミュニケーション　　　　　　　　　　　263

（1）　コミュニケーションの基礎的能力に関すること　　　263

（2）　言語の受容と表出に関すること　　　　　　　　　　263

（3）　言語の形成と活用に関すること　　　　　　　　　　264

（4）　コミュニケーション手段の選択と活用に関すること　264

（5）　状況に応じたコミュニケーションに関すること　　　264

## 3　言葉が表出されるまでの学校における具体的な働きかけ　264

（1）子どもに対する教師の姿勢や接し方　　　　　　　　265

①　肯定的に子どもの動きを考えたり、推測したりすること

②　子どもの表出に対して一貫性のある明確な反応を返すこと

③　子どもの反応や動きを十分に観察すること

④　子どもの有効な受容器官を把握し、活用すること

⑤　学校生活に覚醒水準を合わせること

⑥　子どもが好きなものを把握すること

⑦　可動域や随意運動が可能な箇所を把握すること

⑧　自己刺激は無理に止めずに、活用できないか考えること

（2）コミュニケーションの基礎的能力を育てる内容とその支援の在り方　　269

① 環境設定と姿勢
② 認知能力
③ 興味関心
④ 感覚器官
⑤ 定位反応
⑥ 期待反応
⑦ 共同注意
⑧ イエス・ノーでの応答
⑨ 目合わせ
⑩ 指差し（手差し）

4　言語期以降の学校での働きかけ ……………………………… 273
5　言語の発達段階について …………………………………………… 276
6　肢体不自由児の構音指導について ……………………………… 276
（1）構音障害とは ………………………………………………………… 277
（2）具体的な構音指導 ………………………………………………… 278
① 音の作り方
② 発声の促し方
③ 口形模倣
④ おもちゃの活用
⑤ 食べ物の活用
⑥ 具体的な音の出し方

# 第15章　ICT について　　285

1　肢体不自由児の困難について …………………………………… 286
2　AT（支援技術）について ………………………………………… 286
3　ICT（情報通信技術）について ………………………………… 287
4　アクセシビリティ機能について ……………………………… 290
5　肢体不自由児の困難さに対する支援機器の活用の考え方 … 292
6　肢体不自由児の困難に対する支援機器の活用について …… 293
7　肢体不自由児の端末機器の操作について ………………… 294
8　シンボルについて …………………………………………………… 295
9　カードの活用の仕方 ………………………………………………… 297
10　視線入力について …………………………………………………… 299
11　シンプルテクノロジーについて …………………………… 300
12　重複障害教育に対して有効と思われる iPad のアプリの紹介 …… 302

# 第16章　連携に必要な用語　　305

第**1**章

# 肢体不自由教育とは

～定義、歴史や教育課程、
学習上の困難、専門性～

第1章の内容は、以下のような肢体不自由教育の基礎知識を学びます。
・肢体不自由の定義
・肢体不自由教育の歴史
・教育課程
・学習上の困難
・特別支援学校（肢体不自由）教員の専門性

これらの内容は、多くの大学では、数回かけて授業が行われているのではないかと思います。しかし、この本ではこれらの内容を一つの章にまとめて要点だけを述べていきます。

# 1 肢体不自由の定義

最初に、肢体不自由教育について説明します。

そもそも、肢体不自由とは、どのような状態をいうのでしょうか。文部科学省が2021年6月に発表した「障害のある子供の教育支援の手引き～子供たち一人一人の教育的ニーズを踏まえた学びの充実に向けて～」（2022年3月にジアース教育新社より発行）には、「肢体不自由とは、身体の動きに関する器官が、病気やけがで損なわれ、歩行や筆記などの日常生活が困難な状態をいう」と述べられています[1]。また、特別支援学校対象の肢体不自由障害の程度については、学校教育法施行令第22条の3に、以下のように定められています。これは、教員採用試験によく出題されます。

> 一　肢体不自由の状態が補装具の使用によっても歩行、筆記等日常生活における基本的な動作が不可能又は困難な程度のもの
> 二　肢体不自由の状態が前号に掲げる程度に達しないもののうち、常時の医学的観察指導を必要とする程度のもの

では、特別支援学級の対象者はどのようになっているのでしょうか。

一般的には、特別支援学級の対象者は、2013年の文部科学省の「障害のある児童生徒等に対する早期からの一貫した支援について（通知）」を基準にしています。そこでは、以下のように記載されています。

> 肢体不自由者
> 　補装具によっても歩行や筆記等日常生活における基本的な動作に軽度の困難がある程度のもの

次に、通級の指導の対象となると、同じく「障害のある児童生徒等に対する早期からの一貫した支援について（通知）」には、以下のように述べられています。

> 肢体不自由者、病弱者及び身体虚弱者
> 　肢体不自由、病弱又は身体虚弱の程度が、通常の学級での学習におおむね参加でき、一部特別な指導を必要とする程度のもの

　ここで大切なことは、上記のような状態が一時的ではないということです。つまり、永続的な状態になります。そのため、骨折や捻挫で歩けないなどの一時的な状態を肢体不自由とは言いません。

　ところで今では普通に使っている肢体不自由という用語ですが、以前の学校教育法第71条（特殊教育の目的）には、肢体不自由ではなく、身体不自由と記載してあります。確かに、身体障害という用語は、広く使われていますが、肢体障害とは言いません。

　では、身体障害と肢体不自由はどう違うのでしょうか。以下に比較してみます。

**身体障害**・・・・身体機能に何らかの障害のある状態のことです。その内容は、身体障害者福祉法などの法令に基づき、以下の5種類に分けられます[2]。

　・視覚障害
　・聴覚または平衡機能の障害
　・音声機能、言語機能またはそしゃく機能の障害
　・肢体不自由
　・内部疾患（心臓機能障害、腎臓機能障害、呼吸器機能障害、ぼうこう・直腸機能障害、小腸機能障害、ヒト免疫不全ウィルス（HIV）による免疫機能障害、肝臓機能障害などの7つの障害）

　つまり、肢体不自由は身体障害の一つであることがわかります。また、重要な点としては、身体障害には、聴覚や音声障害など見ただけでは判別できない障害も含まれていることです。

## 2　肢体不自由の教育の歴史について

　「肢体不自由」という用語は、昭和の初めに高木憲次氏によって考案されています。これ以前は、「かたわ」とか、「不具」などと呼ばれていました。高木氏は、東京帝国大学の医学部整形学科教室の第2代の教授であり、肢体不自由児施設の設立のための様々な活動を行ったり、「療育」という言葉を提唱したりしています。さらに、高木氏は、治療を受けながらそれと同時に、教育も受けられる整肢療護園（現在の心身障害児総合医療療育センター整肢療護園）を設立しました。

　肢体不自由児の学校としては、昭和7年に東京市立光明学校（現在の東京都立光明学

園）が日本で最初の公立の肢体不自由児学校として開校されましたが、当時は太平洋戦争などの影響があり、光明学校に続く学校は設置されていません。戦後、肢体不自由児の学校を設置することは、財政的な負担が大きいことと自治体内で肢体不自由教育を理解させることが難しいことから、なかなか実現しませんでした。そんな中、昭和31年になり、大阪府、愛知県、神戸市（肢体不自由児を対象とする神戸市立友生小学校として）に設立されました。その後、「公立養護学校整備特別措置法」が昭和32年に施行され、財政的に国の補助が受けられるようになっています。さらに静岡では、静岡療護園内の小・中学校が現在の静岡県立中央特別支援学校へ、また整肢療護園内の東京教育大学教育学部附属小・中学校整肢療護園肢体不自由学級が、現在の筑波大学附属桐が丘特別支援学校へと変わっていきました。昭和34年12月には、中央教育審議会が「特殊教育の充実振興についての答申」をまとめています。その中で肢体不自由者の教育については、都道府県に養護学校の設置を義務付け、未設置県に肢体不自由養護学校を設置することを勧奨しています。これを受けて、昭和44年の滋賀県立養護学校（現在の滋賀県立野洲養護学校）の開設により、全都道府県の設置が実現しました。

　養護学校の義務制は、昭和54年から実施されています。これは、小・中学校の義務制から遅れること32年になります。この義務制の実施により、就学猶予・免除者の数が大きく変化しました。就学猶予・免除者は、昭和45年度には2万人以上でしたが、義務制実施後の昭和55年度には、約2,600人と激減しています[3]。その後も、障害を理由とした就学猶予・免除者の数は減少し続けていますが、全体数として、今現在は、重国籍者がインターナショナル・スクールに通学させる場合には就学免除の手続きが必要となったことから増加しています。

## 3　学習指導要領の制定と改訂について

　昭和38年に「養護学校小学部学習指導要領 肢体不自由教育編ならびに病弱教育編」、昭和39年には「養護学校中学部学習指導要領 肢体不自由教育編及び病弱教育編」が文部事務次官通達により制定されました。また、高等部については、昭和47年に、「養護学校高等部学習指導要領 精神薄弱教育編、同肢体不自由教育編、同病弱教育編」が文部省告示により制定されました。

　ご存じのように、学習指導要領はほぼ10年に1回の割合で改定されています。
　昭和46年の改定では、児童生徒の障害の重度化・多様化などに対応するために、「養護・訓練」が盲学校、聾学校および養護学校に設けられ、その具体的な内容として「心

身の適応、感覚機能の向上、運動機能の向上、意思の伝達」の4つの柱に基づいて12項目が示されました。

昭和54年の改定では、養護学校の義務制に対応した改定が行われています。また、それまで、盲学校、聾学校および養護学校の種別ごとに作成されていた学習指導要領が、特殊教育諸学校共通のものになり、さらには、訪問教育における教育課程の位置づけが明確にされました。

平成元年の改定では、これまで幼稚部の教育課程は、幼稚園教育要領を準用することとされてきましたが、早期教育の充実を考慮し、幼稚部教育要領が作成されました。また、「養護・訓練」の内容区分を4つから5つにしています。

平成11年の改定では、生きる力の育成を目指した改定が行われ、「養護・訓練」を「自立活動」に改め、その「自立活動」においては、「個別の指導計画」の作成が義務づけられました。また、高等部の訪問教育について規定されています。

平成21年の改定では、障害の重度・重複化、多様化への対応として、「自立活動」の内容に、「人間関係の形成」が加えられ、指導計画作成の手順等が見直されています。また、一人一人に応じた指導の充実を図るために、各教科における「個別の指導計画」や「個別の教育支援計画」の作成の内容が追加されています。

最新の改定では、障害の特性等に応じた指導上の配慮を充実するとともに、コンピュータ等の情報機器（ICT機器）の活用について規定されています。また、障害のある子どもの学びの連続性を重視した対応として、重複障害者等に関する教育課程の取扱いの基本的な考え方の規程や知的障害者である子どもの各教科等の目標や内容が整理されています。さらに、発達障害を含む多様な障害に応じた指導を充実するために、自立活動の内容に、「障害の特性の理解と生活環境の調整に関すること」を加え、自立活動は6つの区分27項目になりました。

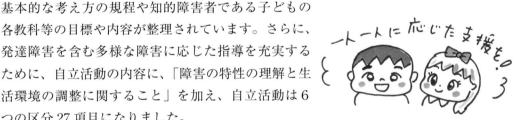

## 4 教育課程について

教育課程は、学校教育の中核です。おそらく、教育課程については、時間をかけて講義が行われることが多いと思います。しかし、この本では、その要点だけを抽出して述べました。

まず、教育課程とは何かについて説明します。

教育課程については、平成30年3月発行の特別支援学校教育要領・学習指導要領解説総則編（幼稚部・小学部・中学部）のP160には、「学校において編成する教育課程については、学校教育の目的や目標を達成するために、教育の内容を児童生徒の心身の発

達に応じ、授業時数との関連において総合的に組織した各学校の教育計画であると言うことができ、その際、学校の教育目標の設定、指導内容の組織及び授業時数の配当が教育課程の編成の基本的な要素になってくる」と述べられています[4]。まとめると、「各学校の目的や目標を達成するために、児童生徒の心身の発達に応じて、教育の内容や授業時数を総合的に組織した各学校の教育計画」と言うことができます。

　また、特別支援学校の目的については、学校教育法 72 条に以下のように述べられています。

> 特別支援学校は、視覚障害者、聴覚障害者、知的障害者、肢体不自由者又は病弱者（身体虚弱者を含む。以下同じ。）に対して、幼稚園、小学校、中学校又は高等学校に準ずる教育を施すとともに、障害による学習上又は生活上の困難を克服し自立を図るために必要な知識技能を授けることを目的とする。

　この目的は、大きく二つに分けることができます。

　一つ目は、幼稚園、小学校、中学校又は高等学校に準ずる教育になります。準ずる教育とは、各学部の子どもに対して、幼稚園、小学校、中学校、高等学校の学習指導要領に基づいて行う教育を意味しています。これは、通常の学校で学ぶことと大きな違いは見られません。次に、特別支援学校独自の目的があります。この目的は、障害による学習上又は生活上の困難を克服し自立を図るために必要な知識技能を授けることと述べられています。例えば、視覚障害の子どもには点字を教えることで、文章を読むことが可能になります。聴覚障害の子どもには、発音の仕方を教えることで、クリアな発音の言葉がでてきます。つまり、障害から起因する様々な困難を克服して自立を図るための教育を行います。この内容は、自立活動という領域が中心になります。また、子どもによっては、障害の状態が重度や重複化しているために、通学が困難な児童生徒も存在します。そのような子どもに対しては、特別支援学校の教員が家庭や医療機関等を訪問して教育を行う訪問教育が実施されています。

　このように、肢体不自由教育では、子どもの実態に応じて、準ずる教育から訪問教育まで幅広い対応が求められます。そのため、教育課程の編成も非常に複雑です。

　肢体不自由教育の教育課程の類型は、学校によって若干の違いはあるかもしれませんが、概ね表 1-1 のようになります。仮に、表 1-1 のように課程を A〜E に分け、小学部の子どもで、課程別に説明していきます。

　小学部の教育課程は、学校教育法施行規則第 126 条の第 1 項に「特別支援学校の小学部の教育課程は、国語、社会、算数、理科、生活、音楽、図画工作、家庭、体育及び外国語の各教科、特別の教科である道徳、外国語活動、総合的な学習の時間、特別活動並びに自立活動によって編成するものとする」と記載してあります。もちろん、全員がこの課程で学習するわけではありません。この内容は、A課程の子どもで、小学校に準ずる教育内容で編成されています。

表1-1 各課程とその内容

| 課程 | 内容 |
|---|---|
| 肢体不自由単一障害　　　　　　（A）<br>（準ずる教育課程） | 小学校・中学校・高等学校の該当学年に準じた教育内容で編成している。 |
| 肢体不自由と軽度知的障害の重複障害<br>(B)<br>（下学年適用の教育課程） | 該当学年の教科の目標や内容の一部を下学年・下学部のものに替えて編成している。 |
| 肢体不自由と知的障害の重複障害　(C)<br>（知的代替の教育課程） | 主たる障害が肢体不自由と知的障害を併せ有する者に対して、知的障害特別支援学校の学習内容に代替して編成している。 |
| 主たる障害が重度な肢体不自由と知的障害の重度・重複障害　　　　　　(D)<br>（自立活動を主とする教育課程） | 児童生徒に重度な肢体不自由と知的障害がある場合には自立活動を中心とした学習内容を編成している。 |
| 訪問教育　　　　　　　　　　　　(E) | 通学が困難な場合、教師が自宅や病院に訪問して授業を行う。この場合、子どもの実態に応じて、通常の学校に準じた教育内容から自立活動中心の内容まで柔軟に対応している。 |

　では、B課程はというと、学年相当の学習が難しい場合には、学習内容の一部を下学年や下学部の内容に替えて編成しています。

　次に、C課程の子どもについてです。この場合には、126条の第2項に「知的障害者である児童を教育する場合は、生活、国語、算数、音楽、図画工作及び体育の各教科、特別の教科である道徳、特別活動並びに自立活動によって教育課程を編成するものとする。ただし、必要がある場合には、外国語活動を加えて教育課程を編成することがで

きる」とされています。このように、知的障害特別支援学校の学習内容を当てはめることが可能になります。

　さらに、D課程になると、特別支援学校幼稚部教育要領小学部・中学部学習指導要領（平成29年4月告示）のP76の4に「重複障害者のうち、障害の状態により特に必要がある場合には、各教科、道徳科、外国語活動若しくは特別活動の目標及び内容に関する事項の一部又は各教科、外国語活動若しくは総合的な学習の時間に替えて、自立活動を主として指導を行うことができるものとする」と記載されています。つまり、学習内容の中心を自立活動にすることが可能です。

　最後に、通学の難しいE課程の子どもの場合には、子どもの実態に応じて、A課程からD課程の内容で柔軟に対応しています。

　実際の特別支援学校での学習の内容と指導の形態を示したものが表1-2になります。

この学校では、A、C、D課程があり、それぞれの課程の内容が、この表のようになっています。また、それぞれの課程ごとの時間割は、図1-1〜1-3になります。

ここで、表1-2のC課程、D課程の指導の形態に、「日常生活の指導」、「生活単元学習」、「遊びの指導」という用語が出てきます。これは、学校教育法施行規則第130条第2項に「特別支援学校の小学部、中学部又は高等部においては、知的障害者である児童若しくは生徒又は複数の種類の障害を併せ有する児童若しくは生徒を教育する場合において特に必要があるときは、各教科、特別の教科である道徳、外国語活動、特別活動及び自立活動の全部又は一部について、合わせて授業を行うことができる」と記載してあります。これらの指導が、「日常生活の指導」、「生活単元学習」、「遊びの指導」となります。

ここで、陥りやすい過ちとして、教育の内容を指導の形態と混同している場合があります。学習の内容を子どもが主体的にわかりやすく学ぶために、指導の形態として、「生活単元学習」などの合わせた指導があるのです。つまり、「生活単元学習」、「日常生活の指導」、「遊びの指導」は、教科や領域ではありません。あくまでも、その形態で「生活」、「国語」、「算数」などを教えるということになります。つまり、指導の内容と指導の形態（時間割の表記）が異なる

表1-2 各課程の学習内容と指導の形態

| 課程名 | 学習の内容 | 指導の形態 |
|---|---|---|
| A課程 | 国語、社会、算数、理科、生活、音楽、図画工作、家庭、体育、外国語、特別の教科である道徳、外国語活動、総合的な学習の時間、特別活動、自立活動 | 国語、社会、算数、理科、生活、音楽、図画工作、家庭、体育、外国語、特別の教科である道徳、外国語活動、総合的な学習の時間、特別活動、自立活動 |
| C課程 | 生活、国語、算数、音楽、図画工作、体育、特別の教科である道徳、特別活動、自立活動 | 生活、国語、算数、音楽、図画工作、体育、特別の教科である道徳、特別活動、自立活動、**日常生活の指導、生活単元学習、遊びの指導** |
| D課程 | 生活、国語、算数、音楽、体育、特別の教科である道徳、特別活動、自立活動 | 国語、音楽、体育、日常生活の指導、生活単元学習、特別の教科である道徳、特別活動、自立活動、**日常生活の指導、生活単元学習、遊びの指導** |

| 校時／曜日 | 月曜日 | 火曜日 | 水曜日 | 木曜日 | 金曜日 |
|---|---|---|---|---|---|
| 1校時 | 国語 | 算数 | 国語 | 算数 | 国語 |
| 2校時 | 算数 | 国語 | 理科 | 国語 | 算数 |
| 3校時 | 社会 | 体育 | 算数 | 学級活動 | 理科 |
| 4校時 | 総合的な学習の時間 | 特別の教科道徳 | 体育 | 社会 | 総合的な学習の時間 |
| | 学校給食 | | | | |
| 5校時 | 外国語活動 | 音楽 | 図工 | 音楽 | 自立活動 |

図1-1　A課程の時間割

| 校時／曜日 | 月曜日 | 火曜日 | 水曜日 | 木曜日 | 金曜日 |
|---|---|---|---|---|---|
| 1校時 | 日常生活の指導（登校・着替え・朝の会） | | | | |
| 2校時 | 自立活動 | 自立活動 | 自立活動 | 自立活動 | 生活単元学習 |
| 3校時 | 国語 | 算数 | 図画工作 | 体育 | |
| 4校時 | 日常生活の指導（給食指導） | | | | |
| 5校時 | 音楽 | 生活単元学習 | 学級活動 | 遊びの指導 | 音楽 |

図1-2　C課程の時間割

場合があるということです。

| 校時／曜日 | 月曜日 | 火曜日 | 水曜日 | 木曜日 | 金曜日 |
|---|---|---|---|---|---|
| 1校時 | 日常生活の指導（登校・着替え・朝の会） | | | | |
| 2校時 | 自立活動 | | | | |
| 3校時 | 国語 | 音楽 | 生活単元学習 | 体育 | 学級活動 |
| 4校時 | 自立活動（摂食指導） | | | | |
| 5校時 | 自立活動 | | | | |

図 1-3　D 課程の時間割

通常の学校の場合には、国語は国語の時間、算数は算数の時間で学習しています。しかし、特別支援学校の場合には、国語や算数を生活単元学習という時間割のコマで教えることがあるのです。また、肢体不自由の子どもの場合には、A～E課程と幅が大きいため、時間割も課程により、かなり違いがあります。時間割を見るとわかりますが、準ずる教育が中心となるA課程と自立活動が中心となるD課程では大きな違いがあります。A課程では、1校時から教科の授業が入っている場合がほとんどです。一方、D課程では、1校時は多くの場合、日常生活の指導が帯で入っています。ここで、朝の会や係の仕事、着替えをすることになります。また、A課程の4校時は総合的な学習の時間、特別の教科道徳、体育、社会などが入っていますが、D課程の4校時は、自立活動で摂食指導になっています。つまり、給食の時間を授業時間に入れているのです。この4校時に関しては、C課程では、日常生活の指導で給食指導になっています。つまり、同じ給食時間でも、A課程では授業時間ではなく、C課程は日常生活の指導のコマとしての授業時間であり、一方、D課程は自立活動のコマになっています。つまり、C課程やD課程では、給食時間が学習時間となります。

では、どのようなことを学んでいるのでしょうか。C課程の場合には日常生活の指導になっていることから、自分一人で食べられる、また、給食の準備ができる、手洗いや食後の歯磨きができる、マナーよく食べられる、などが考えられます。一方、D課程では、自立活動になっていました。この内容で考えられることはどのようなことでしょうか。一番は、安全に食べられるということになるでしょう。もちろん、子どもによっては自分一人で食べられるかもしれません。または、教師に支援してもらい、食物をスプーンですくっているかもしれません。別の子どもは、教師に食べさせてもらいながら、口唇の使い方を学んでいることも考えられます。このように、同じ給食時間でも、授業時間として扱われなかったり、マナーが中心だったり、上手に食べることが中心だったりとねらいが違ってくるのです。

ここでは、一般的な知的代替の教育課程（C課程）を図1-4に示しました。この図を見ると、学習の内容と指導の形態の違いがわかりやすいと思います。

通常、表1-2に示した課程にE課程（訪問教育）が加わります。また、学校によってはB課程（下学年代替）が入ってくる場合もあります。これは、学校の児童生徒数や実態、また、教員数などの関係から、柔軟に課程を編成しているのが現状です。

また、教師としては、毎年、同じ課程を教えられれば、前年度の経験や知識・技能が

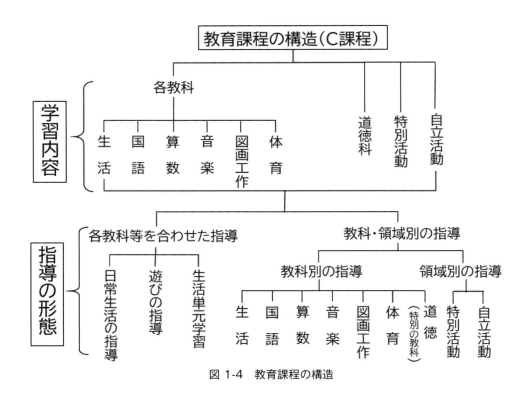

図1-4 教育課程の構造

生きるのですが、学校の事情などもあり、なかなかそういうわけにはいきません。例えば、昨年はA課程で教科書を使いながら教えていた先生が、今年は自立活動中心のD課程で教えないといけないことや逆のケースなどは、よくあることです。昨年度の教科書を中心に教えた知識・技能、また教材教具は、今年度はあまり役に立たないということも少なくありません。このようなことが肢体不自由教育の専門性の向上を阻害している可能性も捨てきれません。

では、今現在の実際、肢体不自由児の実態はどのようになっているのでしょうか。令和6年1月に文部科学省が発表した「特別支援教育資料（令和4年度）」によると、各特別支援学校の障害種別の重複障害学級在籍者数は表1-3のようになります[5]。特別支援学校（視覚障害）では30.5％、特別支援学校（聴覚障害）では23.9％、特別支援学校（知的障害）では15.4％、特別支援学校（病弱）では35.7％に対して、特別支援学校（肢体不自由）の重複障害

表1-3 特別支援学校障害種別重複学級児童生徒数及び在籍率（国・公・私立合計）

| 障害種別 | 児童生徒数（人） | 在籍率（％） |
|---|---|---|
| 視 | 604 | 30.5％ |
| 聴 | 887 | 23.9％ |
| 知 | 13,310 | 15.4％ |
| 肢 | 7,864 | 85.8％ |
| 病 | 678 | 35.7％ |
| 肢・病 | 2,186 | 70.0％ |
| 視・肢・病 | 46 | 86.8％ |
| 視・聴・知・肢 | 144 | 57.1％ |

※出典　文部科学省の資料[5]を基に筆者が作成している。

第1章 肢体不自由教育とは

学級在籍率は 85.8％ときわめて高い在籍率になっています。また、重複障害学級児童生徒の在籍率で 50％を越えている特別支援学校の障害種を抜き出してみると、表 1-3 のように、特別支援学校（肢体・病弱）の 70.0％、特別支援学校（視・肢・病）では 86.8％、特別支援学校（視・聴・知・肢）の 57.1％となっています。このように、重複障害の在籍者率が高い障害種の学校は、いずれも肢体不自由の障害に関する教育領域を指定している特別支援学校になります。このような子どもの実態から、肢体不自由の障害を有する子どもの多くが重複障害であることがわかります。そのため、自立活動が学習の中核になることは間違いありません。しかし、大学での講義では、直接的に肢体不自由児と接することは少なく、教育実習でも、多くの場合には、知的障害のある標準クラスで実習を体験します。このような理由で、大学で特別支援学校教諭（肢体不自由）の免許を取得していても、実際の特別支援学校の現場では、肢体不自由児の指導や支援はかなり難しいのが現実です。

## 5 肢体不自由児の学習上の困難

前述したように、肢体不自由の教育では準ずる教育課程から、通学困難な訪問教育まで多様で幅広い対応が求められます。ここでは、肢体不自由単一障害の準ずる教育課程と肢体不自由と知的障害の重複障害（知的代替教育課程）の授業について説明します。主たる障害が重度な肢体不自由と知的障害の重度・重複障害（自立活動を主とする教育課程）については自立活動の 12 章と 13 章を参照してください。

### （1） 準ずる教育課程の児童生徒の困難さ

この課程での授業は、準ずる教育という観点から、教科書を中心に通常の学校と同様の内容を学習します。しかし、図 1-1（P20 参照）からもわかるように、自立活動の時間が設けられています。また、肢体不自由に起因する板書や学習準備の遅れ、姿勢保持による疲労等のため、午後の授業中に一定の休息時間が必要になる場合もあり、学習内容の精選は避けられない状況です。

ここからは、実際の授業においてどのような困難があるのかを述べていきます。

運動や姿勢の障害による困難さや視覚認知を中心とする認知の困難さ、さらに経験や体験不足からくる困難さの 3 つに大きく分けることができます[6]。

最初に、運動や姿勢に対する困難さから説明していきます。

### ① 運動や姿勢に対する困難さ
#### ア 運動に対する困難さ

運動による困難さは、書くことや実技科目の難しさなどでイメージしやすいと思います。

23

具体的には以下のような困難さがあります。
- 上肢のまひからくる学習の準備の遅れ
- 文字を書くことの難しさ
- 定規、コンパス、消しゴム等の教材の活用の難しさ
- 楽器の活用や工作の難しさ
- 体育実技全般の困難さ
- 移動を伴う学習活動（社会科での校外学習、理科での実験や観察など）の困難さ
- 教室や校舎内での限定された動線
- 発声・発語の難しさ

　イ　姿勢に対する困難さ

　姿勢に困難があるということは、体幹が育っていないことが原因と思われます。その場合、具体的には以下のような困難さが生じます。
- 座り続けることの困難
- 黒板や教科書、ノートなどの見えにくさ
- 疲労からくる授業後半の集中力の途切れ
- 午後からの授業への疲労
- 姿勢の崩れが大きい場合には、車椅子から座位保持椅子に移行しますが、座位保持椅子は後傾になるため、前傾姿勢が取りづらく、机での学習には不向き
- 座位保持椅子は身体と接する面を大きくすることで姿勢の安定を図っていますが、季節によっては汗やむれ等の不快感

　それ以外にも、トイレや更衣、給食など様々な活動での困難さが見られます。

② 視覚認知の困難さ

　脳性まひ児の場合には、視覚障害を有する子どもが少なくありません。特に、脳室周囲白質軟化症（PVL：P132参照）の場合には、視放線（P305参照）に障害が及ぶこともあり、図と地の弁別が難しいなどの様々な見えにくさが生じることがわかっています。そのため、文字を読むことが難しかったり、文章の行を飛ばして読んだりします。また、立体と平面の認識の困難が見られたり、図形やグラフ、表の理解が難しくなったりします。

③ 経験や体験不足からくる困難さ

　肢体不自由の子どもたちは、身体的な制約から直接的な経験が少なくなりがちです。そのため、学習内容に動作を伴うことが少なくなり、学習に必要な経験が不足するため、記憶に残りにくくなることがあります。

　また、興味や関心の範囲が狭くなることも考えられます。

## （2）準ずる教育課程の児童生徒の困難さへの対応策

① 運動や姿勢に対する困難さへの支援方法

写真 1-1　書見台[7]

運動や姿勢に対する困難さに対して、どのような適切な支援があるのでしょうか。例えば、上肢のまひがある場合には、学習のサポートをするための補助具、文字を書くことが難しい場合には、パソコンやタブレットを使用するなどの工夫が考えられます。また、姿勢を維持するためのクッションや座位保持椅子の使用、定期的な休息を取り入れることも有効です。

以下に、具体的な補助具などの支援用具を挙げてみます。

### ア 教科書や本を見る場合の困難性への対応策

- 書見台…教科書や本を見やすい角度に調整できるため、姿勢に合わせられます。また、ブックホルダーの機能も付いている場合が多いので、ページめくりが容易になります。（写真1-1）[7]
- スロープデスク…教科書を斜めに立てかけることで見やすくするデスクで、姿勢維持が難しい場合に役立ちます。（写真1-2）[8]
- 昇降式カットアウトテーブル…車椅子が入りやすく、昇降式のため、姿勢に合わせられます。（写真1-3）[9]

### イ 姿勢のくずれに対する対応策

姿勢のくずれに対する補助具としては、前述と重なりますが、書見台、スロープデスク、昇降式カットアウトテーブルがあります。それ以外に次のものが挙げられます。

- 滑り止めシート…椅子の座面に敷くだけで、効果がある場合があります。
- 内転防止パッド…内転防止用ですが、骨盤のずれも防止します。（P200の写真10-2を参照）
- スワッシュ…股関節を外転させることで、座位姿勢を安定させます。（P183の写真9-54を参照）
- プレーリーくん…体幹装具で、姿勢のくずれを防止します。（P183の写真9-55を参照）

### ウ 文字を書くことが難しい場合への対応策

- 三角鉛筆…三指で握りが安定し、筆圧が強くなります。（写真1-4）
- もちかたサポーター…鉛筆にセットすることで、三指握りがより安定し、筆圧が強くなります。（写真1-5）

写真1-2　スロープデスク[8]

写真1-3　昇降式カットアウトテーブル[9]

写真1-4　三角鉛筆

写真1-5　もちかたサポーター

写真1-6　目玉クリップ付き鉛筆

- 目玉クリップ付き鉛筆…鉛筆をテープで巻き、それを目玉クリップで固定すると簡単に三指握り用鉛筆ができます。鉛筆の場合には、紙を巻くなどして少し軸を大きくしてください。軸の太いシャーペンシルやボールペンの場合には、そのままはさんで使えます。（写真1-6）

写真1-7
プニュの樹脂での加工

- プニュグリップ…プニュグリップには多くの種類があります。児童生徒の指に合うものを100円ショップやインターネットで探してください。（写真1-7）
- 指筆…指の可動域が狭い、まひが強いなどの場合には、指に装着して書くことが可能です。（写真1-8）

写真1-8　指筆

- ユニバーサルカフ…鉛筆を握れない場合の補助具になります。スプーン用は多くの会社から出ていますが、鉛筆用は、ほとんど見られません。鉛筆は、テープなどを巻き、適切な太さにしてください。ボールペンの太さが適切なようです。文字を書く場合には、鉛筆の先の微細な動きが必要ですが、このカフの場合どうしても手のひらの動きに鉛筆の動きが依存するため、きれいな字を書くのは難しくなります。（写真1-9）
- 音声入力…上肢のまひが強く、文字を書けない場合には、音声を文字に変換する音声入力を活用することも考慮に入れるべきでしょう。

写真1-9
ユニバーサルカフ

エ　発声や発話に対する困難性への対応策
- 指先が動く場合にはパソコンアプリの音声の読み上げ機能の活用が有効です。
- 指先に困難さがある場合には、まひの程度にもよりますが、タブレットによるドロップタップや外部スイッチの活用が有効かもしれません。（第15章参照）

② 視覚認知の困難さに対する支援方法
- タブレット端末により、文字を大きくしたり、白黒を反転したり、読み上げ機能などのアクセシビリティ機能を活用します。（P290参照）
- 視覚刺激に、聴覚刺激を添えたり、触覚、運動感覚などを一緒に加えたりします。
- 情報量を減らしたり、補助線を活用したりします。

③ 経験や体験不足からくる困難さに対する支援方法
- 具体物の活用
- 実体験や操作体験の実施
- 動画視聴やVR体験

第1章　肢体不自由教育とは

### （3）　知的障害の重複障害（知的代替の教育課程）の授業の注意点

この課程は、図1-4のような教育課程の構造を有し、時間割としては図1-2のような時間割が一般的ではないかと思います。

肢体不自由のある子どもが知的障害を併せ有する場合には、知的代替の教育課程と呼ばれることが多く、特別支援学校の知的障害の教育課程や授業の考え方をそのまま参考にしている場合があります。しかし、それでは学習の効果があまり見られないことが多いのではないでしょうか。その理由として、以下の点が挙げられます。

#### ①　生活単元学習や遊びの指導、作業学習などの各教科等を合わせた指導

これらは、子どもたちの主体的な取り組みが保障されている中で行うことにより学習効果が身に付く指導形態になります。肢体不自由の運動制限のある子どもの場合、そのことを考慮に入れて単元設定や学習活動を設定する必要があります。

#### ②　肢体不自由の３つの困難性

前述した肢体不自由の３つの困難性（運動や姿勢に対する困難さ、視覚認知を中心とする認知の困難さ、経験や体験不足からくる困難さ）を考慮した教育課程や授業内容になっていない場合があります。

#### ③　自立活動の時間を考慮した学習内容

知的障害の時間割と比較すると、自立活動の時間における指導の割合が多いため、各教科や各教科等を合わせた指導（生活単元学習や遊びの指導など）の時数が少なくなることは否めません。そのことを考慮した学習内容になっていない場合があります。

#### ④　学級の構成を考慮した学習内容

単一の知的障害の場合、通常の学級は小・中学部で６人、高等部で８人の子どもで構成されています。一方、肢体不自由のある子どもが知的障害を併せ有する場合は重複学級となり、小・中・高等部ともに３人の子どもで構成されるはずです。つまり、個別の指導がやりやすくなります。このマンパワーの違いを考慮した学習内容の設定が必要です。

肢体不自由と知的障害の重複障害の教育課程は、名称として知的代替の教育課程と呼ばれることが多いですが、あくまでも名称であり、上記の①〜④の内容からもわかるように、知的障害の教育課程をそのまま当てはめることは避けるべきでしょう。

つまり、知的障害と肢体不自由を併せ有する子どもに対し、単一の知的障害の教育課程をそのまま活用することは適切でないことを理解しておく必要があります。

## 6　特別支援学校（肢体不自由）教育の専門性

表1-3から、肢体不自由児の多くが、重複障害であるという実態がわかりました。それでは、このような実態の肢体不自由児を指導する教員の専門性にはどのような力が必要なのでしょうか。重複障害の児童生徒を指導する場合は、自立活動の指導が中心にな

ることが多いことは間違いありません。しかし、先ほども書きましたが、準ずる教育の課程の担任として、教科を教えることがないとも限りません。つまり、教科指導から重度重複障害児の自立活動までと、驚くほど幅広く多様な学習内容になるのです。準ずる教育課程で指導していく場合には、小学校、中学校、高等学校の内容を子どもの実態を考慮しながら教えていくことになります。例えば、子どもによっては、体幹筋が弱いために、姿勢が崩れやすかったり、上肢がうまく使えなかったりする場合もあると思います。その場合には、前述したように授業時間中に姿勢変換の時間を取り入れたり、音声入力を活用させたりと様々な支援方法が考えられます。このように、一人一人の子どもの実態に合わせて、配慮をしていくことが重要です。

　以下に、重複障害の肢体不自由児の教育に必要と思われる専門性について述べてみました。

- ・教科指導
- ・教育課程
- ・自立活動
- ・摂食指導
- ・水泳指導
- ・医療的ケア
- ・肢体不自由関係の疾患
- ・補装具
- ・運動機能と解剖学
- ・医療や福祉との連携に必要な用語
- ・ストレッチや体位変換のやり方
- ・コミュニケーション
- ・ＩＣＴ
- ・教材教具
- ・てんかん

ざっと挙げただけでも、このような内容が考えられます。

　実際、このような内容のすべてを一人で習得することは、かなり難しいでしょう。そのため、校内でそれぞれの内容に特化した先生方と連携を図りながら、肢体不自由教育の専門性を身に付けていきましょう。もちろん、校内に限らず、校外の医療、福祉、心理、労働などの専門家との連携は必要不可欠であることは言うまでもありません。

**引用・参考文献**

1）文部科学省：障害のある子供の教育支援の手引き～子供たち一人一人の教育的ニーズを踏まえた学びの充実に向けて～. ジアース教育新社, 2022.

2）一般社団法人　全国地域生活支援機構　身体障害とは？　https://jlsa-net.jp/sin/shintaisyougai/#i1

3）文部科学省ホームページ　就学義務の猶予・免除者数の推移　https://www.mext.go.jp/b_menu/shingi/chukyo/chukyo3/gijiroku/04080201/006/001.pdf

4）文部科学省：特別支援学校教育要領・学習指導要領解説総則編（幼稚部・小学部・中学部）. 開隆堂, 2018.

5）文部科学省ホームページ　令和４年度特別支援教育資料　第１部　データ編　https://www.mext.go.jp/content/20240117-mxt_tokubetu01-000033566_2.pdf

6）一木　薫　編著：肢体不自由教育. 北大路書房, 2024.

7）my best　https://my-best.com/4385

8）INTERIOR HOUSE HONDA　https://honda-kagu.net/fs/honda/58-026-255

9）ニットー　　https://www.nittokagaku.com/Search/detail/211/6

# 第**2**章

# 運動機能と解剖学
（1）

# 1 肢体不自由教育の難しさ

　肢体不自由児の教育を行うためには、人の身体の作りについて理解しておくことが当然必要になります。机上で子どもたちに教えることが学校教育と思っている人もいるかもしれませんが、少なくとも特別支援学校での教育においては、教師と子どもの身体接触は欠かせません。

　例えば、知的障害の子どもに対し、日常生活動作を教える場合には、最初、言葉やジェスチャー、写真などの方法で教えていくことが考えられます。しかし、それでも伝わらない場合には、最終的には身体支援により教えていくことになるでしょう。そのため、通常の学校と違い、特別支援学校現場では子どもとの身体接触を伴わない教育はほとんど考えられません。特に障害が重度な子どもになればなるほど身体支援が重要な位置を占めていきます。

　また、知的障害のみの子どもの場合には、身体の作りに特性がある場合は少ないのですが、肢体不自由児の場合には、身体に変形や拘縮があったり、関節の可動域が自分たちと違っていたり、経験したことのない身体の状態の子どもとの出会いがある場合も少なくありません。もちろん、子ども一人一人で、筋緊張の入り方や可動域などには違いがあるため、常に子どもに触れていることが、その子どもの身体を把握する一番の方法になります。

　ところが、大学の特別支援教育では、解剖学や運動の機能について詳しく取り扱わない場合も多く、扱っても机上の知識として終わる場合も少なくありません。さらに、前書きでも述べましたが、肢体不自由児と接する機会が大学では少ないために、学校現場では、どうしても肢体不自由を有する子どもに触ることに尻込みしてしまう場合があります。そのため、一年間、肢体不自由児を担当しても、床上やベッドから車椅子や座位保持椅子への移乗でしか子どもと接触していないとか、可動域がどこまでなのかよく把握していないなどの声を先生方から聞くことも少なくありません。

特に障害の重度の子どもの場合には、骨折するのではないか、脱臼するのではないかなどの心配のため、なるべく触らない方が安全という考えがいつの間にか芽生えることも多々あるようです。そのため、担当している子どもの身体の作りを理解できていない先生方にしばしば遭遇することがあります。これは、肢体不自由児を初めて担当する教師

が最も陥りやすい負のスパイラルといえるでしょう。

　肢体不自由児の教育の基本は、子どもに触ることから始まります。肢体不自由児の身体の状態は見ただけではわかりません。必ず触って、子どもの実態を自分で体感する必要があります。この過程なしには、肢体不自由教育は成り立たないと言っても過言ではありません。確かに、子どもに触らないことで不慮の事故は少なくなるかもしれません。しかし、その結果、子どもの健康が保たれないことが多くなるのは確かです。

　例えば、以下のような教師と子どもの関係を目にすることがあります。

障害が重度で変形や拘縮がひどい子どもに対する教師の対応の負のスパイラルの例

教師は、骨折や脱臼などが心配で、子どもに触らない
または触れない

教師は、言葉掛けはしても、
一日中子どもを寝かしていることが多い

子どもの身体は固くなり、益々変形拘縮が強くなる

教師は触るのが益々怖くなり、抱っこでの移乗や
おむつ替えぐらいしか身体に触ることはない

教師の授業は、聴覚や視覚を中心とした
学習内容やコミュニケーションに限定されていく

このようなことの繰り返しにより以下のようなリスクが考えられます。
・視覚や聴覚に問題のある子どもの場合には、効果的な学習が期待できない
・姿勢変換やストレッチなどをしてもらえないので、背中は固く、変形拘縮はひどくなる
・圧力などをかけてもらっていないので、骨はもろくなる
・同一姿勢でいることで、肺の換気が悪くなり、肺炎を発症しやすくなる
・同一姿勢でいることで、褥瘡を発症する恐れがある

　その他、まだまだ多くのリスクが考えられます。もちろん、触らなければ不慮の事故（骨折など）は起きる可能性は少ないように感じます。しかし、何らかの理由で、急な姿勢変換の必要性（逆流性嘔吐、大発作など）が生じた場合には、日常触っていないため、どのように子どもを動かしてよいのかわからず対応することができません。そのため、関節可動域を超えてしまうような接し方を行ったり、無理な姿勢変換による骨折や筋の損傷を引き起こしたりすることが考えられます。こう考えると、子どもに触らないことが必ずしも不慮の事故を起こすリスクを軽減するわけではないのです。

　つまり、触らないこと　＝　安全・安心　ではないこと。このことを肢体不自由児の

担当者はまず頭に入れておくことが重要です。

## 2 触ることのメリット

　それでは、日常子どもを触っておくとどのようなメリットがあるのでしょうか。
子どもにとっては
　・健康な身体を維持しやすい
　・変形拘縮などが進行しにくい
　・姿勢変換などにより肺の換気がよくなり、肺炎を防げる
　・身体と身体を介したコミュニケーションを活用できる
　・視覚、聴覚以外に触覚、固有覚（P306参照）、前庭覚（P306参照）を有効に活用した学習ができる
教師としては
　・子どもの身体の動きや力の入れ方による反応を徐々に理解できるようになる
　・子どもの可動域や変形などを的確に把握できる
　・子どもの表情と身体の反応との関連性を把握できる
　・子どもへ視覚、聴覚だけでなく、触覚、固有覚、前庭覚を活用した学習内容を提示できる
　・ストレッチなどにより、子どもの関節可動域の確保や変形・拘縮の予防が可能となる
　ざっと述べても、上記のようなことが挙げられます。
　このようなことから、教師が普段から子どもに触っておくことの必要性がわかったのではないでしょうか。もちろん、どの子どもも唯一無二の存在なので、身体の構造や刺激に対する反応など違ってきます。そのため、机上の一般的な知識では、それぞれの子どもの正確な身体の状態を把握することはできません。常にその子どもに触れながら、身体の特徴を理解していくしかないのです。
　子どもが肺炎になりやすい、身体が変形してきた、拘縮が進んでいるなどは、教育的な内容ではなく、医療の問題と捉えている先生方が多いのですが、これはよくある勘違いです。これについては、保護者の方からも「子どもが肺炎を頻繁に発症します。先生、毎日適切な姿勢変換やポジショニングをしていますか」と問い詰められることはないのではないでしょうか。実はこのような健康上のトラブルは、すべてではありませんが、毎日の姿勢変換や適切なポジショニング、さらにはストレッチで、

ある程度は減少させることが可能です。自立活動の内容の区分である「健康の保持」については、あまり学習させるという意識が、教師、保護者とも高くないと思います。つまり、子どもに触らない先生方は、自立活動の区分である「健康の保持」の学習内容を怠っているといっても過言ではありません。

また、子どもは触られることで、反応を返し、その反応が教師に気付きをもたらします。知的障害児の場合には、嫌なことがあったら、教室から出て行ったり、パニックを起こしたりして自分自身の気持ちを表現できます。しかし、肢体不自由児の場合には、嫌なことがあっても、発声したり、表情をしかめたりするぐらいしかできない子どもも少なくありません。もっと表出が少ない子どもの場合には、教師が気付かなかったり、気付いてもフィードバックを行わなかったりする場合もあるでしょう。また、教師から触らないと、子どもの大きな動きや反応は見られない場合も少なくありません。さらに、子どもによっては一日中可動域が許す範囲で、自己刺激を繰り返しているかもしれません。つまり、教師が積極的に触ることにより、子どもの外界への扉が開くのです。教師の肢体不自由教育の学びは子どもに触れることから始まります。

子どもの身体は筋緊張や可動域の違いなど一人一人違います。そのために、子どもに触れることで、その子どもを理解することが大切であることは述べてきました。しかし、それぞれの子どもの身体に触る以前に、一般的な身体に対する知識があることが重要であることは間違いありません。子どもによっては、変形や拘縮がひどく、一般的な知識が当てはまらない場合もあるかもしれません。しかし、基本的な知識を持って子どもの身体に触れることは、全く知識のない状態で触れる場合と比べて大きな違いがあります。まずは、身体の構造について基本的な理解を持つことが重要です。

# 3 身体の構造

それでは、身体の骨格と関節、筋肉について説明していきます。

身体全体は約200個の骨で作られています。これだけ多いと、いったい何から手を付けていいのか戸惑うと思いますが、特別支援教育で必要なことは子どもに対する適切な教育や支援であり、身体の作りの名称などを覚えることではありません。あくまでも、骨や関節、筋肉の作りや構造、動きなどを理解しておくことが重要で、名称などは必要な時にスマホやPCで調べればいいのです。

## （1）解剖学的な位置と方向

それでは、運動機能と解剖学の基礎的または医療との連携でよく使われる用語を説明していきます。

最初に、身体の相対的な見方を表す用語を示します。

正中線（せいちゅうせん）…正中とは、真ん中の意味です。その線なので、図2-1のように身体の対称軸となる線になります。

近位（きんい）と遠位（えんい）… 図2-1のように、身体の中心に近い方を近位、遠い方を遠位といいます。そのため、近位筋とは身体の中心に近い筋肉で、肩や腰、大腿などの筋肉、一方、遠位筋は身体の中心から離れた筋肉で、手足の筋肉になります。

矢状面（しじょうめん）…図2-2の左図のように、身体の正中に平行で、身体を左右に分ける面になります。前額面（ぜんがくめん）に垂直な面です。前から矢が刺さり、後ろまで貫通した感じです。例えば、「脳を矢状面から見た画像です」といわれた場合には、脳を左右に分けた面を意味します。

前額面（ぜんがくめん）…図2-2の真ん中の図のように、身体を前後に分ける面で、矢状面に垂直な面になります。前頭面（ぜんとうめん）や冠状面（かんじょうめん）ともいいます。

図2-1　正中、近位、遠位

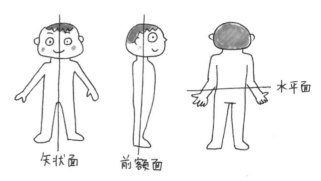

図2-2　矢状面、前額面、水平面

水平面（すいへいめん）…身体を上下に分けた面になります。

## （2）筋骨格系

次に骨格について説明します。

### 骨格

骨格とは、骨や軟骨で作られている構造で、ここでは骨のことを示します。中学校で習ったと思いますが、生き物により内骨格、外骨格の場合があります。例えば、昆虫は体の外側が固い殻に覆われています。そのため外骨格になりますが、脊椎動物のように、骨格が体の内部にある場合は内骨格といいます。

全身の骨格で表すと、図2-3のようになります。これからわかることは、体の骨格は基本的には左右対称になっているということです。

ここに示した骨の名称は、医療との連携場面で、使われる場合があります。できれば

第2章 運動機能と解剖学（1）

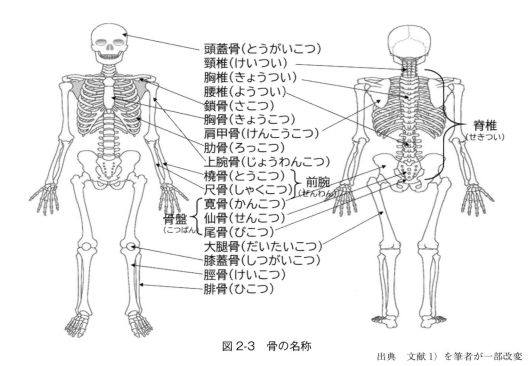

図2-3 骨の名称

出典 文献1）を筆者が一部改変

覚えていると役に立つかもしれません。

**関節**

次に関節の働きについて述べていきます。

身体が自由に動くのは、骨と骨が関節でつながっているからです。自分の身体を動かしてみるとわかると思いますが、関節はすべてが同じように動くわけではありません。いろいろな動き方をしています。関節では、相対する骨の面は凸側（関節頭）と凹側（関節窩）になっていて、その形状により6つに分類されます。ここでは、代表的な関節の作りを紹介していきます。例えば、図2-4のように、股関節は球関節といい、一方の骨が球形、もう一方が受けになっているため、回転運動ができるようになっています。また、図2-5は、ドアの蝶つがいのような形をしているため、蝶番関節（ちょうばんかんせつ）といい、曲げたり伸ばしたりが可能ですが一方向にしか動きません。肘関節や膝関節などがその関節になります。また、関節によっては動きが小さいものもあります。例えば、脊柱は、平面関節といい、関節面が広い

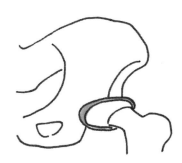

図2-4 股関節の作り

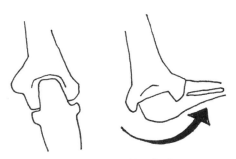

図2-5 肘関節の作り

35

ため、連結強度は強力ですが、可動性は少なくなります。このようにそれぞれの関節の作りが異なることで関節の可動性や連結強度も変わってきます。

## 筋肉

　筋肉は、筋組織の違いにより、横紋筋と平滑筋に分けられます。横紋筋は、骨を動かす骨格筋や心臓を動かす心筋がこれに該当します。一方、平滑筋は、内臓や血管を形成しています。また、骨格筋は意図的に筋肉を動かせるため、随意筋になりますが、心筋や内臓の筋肉は不随意筋になるため、心筋は横紋筋でありながら、不随意筋となります。まとめたものを表2-1に示しました。

表2-1　筋肉の種類と動き

| 筋組織 | 種類 | 部位 | 動き及び働き | 支配神経 |
|---|---|---|---|---|
| 横紋筋 | 骨格筋 | 骨格 | 随意、手足を動かす | 体性神経 |
| 平滑筋 | 平滑筋 | 内臓や血管 | 不随意、内臓や血管をつかさどる | 自律神経 |
| 横紋筋 | 心筋 | 心臓 | 不随意、心臓を動かす | 自律神経 |

　骨は関節で結合していて、くっついている筋肉が縮むことで、動きます。最もわかりやすい肘関節の動きで考えてみましょう。図2-6を見てください。このように、骨格筋は関節をまたいで2つの骨に付着（付着部位を腱といいます）しています。この付着部のうち、身体の中心に近い部位を起始、遠い部位を停止といいます。図2-6からわかるように、上腕二頭筋が収縮したら、肘が曲がります。では、肘を伸ばす場合にはどうなるのでしょうか。実は、関節には複数の筋肉がついて、一方の筋肉が縮むと反対側の筋肉は伸ばされることになります。例えば、上腕二頭筋が縮むと肘は曲がります。一方、肘を伸ばす場合には、反対側の筋肉である上腕三頭筋が縮むことで肘は伸びることになるのです。このように、関節を曲げる筋を屈筋といい、伸ばす働きの筋を伸筋といいます。つまり、関節をはさんで、曲げるための筋（屈筋）と伸ばすための筋（伸筋）があり、肘を伸ばすためには、屈筋が伸び、伸筋が縮んでいることになります。このように反対の動きに作用する筋肉を拮抗筋といいます。また、図2-7に、上腕三頭筋を詳しく表しました。先ほど、身体の中心に近い側を起始といいましたが、骨の起始側の方につ

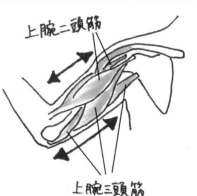

図2-6　肘関節の作り
　出典　文献2）を筆者が一部改変

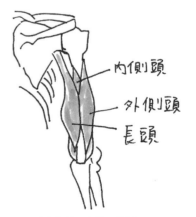

図2-7　上腕三頭筋
　出典　文献3）を筆者が一部改変

いている筋肉の部位を筋頭（きんとう）といい、反対の停止側の方を筋尾（きんび）といいます。この起始側の筋が分かれている数が〇〇三頭筋や〇〇二頭筋の三や二の数となります。

ここまではわかりやすかったと思いますが、これから身体の動きを複雑にする多関節筋について説明します。

一つの関節をまたいでついている筋を単関節筋といいますが、筋肉はこのように一つの関節をまたいでくっついている筋だけではありません。骨格筋によっては、複数の関節をまたいでいる場合もあります。この場合を多関節筋といい、この多関節筋と単関節筋が作用しあうことで、複雑な動きを可能とします。図2-8を見てみましょう。これは足首の動きに関係している単関節筋と多関節筋になります。図2-8のヒラメ筋は単関節筋で、腓腹筋が多関節筋になります。ここで大事なことは、膝を伸ばすと腓腹筋が引っ張られるということです。つまり、足首を背屈（甲の方へ曲げること）させるためには、膝を曲げた状態にして、腓腹筋を緩めておいた方が曲げやすくなります。このような関係は、様々な関節で見られるので、単関節と多関節を把握しておくと、体の動きが理解しやすく、ストレッチや関節可動域を広げていくことも効果的に行うことが可能となります。スクワットの動きを例にして、説明します。

**スクワット動作でしゃがみ込む**

股関節　→　股関節が曲がる
膝関節　→　膝関節が曲がる
足首（足関節）→　足首が背屈する

このように、一つの動作を行うときには、多くの関節を曲げたり伸ばしたりしています。

図2-9を見てもらえばわかると思いますが、スクワット動作でしゃがみ込む場合には、大殿筋、大腿四頭筋（大腿直筋以外）、ヒラメ筋を伸ばす必要があります。一方、スクワット動作で立ち上がる場合には、大殿筋、大腿四頭筋（大腿直筋以外）、ヒラメ筋が収縮しなくてはいけません。これらはわかりやすいと思います。では、多関節筋であるハムストリングス、大腿直筋、腓腹筋の状態を考えてみましょう。ハムストリングスが収

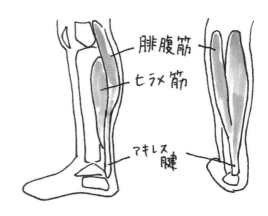

図2-8　下腿三頭筋
出典　文献4）を筆者が一部改変

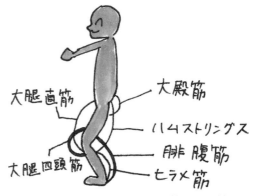

図2-9　スクワットの動きと筋肉の関係

縮すると、股関節は伸展し、膝関節は屈曲します。大腿直筋は、股関節は屈曲、膝関節は伸展へ働きます。腓腹筋はどうでしょうか。収縮すると、膝関節は屈曲、足関節は底屈（足の裏側に曲がる）になることがわかります。このように、単関節だけでなく、多関節があるために、身体の動きは複雑になります。

ここからは、スクワット動作に関係した各筋肉の説明をします。

**大腿四頭筋**

太ももの前側にある筋肉で、図2-10のように、大腿直筋、内側広筋、外側広筋、中間広筋の4つで構成されています。内側広筋、外側広筋と中間広筋は単関節筋で膝関節を伸展させる働きですが、大腿直筋は多関節筋なので、膝関節の伸展とともに、股関節の屈曲にも影響します。

**ハムストリングス**

図2-11のように、太ももの後ろ側にある筋肉で、大腿二頭筋（長頭、短頭）、半膜様筋、半腱様筋の3つで構成されています。大腿二頭筋の長頭は、お尻から腓骨まで伸びる多関節筋です。これは、半膜様筋や半腱様筋も同様な働きです。つまり、ハムストリングスが縮むと股関節が伸展し、膝関節は屈曲することになります。大腿二頭筋の短頭だけが、大腿骨から腓骨につながる単関節筋で、膝関節を屈曲にする働きになります。

**殿筋（大殿筋・中殿筋・小殿筋）**

殿筋とはお尻にある筋肉の総称になり、大殿筋・中殿筋・小殿筋の3つで構成されています。大殿筋は名前の通り大きな筋で、主な働きは股関節の伸展になります（図2-12）。中殿筋は大殿筋の下層にあり、股関節を外転するのに大きな働きをします。小殿筋は中殿

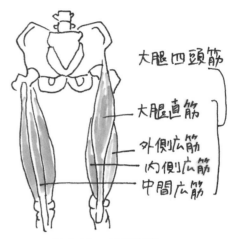

図2-10　大腿四頭筋
出典　文献5）を筆者が一部改変

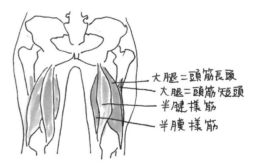

図2-11　ハムストリングス
出典　文献6）を筆者が一部改変

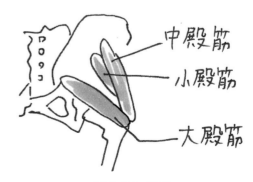

図2-12　殿筋

筋の内側にあり、小さな筋肉で中殿筋と同様に股関節の外転に作用します。

**内転筋群**

簡単に言うと、太ももの内側にある筋肉の総称になります。具体的には、次の5つの筋肉をまとめて、内転筋群と呼びます。文献によっては、短内転筋（たんないてんきん）を含まない場合があります。

・大内転筋（だいないてんきん）
・長内転筋（ちょうないてんきん）
・短内転筋（たんないてんきん）
・薄筋（はっきん）
・恥骨筋（ちこつきん）

働きは、内転の動き、つまり脚を閉じる作用です。この中で、薄筋だけは、多関節筋になります。最も大きいのが大内転筋で、脚を閉じる動作が中心ですが、股関節の外旋にも働いています。薄筋だけが、多関節筋のため働きが複雑で、股関節の内転、膝関節の内旋、屈曲の補助にも働きます。

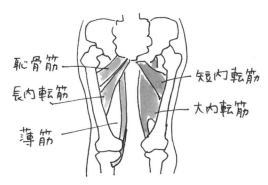

図2-13　内転筋群[7]

**下腿三頭筋（ヒラメ筋・腓腹筋）**

図2-8のようなふくらはぎの筋肉で、深いところにヒラメ筋、浅い部分の内側と外側に2つ腓腹筋があります。あわせて下腿三頭筋です。ヒラメ筋は足首の単関節筋で、足関節の足首を底屈にする際に働きます。一方腓腹筋は、大腿骨からかかとにつながる多関節筋で、ヒラメ筋とともに、アキレス腱を形成します。作用は、足首の底屈と膝関節を屈曲にする働きがあります。

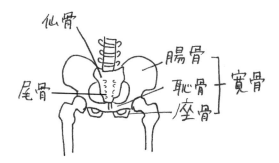

図2-14　骨盤の作り

**骨盤**

病院に訓練を見学に行くと必ず出てくる用語の一つです。なぜかというと、身体の中心の大きな骨で、人の姿勢や運動に大きく関係しているからです。部位と

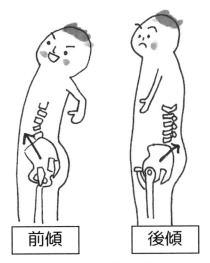

図2-15　骨盤の動き

しては、なんとなくはわかるけど、しっかりと理解しているわけではない人が多いのではないかと思います。

「骨盤が後傾していますね」とか「前傾していますね」と、よく聞くのではないでしょうか。具体的にはどういう状態でしょうか。

まず、骨盤とはどの部位なのかを説明します。図2-14を見てください。骨盤は、左右一対の寛骨（かんこつ）、仙骨（せんこつ）、尾骨（びこつ）で構成されている部位のことをいいます。寛骨という用語はあまり聞いたことがないかもしれません。この図からわかると思いますが、寛骨とは、腸骨（ちょうこつ）、恥骨（ちこつ）、座骨（ざこつ）を合わせたものをいいます。それに仙骨と尾骨を加えたものが骨盤になります。また、骨盤が後傾している状態とは、図2-15の右側ようになり、この場合には、どうしても猫背になる場合が多くなります。一方、前傾の場合には、腰を反らした状態になります。前傾や後傾などの子どもの場合には、正常な位置に直してあげることが重要です。

### 胴体の筋肉

ここまでは、下肢から骨盤まで説明をしてきましたが、骨盤の上の胴体の骨格は脊椎（せきつい）、肋骨（ろっこつ）、胸骨（きょうこつ）で構成されます。その胸側と背中側の主な筋肉は図2-16のようになります。ここに記載されている脊柱起立筋群（せきちゅうきりつきんぐん）とは背中を伸ばしたり、反ったり、また姿勢を維持したりする働きを持った以下の3つを中心とする多くの筋肉の集まりになります。

・最長筋（さいちょうきん）
・腸肋筋（ちょうろくきん）
・棘筋（きょくきん）

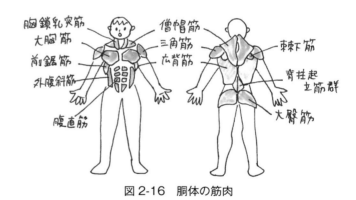

図2-16　胴体の筋肉

出典　文献8）を筆者が一部改変

### 側弯（そくわん）

側弯とは背骨が横に曲がっている状態をいいます。側弯で一番多いのは突発性側弯で、約80％を占めるといわれ、原因は不明ですが思春期の女子に多く発症することがわかっています。しかし、肢体不自由児が発症する側弯は、生まれつき背骨が変形している先天性側弯と脳性まひや筋ジストロフィーなどの病気が原因の神経筋原性側弯が中心になります。特に、神経筋原性側弯は、治療の効果が得られにくいため、高度な側弯になり、呼吸器や消化器にも悪影響を与えます。もちろん、身体は三次元なので、横に曲がるだけでなく、前側が凸になる前弯、後側が凸になる後弯、さらにはねじれている場合もあり、よくあるのが、後弯と側弯が混ざった後側弯になります。保護者の方から、「右凸

の側弯で○度でした」という話を聞くこともあると思います。右凸ということは、この場合には、右側に出ていることなのですが、○度はどのようにして測っているのでしょうか。図2-17のようにして、側弯は測ります。この場合、上下で最も傾いている背骨同士で作る角度になり、コブ角といいます。

## 背骨

側弯が出てきたので、ついでに背骨のことを説明します。

背骨は脊椎ともいい、図2-18のように、頸の部位は、第1～7頸椎まで、胸のところは第1～12胸椎まで、腰は第1～5腰椎まで、あと仙骨、尾骨になります。この図からわかるように、前後に曲がっています。これを生理的弯曲（わんきょく）といいます。また、英語の頭文字をとって、頸椎（Cervical spine）はC1～C7、胸椎（Thoracic spine）はT1～T12、腰椎（Lumbar spine）はL1～L5で表され、医療との連携で出てきますので、頭文字は覚えておくと便利です。

## 胸郭

胸郭という用語もよく聞くのではないでしょうか。胸郭とは、図2-19のように12個の胸椎、12対の肋骨、1個の胸骨で囲まれた部分で心臓や肺、肝臓などの重要な臓器を取り囲んでいます。この胸郭は、硬いイメージがあるかもしれませんが、実はかなり可動性のある部位です。12対の肋骨はあばら骨ともいい、軽度の外力で折れることもあるので要注意です。背中側は脊椎と結合し、胸側は胸骨と結合しています。しかし、すべての肋骨が胸骨に結合しているわけではなく、第8番目から12番目の肋骨は、直接には胸骨に結合していません。

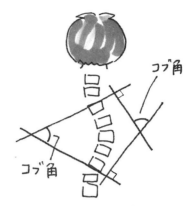

図2-17 側弯の角度

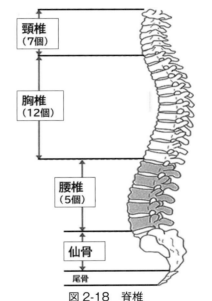

図2-18 脊椎
出典　文献9）を筆者が一部改変

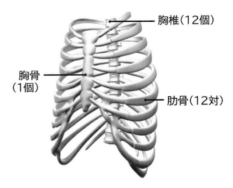

図2-19 胸郭
出典　文献10）を筆者が一部改変

## （3）上肢

　脳性まひ児の場合、下肢にまひがあっても、上肢は自由に活用できる子どもも見られます。そのため、上肢については、研修などで習う機会が少ないのも事実です。しかし、最近は上肢にもまひの見られる子どもも少なくありません。また、肩関節は脱臼しやすい部位であることも理解しておくことは重要です。

　上肢とは、以下の2つに分けられます

**上肢帯**…上腕骨を体幹（頭部と腕・脚を除いた部分、俗にいう胴体）につなげる部分のことで、鎖骨と肩甲骨をさします。

**自由上肢**…上腕骨、前腕、手の骨をさします。

　肩関節は全方向に動き、人の身体で最も大きな可動域を持ちますが、その反面不安定で、脱臼なども起こりやすい部位なので要注意です。

### 上肢帯

　上肢帯とは、鎖骨、肩甲骨の2つなのですが、2つの骨とも、独特の形をしているため、わかりにくいと思います。図2-20を見てください。これを見ると上腕骨がつながっているのは肩甲骨で、その肩甲骨は鎖骨に連結しています。

　以下のようなつながりになります。

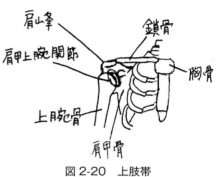

図2-20　上肢帯
出典　文献11）を筆者が一部改変

　　　上腕骨　⇔　肩甲骨　⇔　鎖骨　⇔　胸骨

　このように、関節が多いため、可動域は大きいのですが、その分不安定になります。

　肩関節とは、一般的には、上腕骨の骨頭（こっとう）の部位が、肩甲骨のくぼみ（関節窩）にはまり込む場所の肩甲上腕関節（けんこうじょうわんかんせつ）のことをいいます。関節の名称は複雑な気がしますが、医学用語は実は、場所と場所をつなげてあるものが多くてわかりやすくできています。この関節名も肩甲骨と上腕骨をつなぐので、肩甲上腕関節になり、その肩甲骨は、鎖骨につながっています。そのため、その関節を肩鎖関節（けんさかんせつ）といいます。では、鎖骨はどことつながっているかというと、胸骨とつながっています。そのため、胸鎖関節（きょうさかんせつ）となります。胸鎖関節は構造上、比較的運動性が高く、肩鎖関節は運動性があまりありません。

### 自由上肢

　自由上肢とは、上腕骨、前腕の橈骨（とうこつ）、尺骨（しゃっこつ）、手の骨になります。上腕骨は、肩甲骨と前腕に連結しています。前腕には親指側の橈骨と小指側の尺骨があり、これらは、図2-21のように、3つの関節で結合していて、一つは、上腕骨

と橈骨が結合する腕橈関節（わんとうかんせつ）、もう一つは、上腕骨と尺骨がつながる腕尺関節（わんしゃくかんせつ）、最後に、橈骨と尺骨がつながる上橈尺関節（じょうとうしゃくかんせつ）から成り立っています。一般に肘関節とは、腕尺関節と腕橈関節のことをいいます。この関節により、肘を曲げたり、伸ばしたりする動きが可能となります。一方、前腕は、小さな前ならえの状態から、手のひらを上に向けたり、下に向けたりする動きが可能です。この手のひらを上に向ける動きを回外（かいがい）といい、手のひらを下に向ける動きを回内（かいない）といいます（図2-22）。この動きは、上橈尺関節と手首につながる下橈尺関節（かとうしゃくかんせつ）の働きによって可能となります。回外動作は、上肢にまひのある子どもは難しい場合が多く、お椀を両手で持つときにも、図2-23のように、両手回内動作でお椀をはさむ動きで持つ姿が見られます。

### 手の関節

手は27個の骨で構成されていて、その中で、手首近くにある骨を手根骨（しゅこんこつ）といい、8つの骨で形成されています（図2-24）。この中で、橈骨と関節を形成している骨は通常は2つです。ただ手首を小指側に曲げた時だけ、三角骨に接触することがあります。一方、尺骨は関節円板（かんせつえんばん）という軟骨が間にあるため、直接には接触していません。

### （4）下肢

下肢も上肢と同様に、下肢帯と自由下肢の2つに分けられます。

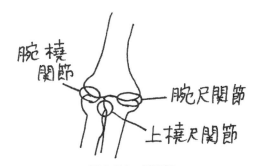

図2-21　肘関節
出典　文献12）を筆者が一部改変

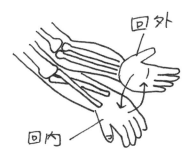

図2-22　回外・回内動作
出典　文献13）を筆者が一部改変

図2-23　お椀の持ち方

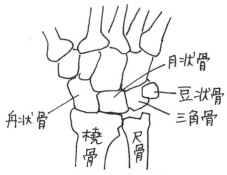

図2-24　手の関節
出典　文献14）を筆者が一部改変

下肢帯…下肢（脚）を体幹につなげる部分のことで、具体的には寛骨（かんこつ）を指します（図2-14を参照）。

## 自由下肢

自由下肢は、大腿骨、脛骨（けいこつ）、腓骨（ひこつ）、足で構成されています。

その中の大腿骨は、人体で最も長くて太い骨であり、上端は、大腿骨頭（だいたいこっとう）と大転子（だいてんし）と呼ばれる部位になります。大転子は、図2-25からわかるように、大腿骨の上部外側にある突起で、殿筋などが付着しています。連携の時によく出てくる用語で、例えば、身体が変形した子どもの身長を図る場合には、3分割法（P162参照）を使いますが、そこでも大転子の位置が重要です。

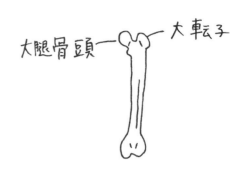

図2-25　大腿骨

脛骨（けいこつ）は、図2-26のように、下腿（かたい）の内側にある骨です。膝の方では、大腿骨と膝関節（大腿脛骨関節：だいたいけいこつかんせつ）、腓骨とは上脛腓関節（じょうけいひかんせつ）で結合されています。下端部では、腓骨と下脛腓関節（かけいひかんせつ）、足関節（距腿関節：きょたいかんせつ）を構成しています。

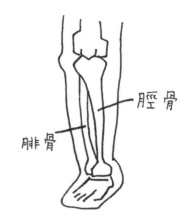

図2-26　脛骨と腓骨の関係

出典　文献15）を筆者が一部改変

腓骨（ひこつ）は、脛骨に平行して上端を上脛腓関節、下端では下脛腓関節を形成しています。大腿骨とは直接には結合していませんが、足首の方では距腿関節（図2-27）を作っています。

脛腓関節は、脛骨と腓骨をつなぐ2つの平面関節のため、前腕のような動きはできませんが、足関節の動きに伴って動きます。

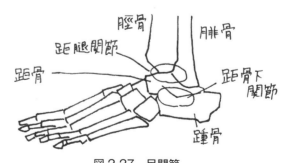

図2-27　足関節

出典　文献16）を筆者が一部改変

## 足の関節

足関節は一般的には距腿関節（きょたいかんせつ）のことをいいます。この関節は、

脛骨、腓骨、距骨（きょこつ）で構成されます。距骨は、足裏、足の甲を形成する足根骨（そっこんこつ）の7つの骨の一つになります。この足根骨の中でよく聞くのは、踵骨（しょうこつ）と呼ばれるかかとの骨だと思います。この踵骨は図2-27のように、距骨との間で距骨下関節（きょこつかかんせつ）を作っています。

　足首の運動は、距腿関節と距骨下関節により、決定され、これらの関節は、身体のバランスを保つために重要な関節になります。

　脳性まひ児にしばしば見られる尖足（せんそく）とは、主に下腿三頭筋などの筋緊張の亢進により、足がつまさき立ちのように変形した状態を指します。脳性まひ児の場合には、内反尖足になっている場合が少なくありません。一方、自閉症の子どもも尖足になっている場合がありますが、これは、感覚過敏か自己刺激のことが多く、筋緊張の亢進で足首が変形拘縮していることはほとんどありません。

## 股関節と脱臼の関係について

　肢体不自由児の担当者なら、必ず聞く言葉に、股関節脱臼という言葉があります。

　これは、どのような状態なのでしょうか。股関節は、図2-28のような大腿骨と骨盤との関節になります。一般的には、大腿骨の大腿骨頭が、寛骨臼（かんこつきゅう：骨盤の外側にあるカップ状の凹部）に深く入り込んでいて、肩関節ほどの可動域はありませんが、その分、身体を支える作りになっています。大腿骨頭の受け皿である寛骨臼の上の部分を臼蓋（きゅうがい）といい、ここがしっかり形成されていないと、大腿骨が抜けてしまうことがあります。これを股関節脱臼（図2-29）といい、障害の重度な脳性まひ児ではしばしば見られます。臼蓋形成不全（きゅうがいけいせいふぜん）という言葉を聞いたことがあるかもしれません。これは、この部位がしっかりできていないことを示しています。脱臼の場合、図2-29を見てもらえば、わかると思いますが、正常な股関節の位置に対して、大腿骨の位置が上の方にずれている場合が多く、一般的に、脱臼した方の脚は短くなるため、子どもを観察する場合の指標になります。亜脱臼は、はずれかかっている状態や出たり入ったりする状態と考えていいと思います。低緊張でカエル肢位を続けている子どもは、脱臼しにくい肢位ではありますが、前方に脱臼し

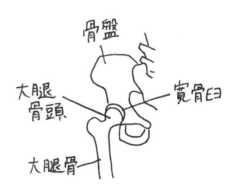

図2-28　股関節

図2-29　股関節脱臼

たり、後方へ脱臼したりする場合があるのでその点はしっかりとチェックしておくことが必要です。骨の成長は個人差もありますが、15〜18歳までといわれています。これは、身長の伸びを考えれば一致します。骨の成長には骨にかかる圧力が影響するので、脱臼予防には、股関節を外転、外旋などの適切な位置に保持して、圧力をかけていくことが必要です。その状態を続けることが、臼蓋や大腿骨等の形を形成していくことになります。そのため、学校での立位台やプローンボードでの継続的な立位がとても重要になるのです。

**引用・参考文献**

1）AandK　Therapy　Studio　http://www.aandk-t-s.com/15925405692581
2）脳梗塞リハビリセンター　https://noureha.com/news/rehacenknowledge_muscle/2-7
3）ファインドトレーナー　https://findtrainer.jp/training/triceps-brachii-training/
4）名古屋・千種でパーソナルトレーニングなら勝太のジム　https://shoutanogym.com/2024/08/24/calf/
5）おかもと整形外科ブログ　https://okamoto-seikei.jp/wp/2020/08/05自宅で出来るエクササイズ#2/
6）イラストAC　https://www.ac-illust.com/main/detail.php?id=2130938
7）clindsc スポーツ整形外科クリニカルデスク　http://clindsc.com/basic/basic_1-5-11.html
8）MELOS　https://melos.media/training/157992/
9）伊藤くりにっく　https://ito-pldd.com/column/column1/column1-3/
10）日経Gooday　https://gooday.nikkei.co.jp/atcl/report/20/013000004/021700006/
11）阪田整形外科リハビリクリニック　https://www.sakataseikei.com/2018/12/25/2752/
12）阪田整形外科リハビリクリニック　https://www.sakataseikei.com/2021/10/27/4120/
13）療法士活性化委員会　https://lts-seminar.jp/2023/03/06/rihakoya-139/
14）AZBL24　https://azbl.jp/column/20220523-2/
15）関節ライフ　https://kansetsu-life.com/comm_dict_pro/result.html?l=%E8%84%9B%E9%AA%A8
16）阿部整形外科クリニック　https://abe-seikei-cli.com/menu/m6/

# 第3章

## 運動機能と解剖学（2）

この章では、第2章で説明した身体の構造について、実際に身体を動かしながら、自分で身体感してもらうことを目的としています。
　その前に、身体の動きについての用語を理解しておきましょう。
　第2章では身体の部位や構造について学習しましたが、医療との連携で大切なことの一つとして、身体の動きについての用語を理解しておくことが挙げられます。それについてこれから説明していきます。

# 1 身体の動き

　身体の動きの用語については、関節を中心にして考えることが重要です。
　例えば、「バンザイ」の動作は、腕を伸ばすことで、伸展のイメージがしますが、この場合、肘関節としては伸展なのですが、肩関節においては屈曲になるのです。つまり、同じ動作であっても、どの関節の動きなのかで、用語が変わってきます。このような用語は一度しっかり習っておかないと、混乱しやすいものです。このようなことから、この章の前半では、実際の動きを行いながら、用語を確認していきましょう。

写真 3-1　屈曲

写真 3-2　伸展

写真 3-3　外転

写真 3-4　内転

写真 3-5　内旋

写真 3-6　外旋

まずは、肢体不自由児では、とても重要な下肢の動きについて説明していきます。

**股関節の動き**

写真 3-1 〜 3-6 のように 6 つの動きがあります。これらの動きは、医療との連携で頻繁に出てくるので、理解しておくことが大切です。

屈曲…太ももを腹部に近づけます。

　　関係する筋肉　→　腸腰筋（ちょうようきん）、大腿四頭筋など

伸展…太ももを後ろの方向へ反る動作です。

　　関係する筋肉　→　大殿筋など

外転…脚を広げる動きです。

　　関係する筋肉　→　中殿筋、小殿筋など

内転…脚を内側に動かします。

　　関係する筋肉　→　内転筋群など

外旋…太ももを外側にねじる動きです。

　　関係する筋肉　→　梨状筋：りじょうきん（仙骨から大転子に付着している）、大殿筋など

内旋…太ももを内側にねじる動きです。

　　関係する筋肉　→　中殿筋、小殿筋など

**膝関節の動き**

この動きはわかりやすいですね。基本的には、伸展と屈曲の動きになります。実はわずかですが、内旋や外旋の動きもみられます。写真 3-7 を参考にしてください。

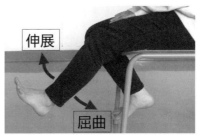

写真 3-7　膝関節の動き

伸展…脚を伸ばす動き

　　関係する筋肉　→　大腿四頭筋など

屈曲…脚を曲げる動き

　　関係する筋肉　→　ハムストリングスなど

**足関節の動き**

足関節は足首といわれる部位で、距腿関節と距骨下関節の 2 つから構成されています。

底屈と背屈はわかりやすいと思います。

　底屈（ていくつ）…足底を下に向ける動き（写真 3-8）

　背屈（はいくつ）…足底を上に向ける動き（写真 3-9）

　内反（ないはん）…足首を内側に向ける動き（図 3-1）

　外反（がいはん）…足首を外側に向ける動き（図 3-2）

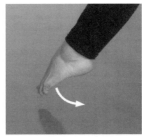

写真 3-8　底屈

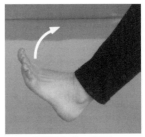

写真 3-9　背屈

尖足（せんそく）…図3-3のように、足首が底屈の方に曲がってしまい元に戻らなくなった状態、またはつま先で歩くこと。

子どもの尖足は、肢体不自由児に限らず、自閉症などの発達障害児にも見られます。どのように違うのでしょうか。自閉症の子どもの場合には、足の裏の過敏で床に足裏をつけられない場合や尖足で歩くことの気持ちよさ、つまり自己刺激のために尖足になっている場合がほとんどです。一方、肢体不自由児の尖足は、下腿三頭筋の筋緊張の亢進でなっていると考えられます。

外反扁平（がいはんへんぺい）…図3-4のように、外反で扁平足（土踏まずが低下またはなくなった状態の足）になった状態です。肢体不自由児では時々見られます。

図3-1 内反

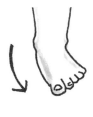
図3-2 外反

図3-3 尖足

図3-4 外反扁平

ここまでが、下肢の動きです。いずれも医療との連携で必須の用語になるので、ぜひ、覚えてください。

ここからは、上肢の動きになります。

**肩関節の動き**

屈曲…腕を上げていく動き（写真3-10）

伸展…後ろに振り上げる動き、気をつけの姿勢からスキーでジャンプする時の腕の動き（写真3-11）

外転…腕を横の方に上げていく動き（写真3-12）

内転…外転した腕を下げ、体に近づけていく動き（写真3-13）

写真3-10 屈曲

写真3-11 伸展

写真3-12 外転

写真3-13 内転

第3章　運動機能と解剖学（2）

水平外転（すいへいがいてん）…水平に外側へ動かす動作（写真3-14）
水平内転（すいへいないてん）…水平に前の方へ動かす動作（写真3-15）
外旋（がいせん）…腕を内側から外側へねじる動き（写真3-16）
内旋（ないせん）…腕を外側から内側にねじる動き（写真3-17）
　写真3-16、3-17は、肘関節を直角に曲げて体に固定し動かしています。こうすると、肩関節の動きだけに限定することが可能です。

写真3-14　水平外転

写真3-15　水平内転

写真3-16　外旋

写真3-17　内旋

**肘関節の動き**（写真3-18）
　肘関節の主な動きは、4つです。
屈曲…肘を曲げる動き
伸展…肘を伸ばす動き
　ここまでは、わかりやすく、説明する必要はないと思います。
　以下の2つの動きが肢体不自由の子どもの動きとして、重要な動きになります。
回内…肘は動かさず手のひらを下に向ける動き
　　（P43、図2-22）
回外…肘は動かさず手のひらを上に
　　向ける動き（P43、図2-22）
　これらの動作は、肩関節の動きとは無関係です。

写真3-18　屈曲と伸展

**肩甲骨の動き**
　肩甲骨の動きについては、あまり意識したことがないと思います。
　しかし、肩甲骨は、身体の大きな骨であり、この骨は多くの筋肉の影

挙上

下制

外転

内転

上方回旋

下方回旋

図3-5　肩甲骨の動き

51

響を受けています。つまり、この骨を動かすことは、多くの筋肉に影響を与えることになります。特に、身体を自分自身で動かせない寝たきりの重度な子どもの場合には、骨盤と肩甲骨を動かしてあげるだけで、多くの筋肉のストレッチが可能です。

図3-5に、肩甲骨の6つの動きを示しました。

挙上（きょじょう）…肩甲骨を上に引き上げる動きです。肩をすくめる動作がこれに当たります。

下制（かせい）…肩甲骨を下に引き下げる動きです。肩を下げる動作がこれに当たります。

内転（ないてん）…肩甲骨を背骨に向かって引き寄せる動きです。胸を張る動作がこれに当たります。

外転（がいてん）…肩甲骨を外側に広げる動きです。腕を前に出す動作がこれに当たります。

上方回旋（じょうほうかいせん）…肩甲骨を外側に回転させる動きです。バンザイの動作を行うと上方回旋になります。

下方回旋（かほうかいせん）…肩甲骨を内側に回転させる動きです。バンザイから腕を下げていくと下方回旋になります。

## 手関節の動き

手首の関節を手関節といいます。

背屈（はいくつ）…手の甲の方へ曲げる動き（写真3-19）
掌屈（しょうくつ）…手のひらの方へ曲げる動き（写真3-20）
尺屈（しゃっくつ）…小指の方へ曲げる動き（写真3-21）
撓屈（とうくつ）…親指の方へ曲げる動き（写真3-22）

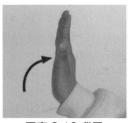 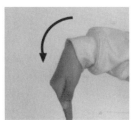  

写真3-19 背屈　　写真3-20 掌屈　　写真3-21 尺屈　　写真3-22 撓屈

最後に首の動きを説明します。
首は、6つの動きが可能です。
屈曲…下を向く動き（写真3-23）
伸展…後ろにそらす動き（写真3-24）
右側屈…右側に首を曲げる動き（写真3-25）

写真3-23 屈曲　　写真3-24 伸展

左側屈…左側に首を曲げる動き（写真3-26）
右回旋…右に回す動き（写真3-27）
左回旋…左に回す動き（写真3-28）

写真3-25 右側屈

写真3-26 左側屈

写真3-27 右回旋

写真3-28 左回旋

ここまでは、主な身体の動きについて説明しました。

ここからは、実技を行いながら、身体の動きを体感してください。

## 実技 Time

実技A…動きを覚えよう

ここからは、実際にこれらの動きをやってみましょう。
①すべての動きを5分程度で覚える。
②前に、数人ずつ出て競い合う。
③教師が「肩関節の屈曲とか伸展」などと問題を出し、その動きをすばやく行った人が勝ちになる。
④トーナメントで、誰が一番早くポーズをとれるかの大会を企画するとおもしろくなる。また、判定を受講者全員でやるとかなり盛り上がる。

実技B…肩甲骨の動きを確認しよう

肩甲骨には、P51の図3-5のように6つの動きがあります。

ペアを作って、相手の肩甲骨の動きを確認してみましょう。
①ペアの肩甲骨に手を置く。
②ペアに肩甲骨の挙上、下制、外転、内転の動きをしてもらい、その動きを確認してみる。

肩甲骨の上方回旋の動きは、肩関節を屈曲、つまり腕を上げてもらいながら、相手の肩甲骨が脇の下の部位に広がってくるのを確認してください。また、腕を下ろしてい

写真3-29 長座位

写真3-30 割座位

写真3-31 端座位

くと、肩甲骨は、下方回旋していくのがわかると思います。

**座位（ざい）について**
　座位とは座った姿勢ですが、座り方にもいろいろな種類があります。

**長座位（ちょうざい）**…写真3-29のように、足を伸ばして座った状態です。

**割座位（わりざい）**…写真3-30のように、M字のような形で座る状態で、女の子座りともいいます。

**端座位（たんざい）**…写真3-31のように、ベッドや背もたれのない椅子に座った状態で、体幹筋の協調性が必要になります。レベルの高い座り方ですが、日常生活の基本となり、とても役立つ姿勢になるので、ぜひ獲得してほしい座位です。

**椅座位（いざい）**…写真3-32のように、椅子に座って床に足をつけている座り方です。車椅子や椅子に座った姿勢と考えればいいでしょう。

**起座位（きざい）**…写真3-33のように、座位より少し前傾で、枕やクッションなどを積み重ねたものにうつ伏せぎみになった姿勢です。呼吸状態が悪い時によく活用する姿勢です。

**半座位（はんざい）**…文字通り半分座位になった状態です。図3-6のように、上半身を約45度起こした座位のことで、ファウラー位ともいいます。上半身が高くなり、横隔膜が自由に動きやすくなるために、呼吸状態が仰臥位よりも良くなります。入院している人が食事をする時や面会者と会う時には、この座位をとっている場合が多く見られます。

　座位は、一般的に、横隔膜の動きや心臓の位置が高くなることで血液循環の負担が減り、呼吸状態に適した姿勢といわれています。

**仙骨座り（せんこつすわり）**…図3-7のように、骨盤を後ろに倒し、背中を丸くして、股関節が伸び、膝関節を曲げる姿勢です。骨盤の仙骨で座っている状態を指します。学校では、仙骨座りをしている子どもには、「きちんと座りなさい」と注意していると

写真3-32　椅座位

写真3-33　起座位

図3-6　半座位

図3-7　仙骨座り

思います。体幹筋の弱い子どもがとりたがる姿勢です。

# 2 移乗動作

移乗動作（いじょうどうさ）とは、図3-8のように、ベッドから車椅子、車椅子から便器などへの乗り移り動作のことで、移動前と移動後で接する面が変わります。トランスファーとも呼ばれていて、この動作の獲得は、生活の広がりにつながります。

移乗動作の支援については、小児と大人の場合には、基本的には以下のように、身体の状態や障害の違いがあるため、支援の在り方も変わってきます。

図3-8 移乗動作

・小児では体重が大人と比較して軽いことが一般的である。
・小児では、体幹筋が弱いことが多く、大人と比較して身体全体を支える必要がある場合が多い。
・小児では片まひが少ないため、健常側（まひのない身体の正常な側）を活用した支援は難しい。
・小児では、指示が通らない場合が多く、協力をしてもらえないことが多い。
・成人では、多くが一度獲得した動作の再学習であるが、小児では新しい動作の獲得である場合がほとんどである。
・小児では、筋力が育っていないことが多く、筋力を活用できない場合が多い。

これらの小児の特性を考慮した支援が必要になります。そのためには、移乗動作の支援などで活用するボディメカニクスについてはぜひ理解しておくことが重要です。また、ボディメカニクスは姿勢変換や座位、立位保持など、その他の動作の支援にも応用可能なので、原則は理解しておくと便利です。

## （1）ボディメカニクス

ボディメカニクスとは、簡単に説明すると、最小の力で、相手を介助する方法です。そのため、子どもの安全性はもちろん教師の身体の負担も軽減することができます。そのボディメカニクスには8つの原則があるので、それを以下に説明していきます。

**①子どもとの距離を近づける**

子どもに体を近づけることで軽く感じるはずです。肩関節から近いほど小さな力で抱えやすくなります。

**②支持基底面を広くする**

支持基底面とは自分を支える面積のことで、例えば、立っている場合には、両足の間の面積になります。当然、足を開いた方が支持基底面は広くなり安定します。ただし、膝折れのある子どもなどは、膝をロックすることが重要なので、支持基底面を小さくする場合も出てきます。

### ③子どもの身体を小さくする

例えば、姿勢変換の場合には、子どもの手をお腹に置いたり、脚を立てたりすることで、体重の分散を防ぎます。また脳性まひなどの場合には、身体を曲げて屈曲位にすることで、筋緊張が緩む場合も見られます。

### ④重心を低く保つ

教師が膝を曲げて、腰を落とし重心を低くすることで安定性が増します。

### ⑤腕力だけに頼らずに、身体の大きな筋群を使う

力の強い人は腕力だけに頼りがちで腕を痛めることがあります。太ももや背中の筋肉など全身を使って支援することで、子どもも教師も安全・安心な支援になります。

### ⑥水平移動を考える

子どもを上に持ち上げるのではなく、なるべく水平にスライドさせることで重力の影響を少なくします。

### ⑦てこの原理を使う

てこの原理を活用することで、少ない力で大きな動作を行うことができます。例えば、仰臥位や側臥位になっている子どもを座位にする場合には、子どものお尻を支点にして回転させると、少ない力で座位にすることが可能です。

### ⑧押す力より引く力を活用する

押すより引く方が少ない力ですむため、引く動作を中心に行います。


## （2）移乗動作を支援するときの注意事項

移乗動作の支援には、ボディメカニクスの原理を活用するとともに、とても重要なことがいくつかあるのでその点について説明しておきます。

### ①移乗動作を支援するときには必ず言葉掛けをする

今から移乗動作をやってもらう場合や、その動作を支援する場合には、そのことをきちんと子どもに伝えます。そうすることで、子どももスムーズに移乗動作に移れ、教師とも息を合わせることができます。たとえ、言葉掛けが子どもに伝わらないとしても、教師自身の支援の確認になります。

### ②子どもができる動作は必ず自分自身でしてもらう

このことは、小学部入学時点から必ず継続しておくことが重要です。よく、小学部では体重が軽いこともあり、教師がすべて、手伝ってしまう様子が見られます。しかし、その結果、子どもの筋力が低下したり、やろうとする意欲が低下したりすることがあります。必ず、自分自身でできる動作はやってもらうことが大切です。もちろん、この指

第3章　運動機能と解剖学（2）

導の継続が日常生活動作の向上や習慣を培うことにつながります。
③**担当者が変わる場合には、引継ぎをしっかり行っておく**
　担当者が変わる場面では、確実な引継ぎを行っておくことが必要です。どうしても急な事態のため、初めての人が移乗動作を支援する必要が出てくる場合があります。そのようなことを想定して、誰でもできるように引継ぎ用の簡易なマニュアルを車椅子に装着するなどの対応が必要です。
④**子どもの実態把握を適切に行い、子どもに応じた移乗動作の支援を行う**
　筋緊張が強い子ども、低緊張の子ども、指示理解ができる子ども、上肢が活用できる子どもなど実態はみな違います。子どもの状態に応じて、適切な支援を行うことが最も重要です。

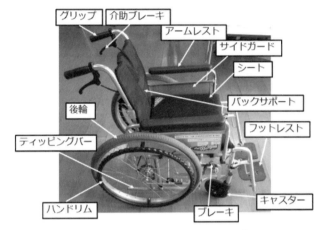

図3-9　車椅子の各部位の名称[1]

## 実技 Time

　ここからは、肢体不自由の特別支援学校現場でよく行われている3つの移乗動作について説明します。

　最初は、車椅子での移乗動作の基本となる車椅子からベッドや椅子への移乗動作で、全介助による支援になります。学校現場では、あまりベッドは活用していないかもしれませんが、これが移乗動作の支援の基本となるので、最初に説明しておきます。

　ここでは、講義の実技内容として取り扱うことを想定して、車椅子からベッドへの移乗動作を説明します。車椅子やベッドが用意できない場合は、椅子から椅子への移乗動作で体験してみましょう。

　以下に、車椅子（椅子）からベッドへの移乗動作の支援の基本的な順序を記載します。[2]

**実技C**…車椅子（椅子）から椅子への移乗動作を体験しよう
　①写真3-34のように、車椅子はベッドに対して約30度程度に設定し、ブレーキをかけているかの確認をする。
　②写真3-35のように、アームレストとサイドガー

写真3-34　ベッドと車椅子の角度

写真3-35　サイドガードのはね上げ

ドをはね上げる。(車椅子の部位についての名称は、図3-9を参考のこと)

③移乗後に子どもの足底が床に着くように、ベッドの高さを調整する。

④子どものお尻を前方にずらしながら、子どもを浅く座らせる。

⑤写真3-36のように、子どもの足の位置をベッドに移乗した後の位置にする。

⑥写真3-37のように、子どもの膝をブロックし、膝折れを防止する。子どもと大人の身体の大きさの関係により、片脚だけ、または両脚によるブロックになる場合もある。

⑦写真3-38のように、両腕を子どもの背中にまわし肩甲骨の下側あたりを支えることを基本として、頭部(下顎部付近)と上腕の3点で支持する。この時、可能であれば、子どもに両腕を教師の背中に回してもらう。

写真3-36　足の向き設定

写真3-37　膝ブロック

⑧写真3-39のように、子どもの身体を引き出すように寄りかからせながら臀部を浮かせて回転する(写真3-40)。この時、教師自身が後方へしゃがむように体重を移動させることで、子どもが自然と浮き上がりやすくなる。

写真3-38　三点支持

写真3-39　臀部の浮かせ

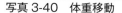
写真3-40　体重移動

写真3-41　ベッドへ

⑨写真3-41のように、子どものお尻や太ももの後ろがベッド(椅子)に触れたら、言葉掛けしながらゆっくりと座位にしていく。

これが移乗動作の支援の基本になります。

　講義室での実施の場合には、車椅子やベッドが準備できないと思います。その場合、椅子から椅子への移乗動作でかまいません。

写真3-42　前方へ移乗

第3章 運動機能と解剖学（2）

④〜⑨までの過程をペアで実施することで、移乗動作の感覚がつかめると思います。ただし、子どもの場合には、多くの子どもが脚に力が入らないため、支援される人は脚に力を入れずに、一方、支援する人は、両膝ブロックの過程を体験する方がいいと思います。

2つ目は、車椅子からトイレへの移乗動作の全介助の支援になります[3)]。

この場合には、安定を図るために椅子を必ず準備してください。

①車椅子をトイレに対して30度ぐらいに設置する。
②写真3-42のように子どもを車椅子から、前方へずらす。
③車椅子からトイレへの移乗と車椅子からベッドへの移乗との大きな違いは、写真3-43のように、子どものトイレ側の腋下に頭を入れ、逆の腕で子どもの背中を支える点になる。
④③の状態で、教師が椅子に座ると、写真3-44のように、自然と子どもは前かがみになり立ち上がる状態になる。
⑤写真3-45のように、教師の両脚で、子どもの膝をはさみながら、子どもの膝折れを防止し、向きを変えていく。
⑥写真3-46のように便座の位置まで子どもの向きが変わったら、その状態のままで、ズボンや下着を脱がす。
⑦衣服の着脱が完了したら、ゆっくりと便座に座らせ、子どもの身体を保持しながら、微調整を行う（写真3-47）。

便座から車椅子に移乗する場合には、この動作の逆になります。大切なことは、椅子を活用することです。重い子どもでつかまり立ちができない場合には、椅子を活用しない移乗動作の支援は難しいと思います。もちろん、脳性まひのアテトーゼ型や反返りが強い子ども、筋ジストロフィーの子どもなど、それぞれの実態に特性があるので、このやり方がすべての場合でうまくいくわけではありません。難しいと感じる場合には、必ず二人で行っ

写真3-43 頭部を腋下へ

写真3-44 体重移動

写真3-45 膝ブロック

写真3-46 トイレ方向へ移乗

写真3-47 トイレへ座らせる

59

写真3-48 骨盤固定

写真3-49 頭部を腋窩へ

写真3-50 膝の上へ

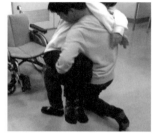
写真3-51 片膝立ち
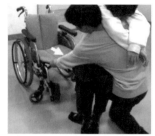
写真3-52 車椅子を引き寄せる

写真3-53 車椅子に座らせる

てください。

3つ目は、床や畳から車椅子へ、全介助での移乗動作の支援になります[4]。

通常、体重が軽い子どもの場合にはお姫様抱っこで、また、体重の重い子どもの場合には、二人で移乗させているのではないでしょうか。しかし、どうしても時間や担当者の関係で、一人で乗せないといけない場面も出てくると思います。そういう時に覚えておくと便利な移乗動作の支援です。

写真3-54 足を入れる

①子どもの骨盤を両膝ではさむ（写真3-48）。
②子どもの腋下に頭を入れる（写真3-49）。
③子どもの両足をそろえて保持し、教師は身体を起こしながら膝の上に子どもをのせる（写真3-50）。
④教師が片膝（腋の下に頭を入れた側）を立てて、子どもを膝の上に座らせる（写真3-51）。
⑤車椅子を引き寄せる（写真3-52）。
⑥車椅子に子どもを座らせる（写真3-53）。
⑦子どもの足を奥に入れる（写真3-54）。
⑧深く座りなおさせる（写真3-55）。

特別支援学校で、よく見られる移乗動作の場面は、車椅子から床、畳、便座やベッドへ、またはその逆になる場面です。肢体不自由児の場合には、座位が難しかったり、指示理

第3章　運動機能と解剖学（2）

解ができなかったりする子どもが多いために、大人の移乗動作と同じように支援してもうまくいかないことも多いと思います。しかし、移乗動作の支援の基本はしっかりと把握しておくことが大切です。また、移乗動作で活用しているボディメカニクスの理論は、体位変換や座位、立位保持などにも活用可能です。しっかり理解しておきましょう。

写真 3-55　深く座らせる

## 車椅子での座り直し

近年は、上肢にまひがある子どもも多く見られるようになりました。そのため、車椅子での座り直しができない子どもも少なくありません。その場合の支援の方法を述べていきます。

子どもの足を手前に引き、その状態から子どもを前かがみにします（写真3-56）。次に、写真3-57のように腋下から手を通し、お尻を手前に引く方法が一般的です。しかし、子どもによっては、胸の圧迫などに注意が必要な子どもがいるかもしれません。その場合には、写真3-58のように、子どもの身体を左右に傾け、お尻を浮かせます。浮いた側のお尻を後ろに移動させ、お尻を後ろに引いていきます。

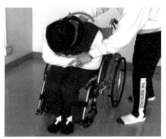
写真 3-56　座り直し①

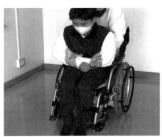
写真 3-57　座り直し②

## 実技 Time

実技 D…座り直しの支援をやってみよう

二人一組となり、一人が浅く椅子に腰かけます。もう一人は、写真3-57のように腕を軽く握り、相手の身体を前傾にして一気に深く座りなおす方法と、写真3-58のように左右に傾けながら、少しずつお尻を入れていく方法を行います。

役割を交代して行い、支援を受けた各方法での感想を聞いてみましょう。

もちろん、上肢にまひのない子どもなら、写真3-59のようにプッシュアップを教えます。お尻を挙げる動作は、二分脊椎などの疾患では、褥瘡防止などで必要不可欠な活動です。必ず教えておく必要があります。

指示理解が難しい場合には、しばらくは、前から足を

写真 3-58　座り直し③

写真 3-59　プッシュアップ動作

61

ロックして押す人と、後ろから子どもの手をアームレストに置いて、身体を上げる人が必要でしょう。大切なことは、動作を行うときに必ず同じ言葉掛け、例えば、「深く」「あげて」「おしり」などの言葉を添えてあげることで、言葉掛けだけでプッシュアップの習慣が付く可能性があります。また、子どもの実態によっては、片方は腕で、もう一方はエルボー支持、または両腕ともエルボー支持の場合でも獲得可能な動作です。

## 3 呼吸介助

ここからは、呼吸介助について、説明していきます。

呼吸介助は、受講者が仰臥位の姿勢をとることが可能であれば、実技としてぜひ体験しおきたい内容になります。

### 実技 Time

実技 E…相手の呼吸を感じてみよう

二人一組になり、一人が仰臥位で、もう一人が写真 3-60 のように、胸郭に手のひらを当ててみてください。仰臥位の相手に、深呼吸をしてもらいましょう。手を胸郭に当てている人は、その動きを手のひらで感じてみましょう。動きがわかると思います。慣れてきたら、その胸郭の動きの呼気の時に少しだけ介助してあげます。これが子どもに行う呼吸介助法の基本です。つまり、息を吐くことを少しだけ手伝ってあげることになります。

次は、側臥位になってもらい、写真 3-61 の姿勢で相手の呼吸を感じたら、少しだけ介助してあげましょう。感想を聞きながら、お互いに呼吸介助してください。

呼吸介助法の手のひらをあてる場所は、胸郭の上部（指先を鎖骨に添わせる）の場合と胸郭の下部の場合とがあります。下部に手のひらをあてる場合には、剣状突起（胸骨の一番下：みぞおちのあたり）を基準にし、剣状突起のすぐ下に手をあてます（写真 3-60）。この方法が、呼吸のリズムや深さを確認しやすいので、最初は胸郭の下部にあてる方法から始めましょう。

写真 3-60　呼吸介助

写真 3-61　呼吸介助②

写真 3-62　胸郭呼吸運動学習[5]

第3章　運動機能と解剖学（2）

吸気の介助

呼気の介助

写真 3-63　呼吸介助③

　最後に、最も安全な呼吸介助の方法を体験します。もう一度仰臥位の姿勢のペアの胸に、写真3-62のように手のひらを当ててみてください。この方法では、手を当てるだけで呼吸介助は行いません。そのため、手を当てる位置も前述の方法とは異なり、胸郭を包み込むように手のひらを当てるだけです。介助を受けた人は、手のひらを当てられた時と当てていない時で少し感じが違うはずです。この方法は呼吸介助というより、子どもに呼吸していることを気付かせるための方法です。この方法を胸部呼吸運動学習といいます[5]。つまり、自分自身が呼吸をしていることに気付いてもらう学習になります。それぞれの呼吸介助を受けた感想をお互いに伝えてください。

　実技はここまでで、ここからは少し難しい呼吸介助になります。

　写真3-63は、床での抱っこの姿勢から、呼吸にあわせて、吸気時に背中を反らせ、呼気時に丸めるように介助します。大きな子どもに、この動作と同じ動きに近い呼吸介助をする場合には、写真3-64・3-65のように子どもの後ろから座位を保持し、子どもと一緒に、吸気時には後ろに反り、呼気時には身体を丸めながら、胸郭を押していきます。また、写真3-66のように、背中の下に手を入れ、仰臥位の子どもの呼吸にあわせて吸気時に、背中を上げてあげる方法もあります。

　肢体不自由児に接することが今まで少なかった人には、呼吸介助は急には難しいと思います。その場合には、まず実技でも行った胸部呼吸運動学習を行ってください。この方法だと、全く危険性はありません。この方法の効果については、わかりにくいと思いますが、少なくとも、先生方が子どもに触れて、子どもを感じることができるということが、この方法の大きな効果になることは間違いありません。

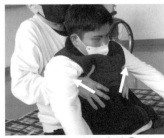
写真 3-64　呼吸介助④-1

写真 3-65　呼吸介助④-2

写真 3-66　呼吸介助⑤

自分の経験値や子どもの障害の状態、また子どもの身体の大きさなどを考慮しながら、適切な呼吸介助を行うことで効果を高めることが可能となります。

**引用・参考文献**
1）松元泰英：かゆいところに手が届く重度重複障害児教育．ジアース教育新社，2022.
2）介護士しまぞーブログ　https://www.shimazo3.com/entry/transfer%ef%bc%bf2
3）みんなの介護求人　https://job.minnanokaigo.com/channel/transfer/no21/
4）Let's　介助　https://www.youtube.com/watch?v=td0FiFg0rTQ
5）鈴木康之，舟橋満寿子　編：新生児医療から療育支援へ　－すべてのいのちを育むために－．インターメディカ，2019.

# 医療的ケアについて

## 1 医療的ケアとは

　医療的ケアとは、「一般的に学校や在宅等で日常的に行われている、たんの吸引・経管栄養・気管切開（P306参照）の衛生管理等の医行為を指す」と文部科学省は述べています[1]。また、「医療的ケア児及びその家族に対する支援に関する法律」では「人工呼吸器による呼吸管理、喀痰吸引その他の医療行為をいう」とされています[2]。一般的には、学校や在宅等で行われる喀痰吸引や経管栄養（P77参照）、導尿（P306参照）、インスリン注射（P306参照）などの医行為を示すと考えていいと思います。

## 2 学校における医療的ケアの変遷について[3]

　昭和54年に養護学校義務制度が開始され、医療的ケアが必要な子どもの医療的ケアを行う人は、当時は保護者でした。しかし、平成に入り、東京などの大都市圏を中心に、医療的ケアを必要とする重度な障害のある子どもの就学と医療的ケアが大きな課題となり始め、これに対し、東京都教育委員会は、痰の吸引などの医療的ケアを必要とする児童生徒の就学については、原則訪問教育とし、通学する場合には保護者の付添いを求めることで、学校における医療的ケアの課題が顕在化しました。この課題に対して、文部科学省は、平成10年度から、「盲・聾・養護学校における医療ニーズの高い児童生徒等に対する教育・医療提供の体制の在り方に関する調査研究及びモデル事業」を開始しています。具体的には、文部科学省は、厚生労働省と各都道府県教育委員会の協力を受け、モデル事業を10県に委嘱し、教員による痰の吸引、経管栄養、自己導尿の補助の3つの行為の実施の可能性や看護師と教師の連携の在り方等の調査研究を行いました。その結果、看護師が常駐し、看護師の具体的な指示のもとに教員が一部医行為を実施する実践では、安全が確保され、授業の継続性の確保、登校日数の増加、児童生徒と教員との信頼関係の向上等と保護者の負担軽減等の成果が見られています。こうした結果を受け、平成16年10月に文部科学省から、各都道府県等に「盲・聾・養護学校における痰の吸引等の取扱いについて（通知）」が出されました。この通知の要点としては、痰の吸引、経管栄養、導尿の3つの行為についての手順と、教員が行うことが許容される行為の標準的な範囲、教員が医行為を実施する上で必要とされる条件、連携と体制整備などが示されています。さらに、看護師の適正な配置を前提とし、教員が所要の研修を受けた場合に一部実

施することが許容されることになりました。これは、実質的違法性阻却（P306参照）の考えに基づき特別支援学校の教員が、痰の吸引や経管栄養の一部を行うことは当面はやむを得ない措置として示されたことになります。それ以降、特別支援学校では看護師を中心としながら、教員と看護師の連携による実施体制の整備が急速に進むことになりました。

　さらに、平成23年12月の「特別支援学校等における医療的ケアへの今後の対応について（通知）」では、実施可能な行為を5つとしています。これは、平成24年4月の社会福祉士及び介護福祉士法の一部改正に伴い、医療や看護との連携による安全確保が図られている等の一定条件のもとで、介護福祉士および一定の研修を受けた介護職員等が痰の吸引等の5つの行為を特定行為として、実施できるようになったことが大きく影響しています。この社会福祉士及び介護福祉士法の一部改正を受け、これまで、実質的違法性阻却の考え方に基づいて医療的ケアを実施してきた特別支援学校の教員についても、制度上実施することが可能となりました。ここでいう「介護職員等」は、具体的にはホームヘルパーや特別支援学校の教員等を指しています。つまり、特定行為は医行為であるが、一定条件下であれば違法行為にはならないとされることになります。このことで、今まで実質的違法性阻却の考え方に基づいて医療的ケアを実施していた特別支援学校の教員が、制度上実施することが可能となりました。この場合には、医行為のうち下記の5つの特定行為に限り、研修を受けた者が、都道府県知事に認定された場合に、「認定特定行為業務従事者」として一定の条件下であれば、
実施可能となっています。

　・口腔内の喀痰吸引
　・鼻腔内の喀痰吸引
　・気管カニューレ内の喀痰吸引
　・胃ろうまたは腸ろうによる経管栄養
　・経鼻経管栄養

　このことにより、今までであれば、訪問教育の対象とされていた児童生徒が、毎日の通学を希望し、通学生への措置替えや通学生としての入学などが急増することになりました。そのことは、児童生徒への継続的な学習活動の提供、生活のリズムの安定、学校環境の刺激を与えることを可能としています。また、これまでは、誤嚥の恐れがある児童生徒の中にも、無理に経口摂取を行ってきた場合もありましたが、経鼻経管栄養や胃ろうまたは腸ろうが特定行為となり、安全・安心な食事を提供できるようになりました。さらには、児童生徒が訪問教育から登校する通学生となったことで、保護者のレスパイトケアにもつながったことは間違いありません。このように、文部科学省が、平成23年12月に、「特別支援学校等における医療的ケアの今後の対応（通知）」を出し、平成24年度より、特別支援学校等での医療的ケアが位置付けられたことは、特別支援学校に大きな影響を与えることになり、このことは、児童

生徒の健康と安全を確保するための重要な第一歩になっています。

　近年、さらなる周産期医療の進歩や新生児集中治療室の充実などにより、今まで難しかった手術や治療が可能となり、多くの子どもの命を救えるようになっています。しかし、超低出生体重児や染色体異常の子どもの場合には、周産期後のリスクも高く、重い障害が残ることも少なくありません。そのため、恒常的な医療的ケアが必要になってくる場合もあります。また、肢体不自由の大きな要因になっている脳性まひは進行性ではありませんが、重い場合には成長とともに適切な運動量が維持できないことなどの理由により、思春期あたりから、医療的ケアが必要になる場合も少なくありません。このようなことが要因となり、児童生徒の障害は重度・多様化してきています。この傾向は、小・中学校等においても見られ始め、医療的ケアの必要な児童生徒が在籍するようになっています。そのようなことから、特定行為以外の医療的ケアを含め、小・中学校を含む全ての学校における医療的ケアの基本的な考え方を再度検討し、医療的ケアを実施する際に留意すべき点を整理する必要が出てきました。そのため、「学校における医療的ケアの実施に関する検討会議」が、平成29年10月に設置され、この会議の結果を踏まえて、平成31年3月に文部科学省から、「学校における医療的ケアの今後の対応について（通知）」が新たに示されました。その中には、学校における医療的ケアに関する基本的な考え方、教育委員会や学校における管理体制の在り方、認定特定行為業務従事者が特定行為を実施する場合の留意事項、医療的ケア実施の役割分担の例等が述べられています。文部科学省は、この通知の発出と同時に、平成23年に出した「特別支援学校等における医療的ケアの今後の対応について（通知）」を廃止として、これを新たな指針としました。

　さらに、令和3年6月には、「医療的ケア児及びその家族に対する支援に関する法律」が成立しています。この法律の目的は、医療的ケア児の成長はもちろん、その家族に対する支援を規定していることが特徴です。具体的には、第1条の法の目的に、「医療的ケア児及びその家族に対する支援に関し、基本理念を定め、国、地方公共団体等の責務を明らかにするとともに、保育及び教育の拡充に係る施策その他必要な施策並びに医療的ケア児支援センターの指定等について定めることにより、医療的ケア児の健やかな成長を図るとともに、その家族の離職の防止に資し、もって安心して子どもを生み、育てることができる社会の実現に寄与することを目的とする」とされています。具体的には、第10条の教育を行う体制の拡充等で、学校の設置者には、「その設置する学校に在籍する医療的ケア児が保護者の付添いがなくても適切な医療的ケアその他の支援を受けられるようにするため、看護師等の配置その他の必要な措置を講ずるものとする」とされ、同じく第10条に「国及び地方公共団体は、看護師等のほかに

学校において医療的ケアを行う人材の確保を図るため、介護福祉士その他の喀痰吸引等を行うことができる者を学校に配置するための環境の整備その他の必要な措置を講ずるものとする」と明記されています。また、第14条には、医療的ケア児支援センターの指定についても記載してあり、そこで、文部科学省は同年9月に、この法の趣旨を踏まえ、幼稚園、小・中・高等学校などで医療的ケア児に対する適切な教育や支援を行うための指針や措置を示しました。具体的な留意事項として、第2条の医療的ケアや医療的ケア児の定義、第3条の基本理念、第7条の学校設置者の責務、第10条の教育を行う体制の拡充等などを示し、さらに医療ケア児支援センターの業務内容が、関係機関等への情報提供及び研修、関係機関等との連絡調整が役割となっていることから、教育委員会や学校等は必要に応じて連携することなどを通知しています。

　また、文部科学省は、令和3年6月に小学校や教育委員会における医療的ケアに関する具体的な体制の整備についての参考資料として、「小学校等における医療的ケア実施支援資料～医療的ケア児を安心・安全に受け入れるために～」を作成しています。

　さらに、令和3年8月に学校教育法施行規則の一部を改正し、医療的ケア児の療養上の世話や診療の補助に従事する医療的ケア看護職員についてその名称及び職務内容を規定しました。その具体的内容としては、医療的ケア児のアセスメント、医師の指示の下、必要に応じた医療的ケアの実施、認定特定行為業務従事者である教職員への指導・助言などが示されています。この医療的ケア看護職員の名称は、スクールカウンセラーやスクールソーシャルワーカーと同様で学校に配置される者の名称となり、看護師等と異なる新たな資格ではありません。

　また、文部科学省は、近年の小・中学校等での医療的ケア児の増加傾向及び「医療的ケア児及びその家族に対する支援に関する法律」において、国及び地方公共団体等における医療的ケア児に対する教育を行う体制の拡充等を図ることが求められていることを受け、学校における医療的ケア実施体制充実事業として、小・中学校等における医療的ケア児の受け入れ・支援体制の在り方に関する調査研究、さらには、各学校において安全・安心に医療的ケアを実施するための研修を企画・実施するために有効となるマニュアルの掲載等も行っています。

## 3 　医療的ケアに関する推移[3]

　ここからは、近年の医療的ケアの対象者の推移と学校で実施されている医療的ケアの項目の推移を示していきます。最初に、特別支援学校における医療的ケア対象者に関する推移を図4-1に示しました。この図4-1から、近年、特別支援学校の医療的ケアの対象者数は、増加しているが微増傾向になっていることがわかります。一方、図4-2より、小・中学校には、ここ数年で、医療的ケアの必要な児童生徒がかなり在籍するようになっ

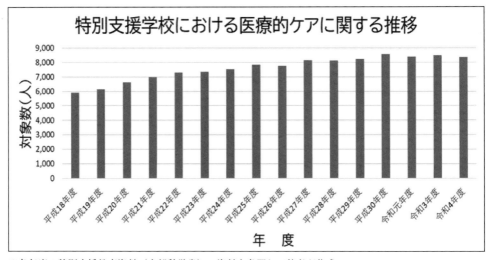

※各年度の特別支援教育資料（文部科学省）の資料を参照して筆者が作成
※令和2年度は新型コロナウイルス感染症の影響で、調査を実施していない。

図4-1　特別支援学校における医療的ケアに関する推移

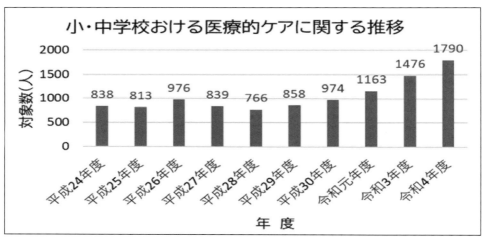

※各年度の特別支援教育資料（文部科学省）の資料を参照して筆者が作成
※令和2年度は新型コロナウイルス感染症の影響で、調査を実施していない。

図4-2　小・中学校における医療的ケアに関する推移

たことがわかります。平成24年度の838人に対し、令和4年度は1,790人となり、人数としては952名増加し、実に2倍以上になっています。

　図4-1と図4-2を比較すると、近年の医療的ケア対象者数は、特別支援学校よりも通常の学級での急増が顕著であることがわかります。

　次に、医療的ケアの項目の推移について、表4-1に特別支援学校における医療的ケアの項目の変化（平成24年度と令和4年度）を示しました。

第4章　医療的ケアについて

表 4-1 特別支援学校における医療的ケアの項目の変化（平成 24 年度[4] と令和 4 年度[5]）

| 医療的ケアの項目 | | 件数及び割合 | | | |
|---|---|---|---|---|---|
| | | 平成 24 年度 | 割合（%） | 令和 4 年度 | 割合（%） |
| 栄養 | 経管栄養（鼻腔留置からの注入） | 2,053 | | 1,351 | |
| | 経管栄養（胃ろう） | 2,893 | | 4,856 | |
| | 経管栄養（腸ろう） | 118 | | 157 | |
| | 経管栄養（その他） | 67 | | 46 | |
| | IVH 中心静脈栄養 | 61 | | 95 | |
| | 小　計 | 5,192 | 25.7% | 6,505 | 21.1% |
| 呼吸 | 口腔・鼻腔内吸引 | 5,540[※1] | | 10,075 | |
| | 気管切開部からの吸引 | 2,179[※2] | | | |
| | 気管カニューレ内部より吸引 | | | 3,124 | |
| | 喀痰吸引（その他） | 331 | | 199 | |
| | 気管切開部の管理 | 2,040 | | 2,940 | |
| | ネブライザー等による薬液の吸入 | 1,665 | | 1,930 | |
| | 酸素療法 | 1,073 | | 1,823 | |
| | 人工呼吸器の使用 | 878 | | 1,509 | |
| | 排痰補助装置の使用 | | | 380 | |
| | 小　計 | 13,706 | 67.8% | 21,980 | 71.3% |
| 排泄 | 導尿（自己導入を除く） | 502 | | 715 | |
| | 人工肛門の管理 | | | 64 | |
| | 小　計 | 502 | 2.5% | 779 | 2.5% |
| その他 | | 817 | 4.0% | 1,544 | 5.0% |
| 合計 | | 20,217 | 100.0% | 30,808 | 99.9%[※4] |
| | 認定特定行為業務従事者が行うことを許可されている医療的ケアの項目 | 8,329[※3] | 41.2% | 19,563 | 63.5% |
| 医療的ケアが必要な幼児児童生徒数 | | 7,531 | | 8,361 | |

※1：口腔・鼻腔内吸引は咽頭より奥の気道も合計した値である。
※2：平成 24 年度資料（文部科学省）では、認定特定行為業務従事者が行うことを許可された項目に入れていない（カニューレ内と奥が分けられていない）。
※3：認定特定行為業務従事者が行うことを許可されている医療的ケアの項目には※1の値ではなく、咽頭より手前の吸引の値（3,265）を加えている。口腔・鼻腔内吸引の件数は含まれていない。
※4：小数第2を四捨五入しているために合計が100%にならない。

　この表は、平成 24 年度と令和 4 年度の文部科学省の特別支援教育資料を基に作成しています。この表 4-1 からは、医療的ケアが必要な幼児児童生徒数の増加及び医療的ケアの項目の件数が増加していることがわかります。平成 24 年度では医療的ケアの項目件数の合計は 20,217 件ですが、令和 4 年度には 30,808 件まで増加し、増加率は 52% になっています。項目別に見てみると、経管栄養や胃ろうなどの栄養の項目は、5,192 件から 6,505 件へ増加はしているものの増加率としては大きくはありません。しかし、吸引等の呼吸の項目においては、13,706 件から 21,980 件へ急増しました。この中で、口腔・鼻腔内吸引と人工呼吸器の使用が約 2 倍になっていること、また新たに排痰補助装置の使用の項目が加わった点が注目されます。排泄の項目に目を移すと、502 件から 779 件へと増加しています。気になる点として、令和 4 年度には人工肛門の管理という新たな項目が設

表4-2　幼稚園、小・中・高等学校等における医療的ケアの項目の変化　（平成30年度[6]と令和4年度[5]）

| 医療的ケアの項目 | | 件数及び割合 | | | |
|---|---|---|---|---|---|
| | | 平成30年度 | | 令和4年度 | |
| 栄養 | 経管栄養（鼻腔留置からの注入） | 82 | | 102 | |
| | 経管栄養（胃ろう） | 198 | | 323 | |
| | 経管栄養（腸ろう） | 12 | | 12 | |
| | 経管栄養（その他） | 2 | | 1 | |
| | IVH中心静脈栄養 | 13 | | 18 | |
| | 小　計 | 307 | 17.6% | 456 | 14.2% |
| 呼吸 | 口腔・鼻腔内吸引 | 145[※1] | | 357 | |
| | 気管切開部からの吸引 | 299[※2] | | | |
| | 気管カニューレ内部より吸引 | | | 380 | |
| | 喀痰吸引（その他） | 5 | | 8 | |
| | 気管切開部の管理 | 110 | | 198 | |
| | ネブライザー等による吸入 | 43 | | 81 | |
| | 酸素療法 | 126 | | 157 | |
| | 人工呼吸器の使用 | 70 | | 133 | |
| | その他 | 19 | | 44 | |
| | 小　計 | 817 | 46.7% | 1,358 | 42.3% |
| 排泄 | 導尿（自己導入を除く） | 340 | | 570 | |
| | 人工肛門の管理 | | | 54 | |
| | その他 | 12 | | | |
| | 小　計 | 352 | 20.1% | 624 | 19.4% |
| その他 | 血糖値測定・インスリン注射 | 205 | | 619 | |
| | その他 | 68 | | 156 | |
| | 小　計 | 273 | 15.6% | 775 | 24.1% |
| 合計 | | 1,749 | 100% | 3,213 | 100% |
| | 認定特定行為業務従事者が行うことを許可されている医療的ケアの項目 | 635[※3] | 36.3% | 1,174 | 36.5% |
| 医療的ケアが必要な幼児児童生徒数 | | 1,126 | | 2,130 | |

※1：口腔・鼻腔内吸引は咽頭より奥の気道も合計した値である。
※2：気管カニューレ奥からの吸引も含まれている。
※3：認定特定行為業務従事者が行うことを許可されている医療的ケアの項目には※1、※2の値ではなく、咽頭より手前の吸引の値（113）、気管カニューレ内の吸引の値（230）を加えている

けられ、64件もの件数となっていることです。項目の合計としては、20,217件から30,808件へ急増していますが、医療的ケアが必要な対象者数は7,531人から8,361人へと大きな増加にはなっていません。この結果は、子ども一人に対する医療的ケアの項目数の増加を表しています。

　次に、幼稚園、小・中・高等学校における医療的ケアの項目の推移について、表4-2にまとめました。小・中の医療的ケアの対象者数は、P70の図4-2で示したように、大幅に増えていましたが、医療的ケアの項目の変化はどうでしょうか。

　幼稚園、小・中・高等学校の対象者は平成30年度から令和4年度におけるわずか4

年間で、1,126 名から 2,130 名へ、約 1,000 名の増加、項目の件数に至っては、1,749 件から 3,213 件へ、1,500 件近く増加しています。ここで、注目すべき点は、人工肛門の管理の項目が新設されていること、血糖値測定・インスリン注射の件数が 205 件から 619件へと急増していること、さらには、人工呼吸器の使用の件数の増加などが示されていて、通常の学校においても、障害が重度化していることがわかります。また、対象者の急増が特別支援学校と比較し顕著で、それに伴って医療的ケアの項目も増加しています。特別支援学校との大きな違いは、今現在の対象者が急増していること、また、認定特定行為業務従事者が行うことを許可されている医療的ケアの項目の割合が 36.5％になり、特別支援学校の 63.5％と比較するとかなり低いことが挙げられます。

# 4 医療的ケアの課題[3]

　学校における医療的ケアの課題は多岐にわたります。今後の周産期医療、医療技術や医療機器の発展を考慮すると、医療的ケアの対象児や対象項目が今後も増加してくことは間違いありません。以下にその課題を示します。

① 　認定特定行為業務従事者ができる医療的ケアの 5 つの行為以外の医療的ケアの項目が多岐にわたり、その対応をどうしていくのか。そもそも医療的ケアの導入は、大都市圏を中心とした重度な子どもにも通学を可能とする施策として設定された。そのため、導入され始めた当時に最も必要とされていた医療的ケアの内容が 5 つの行為となる。しかし、近年、医療的ケアの内容は多岐にわたり、対処できない医療的ケアの行為が増加している。

② 　医療的ケア対象児の実態が多岐にわたり、基本的な医療的ケアのマニュアルが活用できない子どもも見られる。今後このような子どもは増加の一途をたどると考えられる。その際は、必要に応じて個別のマニュアル作成や追加の書類を添付するなどの柔軟な対応が必要になる。

③ 　学校によっては、「医療的ケア看護職員が配置されていない」及び「認定特定行為業務従事者がいない」、または学校・教育委員会が希望しているため、保護者等

表 4-3　医療的ケア児に対する保護者の付添いの現状

|  | 医療的ケア児（通学生）（人） | 学校生活で付添いを行っている医療的ケア児の数（人） | 全体の対象児に対する付添いの必要な医療的ケア児の割合 |
|---|---|---|---|
| 特別支援学校 | 6,411 | 351 | 5.5％ |
| 幼稚園、小・中・高等学校 | 2,130 | 517 | 24.3％ |

※ 　令和 4 年度の特別支援教育資料[5] を基に筆者が作成

が付添いを行っている事例も見られる。特に、幼稚園、小・中・高等学校ではいまだに少なくない。学校生活で保護者が付添っている医療的ケア児の数や割合は表4-3に示しているように、特別支援学校で351人、幼稚園、小・中・高等学校で517人、特に通常の学校の場合には24.3%と、いまだに4人に一人の割合で、保護者が付添っている状況である。

④ 家族、看護師、主治医、学校医との連携の構築をどのように図っていくのか。また、学校内の他の教員や職員との連携をどのように確立していくのかが大きな課題となる。

⑤ 幼稚園、小・中・高等学校の場合には、一人で担当する子ども数が多く、またそれ以外にも、かなり多くの仕事を抱えている。そのため、医療的ケア児の個別のニーズに対応するための時間やリソースが限られてくる。特に、外部との連携を強化するための時間に制約がある。

⑥ 医療的ケア児の通所先が限られていることがあり、専門的な人材やサービスの不足が課題となっている。

「医療的ケア児及びその家族に対する支援に関する法律」において、医療的ケア児に対して教育を行う体制の拡充や保護者の付添いがなくても支援を受けられるようにするための取り組み等が求められていますが、上記に述べたように課題は山積している状態です。これらの課題を改善・克服するために、引き続き法律の適用や支援施策の強化、多職種連携の推進が求められます。

# 5 医療的ケア児への教育

これまで述べてきたことは医療的ケアの推移や現状、課題についてでした。これらの内容は、どちらかと言えば、教師よりも主に行政の課題になるのかもしれません。しかし、現在医療的ケア児を担当している先生方は、医療的ケアの子どもを教育することのもっと切実な課題を痛感されていると思います。例えば、経管栄養ではあるが、食後に嘔吐することがある。吸引により嘔吐してしまう。自分で経管チューブを抜去してしまう。時々、気管カニューレが抜けることがある。などなど、心配は尽きないと思います。

また、誤解されやすい点として、医療的ケア

図4-3　吸引可能な位置

は、医療が中心になるため、学校の教育では、何もすることがないと思っていらっしゃる先生方を時々拝見することがあります。残念なことに、「医療的ケアの子どもだから、あんまりすることがないよね」との話を聞くこともありました。確かに、認定特定行為業務従事者でなければ、直接に医療的ケアはできません。しかし、医療的ケア児だからといって、身体に触ってはいけない、一日の多くの時間を休憩させる必要があるなどの禁忌事項がある子どもはあまりいないと思います。むしろ、医療的ケア児だから、支援の方法はいくらでもあるのです。例えば、喘鳴がしてきたら、吸引が可能なように、痰を吸引できる位置（図4-3）まで動かしてあげる必要があります。その活動は、自立活動の「健康の保持」の区分になるでしょう。つまり、先生方の仕事になります。もちろん、経管栄養後に嘔吐しやすい子どもに、どのような姿勢をとらせるかも、同様に先生の仕事です。つまり、医療的ケアの子どもほど、様々な教育支援が必要になってくるのです。

## 6 医療的ケアの内容

認定特定行為業務従事者になると、5つの行為が可能となります。図4-4を参照してください。看護師が配置されているので、認定特定行為業務従事者になる必要がない先生方も多いと思いますが、実際には特定行為を行う必要性がなくても、喀痰吸引等の研修を受けることで、その子どもの身体の特徴や実態把握につながります。医療的ケア対象児の身体の特徴や実態を正確に把握することは、自立活動などにも活用できることは間違いありません。

図4-4　5つの特定行為

## 7 医療的ケアをより効果的にするためには

医療的ケアというと、医療が中心で、実施する人は看護師と考えている先生方も多いかもしれません。確かに、医療的ケアの内容自体はそうなのですが、その医療的ケアの実施が子どもにとってより効果的になるかどうかは、教育が大きく関係してきます。

例えば、なぜ吸引をするのでしょうか。吸引の目的は、気管にある痰を身体の外へ出すことで、呼吸状態を楽にするためだということは、ほとんどの先生方がご存じだと思います。しかし、痰を出すために必要なことは、吸引だけなのでしょうか。実は、痰を出すための大きな要因として以下の3つが挙げられます。

① 呼吸の量や勢い…最も効率がいいのは咳です
② 重力…重力を活用して痰を吸引できる位置まで持ってきます
③ 加湿…痰には種類があり、痰によって移動しやすい痰と移動しにくい痰があります。移動しにくい痰は水分が足らない可能性があり加湿する必要があります。

　また、排痰法には、大きく分けても表4-4のように、たくさんあります。吸引は、その一つに過ぎません。

　それでは、肺で喘鳴が聞かれた場合にはどうすればよいのでしょうか。吸引チューブが肺の中まで入らないのは、想像つくと思います。この場合には、図4-5でも示したように、体位ドレナージにより、痰を吸引できるところまで移動させます。体位ドレナージとは、図4-5のように、喀痰を重力を活用しながら、動かしていきます。かなり原始的な方法のような気がしますが、痰の種類によっては、かなり効果があります。

表 4-4　排痰方法

| 主な排痰法 | 咳嗽（咳ですね） |
| | 吸引 |
| | 体位ドレナージ |
| | スクイージング |
| | ハフィング |
| | 加湿 |

　次に、ハフィングですが、この方法は、大きく息を吸い、息を1～2秒止め、「ハァ」と息を吐きだすと同時に、痰を出す方法です。デュシェンヌ型を中心とした筋ジストロフィーや脊髄性筋萎縮症（P135参照）等の一部の子どもでは行われます。

　スクイージングは、痰が貯留している胸郭の部位だけを圧迫し排痰します。かなり高度な技術が必要なので、専門家の指導のもと行いましょう。

　一方、呼吸介助は直接の排痰方法ではありません。そこをきちんと理解しておいてください。つまり、子どもの呼吸の介助を行い、呼吸状態をよくすることで結果として排痰を促すことになります。具体的な手技についてはP62を見てください。

　最後に加湿についてですが、室温は気になりますが、加湿については意外と忘れてしまうことも少なくありません。しかし、湿度は重度な障害を有する子どもにとっては、健康に大きな影響を与

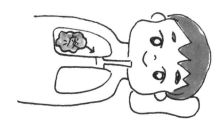

図4-5　体位ドレナージ

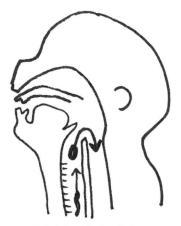

図4-6　繊毛の働き

えます。なぜ、湿度が低いと健康に害を与えるのでしょうか。実は、図4-6のように、ウイルスや細菌等の異物は鼻腔や喉の表面を覆う粘液に捕らえられ、繊毛の働きで、痰や唾液と一緒に排出されたり、胃へ飲み込まれ胃酸で分解されたりしています。しかし、空気が乾燥してしまうと、気道を覆う粘液が減り、繊毛の運動を低下させます。そのため、風邪やインフルエンザなどにかかりやすくなるのです。その防止策としては、加湿器による加湿と水分補給があります。しかし、湿度が高すぎると、体の発汗が悪くなり、代謝が滞ることがあります。さらに、カビも発生しやすくなるので、加湿しすぎるのもよくありません。常に適正湿度の40〜60％に保ってください。

# 8 経管栄養

重度重複障害がある子どもでは嚥下（飲み込み）がうまくいかず、誤嚥（食物や水が食道ではなく誤って気管に流れ込むこと）を起こすことがあります。ひどい時には、食物が喉に詰まって、呼吸困難を起こす恐れがあります。これらの状態は、誤嚥性肺炎や窒息を起こす可能性が高く、とても危険な状態です。経管栄養は、そのようなことがないように実施されています。

経管栄養には、経鼻経管栄養、胃ろうや腸ろうなどがあります。ということは、それぞれ違いがあり、メリット、デメリットがあるはずです。以下に、それぞれについて述べていきます。

## （1）経鼻経管栄養

特殊な例として、口腔ネラトン法（間歇的経口経管栄養法）があります。注入するときだけ、カテーテルを口から胃へ入れていき、注入が終われば、カテーテルを抜いてしまう方法です。しかし、毎回カテーテルを飲み込むという苦痛を伴い、子どもがカテーテルを噛んだりする恐れもあります。ここでは、一般的な経鼻経管栄養について述べてみます。

メリット

手術する必要がない

口から食べられるようになればすぐにやめられる

カテーテルの挿入は比較的容易である

デメリット

鼻から胃までにかけて違和感がある

嚥下訓練が難しい

カテーテルが目立つ

カテーテルが気管に入る可能性がある

事故抜去（何かのアクシデントで抜けたり、自分で抜いたりすること）の可能性
がある
　定期的にカテーテルの交換が必要である

## （2）胃ろうや腸ろう

　まず、胃ろうと腸ろうの違いですが、文字の通り、胃にカテーテルをつなぐのが胃ろうで、直接腸につなぐのが腸ろうになります。腸ろうは、胃ろうと比較して制限（カテーテルが細く詰まりやすい、栄養剤の注入はゆっくりとする必要があるなど）が多いため、一般的には胃ろうが施行されます。しかし、身体の変形が強い、嘔吐が続く、胃ろう周囲からの漏れが激しい、胃を手術しているなどの原因で、どうしても胃ろうができない場合には、腸ろうを実施することもあります。

　メリット
　　嚥下訓練が行いやすい
　　カテーテルが見えない
　　喉の不快感や違和感がない
　　事故抜去のリスクが少ない
　　栄養の摂取が容易である
　デメリット
　　身体に穴をあけるために手術をする必要がある
　　胃ろう周辺の皮膚トラブルがある
　　胃ろうのカテーテルの交換が必要になる
　　胃ろうの瘻孔（ろうこう：胃ろうのカテーテルが通るお腹の表面）部位が強い圧
　　　迫や摩擦を受けないようにする必要がある

## （3）誤嚥性肺炎の原因

　ここまで読むと、経管栄養を実施している対象児（者）の場合は、誤嚥の危険は少ないし、看護師や認定特定行為業務従事者に任せておけば、誤嚥性肺炎になる心配はないのではと思われる人もいるかもしれません。残念ながらそんなことはありません。実は誤嚥性肺炎というのは、経管栄養だけでは防げないのです。図4-7を見てください。この図のように、誤嚥性肺炎は、いくつかの要因で発症します。つまり、食物の誤嚥だけを防げばいいということではな

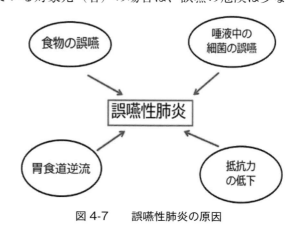

図4-7　誤嚥性肺炎の原因

いのです。

　つまり、トータル的な日常での継続したケアが重要になります。そこを支えるのが教育なのです。特に、胃食道逆流症による誤嚥、唾液中の細菌の誤嚥などは、姿勢や口腔ケアが大きな影響を与えます。この図4-7について以下に説明していきます。

**食物の誤嚥**…これについては、第10章と第11章で詳しく述べていきます。また、食物の誤嚥を防ぐために胃ろうや経鼻経管栄養が実施されます。

**胃食道逆流による誤嚥**…重度の子どもを担当したことがない人は、ピンとこないかもしれませんが、これは非常に危険な誤嚥です。経管栄養や胃ろうで胃まで入ったものが、逆流して嘔吐することはわかると思います。これは私たちも体調が悪い時には嘔吐するので、当然といえば当然なのですが、重度の子どもたちでは、それが頻繁に起こる場合があります。例えば、逆流の原因は姿勢の影響だったり、吸引や口腔ケアの刺激だったりします。誤嚥の恐れがあるため、経管栄養や胃ろうにしている子どもにとって、食べたものが逆流して口の中まで戻ってくると、どうなるか、その危険性は明白です。また、逆流してきたものには胃酸が含まれており、強い酸性のため、その嘔吐物を誤嚥すると肺に大きなダメージを与えることになります。つまり、誤嚥性肺炎を起こす可能性が高くなるのです。もちろん誤嚥だけでなく、姿勢が仰臥位なら、気管に嘔吐物が詰まって、窒息死に至る危険性も考えられます。

**唾液中の細菌の誤嚥**…実は私たちも唾液などは就寝中には少し誤嚥しているといわれています。しかし、誤嚥性肺炎にはなりません。なぜでしょうか。これは、身体の抵抗力が強いことが防波堤になっているのです。一方、重度の障害のある子どもの場合には、抵抗力が私たちほど強くないために、唾液中の細菌を誤嚥し、誤嚥性肺炎になってしまうことがあります。この場合に、大きく影響してくるのが、口腔内の衛生管理です。つまり、口腔ケアをしっかり行うことで、口腔内を清潔に保ち、唾液中の細菌を減少させることが、唾液を誤嚥しても、誤嚥性肺炎を防ぐことにつながるのです。時々、経管栄養や胃ろうだから、歯磨きは手を抜いても大丈夫と思っている人もいるようですが、大きな勘違いです。経管栄養や胃ろうの子どもこそ、念入りな口腔ケアが必要不可欠です。

**抵抗力の低下**…これは、上記したように、どうしても重度の障害の子どもは、抵抗力が強くはありません。そのため、肺炎などを起こしやすくなります。抵抗力の低下の原因は、一般的には、環境要因、栄養や水分不足、ストレスなどが考えられます。それらについて、医療的ケア児の場合を考えてみましょう。

**ア　環境要因**…教室内の適切な室温や湿度、換気が重要です。特に、湿度が低いとウイルスが活発になりやすく、湿度が高すぎるとカビやダニが増えるため、適切な湿度管理が必要です。

**イ　栄養や水分補給**…おそらく経腸栄養剤なので、栄養についてはコントロールされていると思います。しかし、嘔吐や下痢、もしくは前吸引（P306参照）で多量の胃の内

容物が引けたりすることが続く場合には、栄養不足に陥る危険性もあるので注意が必要です。水分に関しても医療的ケア児の場合には、定期的に決められた量を補給していると思います。水分不足の危険性の高い子どもは、重度な障害で経口摂取の子どもになります。特に、水分は本人が要求しない場合が多いため、教師が飲ませないことも少なくありません。また、子どもに水分を摂取させることはとても難しいこともあり、教師もなかなか進んでは飲ませていない状況があります。水分が少なくなると血流が悪くなり、免疫力は低下します。私たちの場合には、水分が足らないと、初めに喉の渇きを訴え、水分補給を行いますが、重度な障害の子どもの場合には、自分からの水分の要求は難しいのが現状です。水分不足になると、脱水症や熱中症、便秘などが起こります。熱中症は、ひどい場合には、高熱や意識障害、けいれんなどを誘発し、死に直結します。症状として、顔色の変化（顔色が赤いまたは青白い）、発汗の異常（汗をかかないまたは大量の汗をかく）、体温上昇、尿量の減少、よだれが少ない、泣いているけれど涙が出ないなどの症状が見られます。水分の摂取や補給については、第11章を参照してください。

**ウ　ストレス**…重度な障害の子どもの場合には、自分自身の状態を伝える手段が限られていることが少なくありません。これは、大きなストレスにつながります。普段から、子どもの有する様々なコミュニケーション（身体の動き、表情、発声など）を把握しておくことが重要です。

### （4）経管栄養の実際

　認定特定行為業務従事者でない教師は、看護師が経管栄養を実施している時には、何を行えばいいのでしょうか。意外と多くのことがあるのです。
実際の経鼻経管栄養場面を例として挙げていきます。

**ア　チューブが胃へ入っていることの確認**

　看護師と一緒に聴診音でダブルチェックを行います。

**イ　前吸引で胃の内容物の確認**

　内容物の状態により、子どもの健康状態を把握します。

- ・大量の空気が引ける…空気嚥下が多い。レット症候群（P140参照）の子どもの中には、自己刺激として空気嚥下を行う子どももいます。また、チューブが胃から抜けていることも考えられます。
- ・いつもより内容物が大量に引ける…胃腸の調子が悪く、消化活動がうまくいっていない。
- ・褐色の内容物が引ける…胃や食道からの出血が考えられます。
- ・黄色い内容物が引ける…腸の調子が悪く、胆汁を含む腸液が逆流している可能性があります。

**ウ　注入前に姿勢の確認**

　子どもの緊張が緩む姿勢や逆流の起こりにくい姿勢を心掛けます。

エ　注入前に注入物の確認、注入量、速度や温度などの確認

看護師とのダブルチェックで確認します。経腸栄養剤の温度は、体温程度が一般的です。

オ　注入開始

注入中は、ドリップチェンバー（写真4-1：P306参照）やクレンメ（写真4-2：P307参照）で速度を調節していきます。

1分間の60滴…10秒で10滴…1時間で200ml
1分間に90滴…10秒で15滴…1時間で300ml

カ　注入中

注入中の子どもの観察
・注入直後の苦しみ
　チューブが口に戻っているかもしれません。すぐに注入を中止し、確認します。
・注入直後に顔色が悪くなったり、冷や汗や不機嫌な様子が見られたりする場合
　早期ダンピング症候群（P307参照）の可能性があります。注入を一時停止し、注入速度の再確認をします。落ち着いたら、ゆっくり再開します。
・注入中の喘鳴や咳込み
　注入を一旦停止し、原因を確認します。
　考えられる原因は、主に次の2つになります。

写真4-1　ドリップチェンバー

写真4-2　クレンメ

・注入の刺激により、唾液が多くなり喉にたまって、その唾液を誤嚥している場合
　→　食道へ唾液が流れやすいように、子どもの身体を少し後傾にします。それでも安定しない時には、少し上体を上げた前傾側臥位（P160参照：写真8-20）にします。
・逆流により、栄養剤が喉まで戻ってきている場合
　→　経腸栄養剤が戻ってきている場合には、においを感じる場合がほとんどです。その場合には、すぐに注入を中止し、腹臥位や前傾側臥位にします。吸引も考えられますが、その刺激が逆に嘔吐を引き起こす場合があるので、注意する必要があります。

　　注入中の最も大事なことは、安全・安心な注入です。例えば、子どもの手による事故抜去は要注意事項です。チューブのマークの位置の確認を確実に行いましょう。もし、少し抜けたと思われる場合には、無理に押し込むことはやめてください。チューブが喉や口で留まっている可能性があります。必ず、チューブの先端の位置確認を行ってください。また、座位保持椅子や車椅子で、経管栄養を

行っている場合には、緊急事態を想定し、いつでも子どもが腹臥位や側臥位になれる場所の確保をしておくことはとても重要です。

### キ　注入終了直後
栄養剤がチューブに付着するとチューブが詰まりやすくなるので、必ずお湯を通して、栄養剤を洗い流します。

### ク　注入後
栄養剤を嘔吐する可能性があるので、姿勢を急に変えたり、緊張させたりすることのないようにします。安静の目安としては、子どもにもよりますが、30〜60分が必要です。また、食後の歯磨きの刺激は嘔吐の誘発の原因にもなります。一般的に、経管栄養の子どもの場合には、食前に行う方が安全です。

## （5）姿勢と胃の内容物の関係

障害の重度な子どもの場合には、適切な姿勢がいろいろな活動に影響します。例えば、変形防止、緊張緩和、スムーズな学習活動など、挙げるときりがありませんが、その中でも注入中及び注入後の姿勢は、とても重要です。

一般的には、座位保持椅子で注入している場合が多いと思います。その場合には後傾の姿勢で、胃の内容物の位置は図4-8のようになるでしょう。一方、仰臥位で注入する場合には、図4-9のようになり、危険なことがわかると思います。では腹臥位はどうでしょうか。意外なことに、胃と口の位置関係は図4-10のようになり、嘔吐しにくいはずですが、腹圧がかかるので、そのことを考慮に入れることが必要です。また、嘔吐したときには、私たちも下を向くように、腹臥位は悪い姿勢ではありません。しかし、首がすわっていない場合には、口にシーツなどが密着し、窒息の危険性があるので、常に誰かが付き添わないといけない姿勢になります。

それでは、側臥位はどうでしょうか。側臥位は、右下の右側臥位と左側臥位ではかなり変わってきます。なぜでしょうか。これは、図4-11を見るとわかりますが、右側臥位では、胃から十二指腸へ食物が流れやすくなります。だから、消化にはいい姿勢です。その代わり、嘔吐もしやすい姿勢にもなるのです。一方左側臥位（図4-12）は、嘔吐

図4-8　後傾での胃の位置[6]

図4-9　仰臥位での胃の位置[6]
出典　文献6）を筆者が一部改変

図4-10　腹臥位での胃の位置[6]

第4章　医療的ケアについて

図 4-11　右側臥位での胃の位置
出典　文献 7）を筆者が一部改変

図 4-12　左側臥位での胃の位置[7]

はしにくいですが、胃から十二指腸への流れはよくありません。また、左凸の側弯の場合には、右凸側弯と比較して、内容物が胃から食道へ逆流しやすいといわれています。このような基本的な身体の構造から、子どもの実態に応じて、注入中や注入後の姿勢を考えていきましょう。

**引用・参考文献**

1) 文部科学省「学校における医療的ケアへの対応について」https://www.mext.go.jp/component/a_menu/education/micro_detail/__icsFiles/afieldfile/2018/01/22/1399834_001.pdf
2) 医療的ケア児及びその家族に対する支援に関する法律　https://elaws.e-gov.go.jp/document?lawid=503AC0000000081
3) 松元泰英:学校における医療的ケアの変遷と現状について.鹿児島国際大学福祉社会学部児童相談センター年報　第38号:35-48.2024.
4) 文部科学省　平成24年度特別支援学校における医療的ケアに関する調査結果　https://www.mext.go.jp/component/a_menu/education/micro_detail/__icsFiles/afieldfile/2013/06/14/1335675_3_1.pdf
5) 文部科学省　令和4年度学校における医療的ケアに関する実態調査結果（概要）　https://www.mext.go.jp/content/20240117-mxt_tokubetu01-000033566_3r.pdf
6) 田角　勝,向井美惠 編:小児の摂食嚥下リハビリテーション 第2版.医歯薬出版,2014.
7) 松元泰英:かゆいところに手が届く重度重複障害児教育.ジアース教育新社,2022.

# 第5章

# 脳機能と神経

学校現場で、はさみ肢位（脚がクロスになっている状態）になっていた脳性まひ児が手術を受け、脚が開くようになったのに、数年経つと、また、はさみ肢位に戻っているということがあります。なぜでしょうか。脳性まひという疾患は、整形の病気ではなく、脳の病気のためこういった現象が起こります。つまり、手術で脚を適切な状態に治しても、脳からの指令で、またはさみ肢位になってしまうのです。私たちは、股関節の脱臼と聞くと整形の病気だと思いがちですが、脳性まひの場合には、脳の疾患が原因となっているのです。このように、肢体不自由児の場合には、ペルテス病（P135 参照）のように整形中心の疾患の子どももいますが、多くは中枢神経性の病気であることが少なくありません。そのため、肢体不自由教育においては、脳や神経のことをある程度は理解しておくことが必要になります。

## 1　神経の分類と働き

　脳と聞くとなんとなくわかると思います。では、神経はどうでしょうか。脳と神経の関係を簡単に書くと図5-1のようになります。ただ、神経は機能的に分類するのか形態的に分類するのかで、名称が違ってきます。そのため、少し複雑になります。まず、表5-1に基づいて、形態的に分けて説明します。神経は形態的にはこの表5-1のように、中枢神経系と末梢神経系に分けられます。

**中枢神経系（図5-2）**…脳（大脳、間脳、中脳、橋、延髄、小脳）と脊髄のことをいいます。

**脳**…脳は図5-3のように、上の方から、大脳、間脳、中脳、橋、延髄、少し後ろにずれて小脳に分けられます。

**脊髄**…首の方から、頸髄（けいずい）、胸髄（きょうずい）、腰髄（ようずい）、仙髄（せんずい）、尾髄（びずい）になります。

**末梢神経系**…脳から出ている脳神経（12対）と脊髄から伸びている脊髄神経（31対）を合わせて末梢神経といいます。簡単にいうと、中枢神経系以外の神経です。

**脳神経**…脳から出ている神経で、12対あり、

図 5-1　脳と神経の関係
　　　　出典　文献1）を筆者が一部改変

表 5-1　神経の形態的分類

| 部位名称 | |
|---|---|
| 中枢神経系 | 脳…<br>　　大脳、間脳、中脳、橋、延髄、小脳<br><br>脊髄…<br>　　頸髄、胸髄、腰髄、仙髄、尾髄 |
| 末梢神経系 | 脳神経…脳から出る12対の神経<br><br>脊髄神経…<br>　　脊髄から出る31対の神経 |

末梢神経になります。脳神経は脳と勘違いしやすいので、気を付けましょう。脳は中枢神経で、脳神経は末梢神経です。表5-2が脳神経の主な働きなります。これからわかるように、顔、首、肩などを支配しています。番号による名称もありますが、これは、脳の異なる部位から神経が出ているため番号が付いています。覚える必要はありませんが、迷走神経だけは働きを理解しておきましょう。この迷走神経は脳神経の中で、表5-2からもわかるように、胸部や腹部の内臓の副交感神経となります。また、近年、難治性てんかんの治療として子どもが行っている迷走神経刺激療法（P106を参照）も名前の通り、迷走神経への刺激を活用しています。

図5-2　中枢神経系

**脊髄神経**…脊髄から出ている神経で、末梢神経です。31対あります。

ここまでは、形態的な分類です。

次に、働きつまり機能性で分けてみます。

機能別に分類すると、表5-3のように、体性神経系と自律神経系に分けられます。

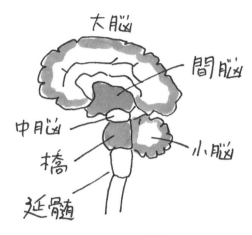

図5-3　脳の構造

表5-2　脳神経の名称と働き

| 番号による名称 | 固有名称 | 主な働き |
|---|---|---|
| 第Ⅰ脳神経 | 嗅神経 | 嗅覚 |
| 第Ⅱ脳神経 | 視神経 | 視覚 |
| 第Ⅲ脳神経 | 動眼神経 | 眼球運動 |
| 第Ⅳ脳神経 | 滑車神経 | 眼球運動 |
| 第Ⅴ脳神経 | 三叉神経 | 顔面の知覚、咀嚼 |
| 第Ⅵ脳神経 | 外転神経 | 眼球運動 |
| 第Ⅶ脳神経 | 顔面神経 | 表情、味覚 |
| 第Ⅷ脳神経 | 内耳神経 | 聴覚や平衡感覚 |
| 第Ⅸ脳神経 | 舌咽神経 | 味覚と嚥下 |
| 第Ⅹ脳神経 | 迷走神経 | のどの知覚や運動、頸、胸部や腹部の内臓の副交感神経 |
| 第Ⅺ脳神経 | 副神経 | 肩や首の運動 |
| 第Ⅻ脳神経 | 舌下神経 | 舌の運動 |

表5-3　神経の機能的分類

| | 名称と役割 |
|---|---|
| 体性神経系 | 運動神経（遠心性神経）<br>　…中枢から末梢へ信号を送る<br><br>感覚神経（求心性神経）<br>　…末梢から中枢へ信号を送る |
| 自律神経系 | 交感神経<br>　…ストレスや緊急時に活性化<br><br>副交感神経<br>　…休息や消化時に活性化 |

体性神経系…感覚神経と運動神経を合わせて体性神経系といいます。感覚神経は、皮膚や筋肉などの情報を伝える神経で、一方、運動神経は脳や脊髄からの命令を筋肉などに伝える神経になります。病院に訓練の見学に行くと、求心性神経や遠心性神経という用語を聞くことがあるかもしれません。この場合の求心性とは、感覚器（例えば皮膚）から情報が中枢神経系に向かう場合をいいます。ですから、感覚神経は求心性神経になり、一方中枢神経系からの指令を運動器（例えば腕や脚）に伝える場合には遠心性となります。つまり運動神経は遠心性神経になるのです。

では、内臓はどのようにして動いているのでしょうか。これには、自律神経が関係しています。自分の意思とは関係なく働いているのが自律神経になります。

自律神経系…意思とは無関係に、内臓や器官を調整する神経になり、交感神経と副交感神経に分けられます。

交感神経…ストレスや緊急時に活性化します。

副交感神経…リラックス時や消化活動時に働きます。

自律神経についてもう少し詳しく説明しましょう。例えば、意図して、心臓を速くとか遅くとかは動かせません。このような内臓の活動を操作しているのが自律神経で、2つに分けられます。心臓を例にとると、緊張して心臓がバクバク動いている時に、優位に働くのが交感神経で、一方、リラックスしている時の心臓は副交感神経が優位に働いているはずです。このように、交感神経や副交感神経が働くことで、内臓は調整されています。注意する点として、消化活動は副交感神経が優位な時に活発に動き、交感神経が優位な時には、働きが抑制されます。これは、身体が「闘争か逃走」の緊急時に、すべてのエネルギーを筋肉や脳に集中させるために、消化活動を抑制しているためといわれています。

# 2 脳の構造と働き

次に、脳について少し詳しく説明していきます。

大脳…左右の半球からなり、表面には大脳皮質、内部は大脳髄質で形成されます。大脳皮質を灰白質、大脳髄質を白質ともいいます。

大脳皮質は図5-4のように、大きく4つに分けられます。

前頭葉…大脳の最も前に位置し、

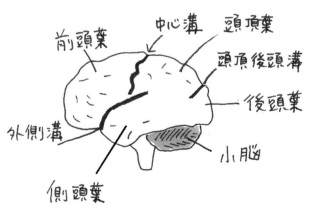

図5-4　大脳皮質の構造

中心溝で頭頂葉とは分かれています。働きとしては、思考、判断、意思決定などを行っています。

頭頂葉…頭の上に位置し、前頭葉とは中心溝で、後頭葉とは頭頂後頭溝で分かれています。体性感覚（触覚や筋肉の感覚など）や空間認識に働きます。

後頭葉…頭の後頭部に位置し、頭頂葉とは頭頂後頭溝で分かれて

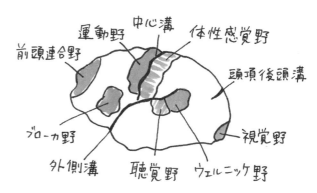

図 5-5 脳の機能局在[2]
出典　文献2）を筆者が一部改変

いますが、側頭葉との仕切りははっきりしないといわれています。視覚情報の認知や処理に働いています。

側頭葉…大脳の側面で耳の上付近に位置し、聴覚の認知機能や記憶の役割をします。

このように、大脳皮質は大きく4つに分けられます。

## 脳の機能局在

　脳は部位ごとに違った働きをしているのはご存じだと思います。そのことを脳の機能局在といいます。これについて、図5-5を基にしてもう少し詳しく説明していきます。

前頭連合野（前頭前野）…脳の最高中枢とも呼ばれていて、何らかの問題が発生したときに状況を把握し、それに対する目標設定や計画立案などを行い、問題解決へ導く部位です。つまり、思考、判断、計画立案、意思決定、創造性などの高次機能を担っています。また、社会的行動などにも影響しています。

運動野…随意運動の指令を出す部位になります。具体的には座る、立つ、歩くなど随意的な運動の指令を出します。この指令は脊髄を経由して手足の筋肉に伝達されます。この部位は、身体の各部位と対応しているので、手や顔などの細かい運動を行う部位は、運動野の中で広い領域を形成しています。

体性感覚野…体性とは視覚、聴覚、嗅覚、味覚などを除いた感覚のことで、この部位は、体性感覚の中枢になります。具体的には、触覚や痛覚、温度感覚とともに、筋肉、関節、腱の感覚などもここで処理されます。この領域は運動野と同様に、身体の各部位に対応する形で組織化されています。また、受け取った感覚情報を統合し、物体の形や特徴を認識しています。さらに、運動野へフィードバックして、身体の状態を保つなどの働きも行っています。

視覚野…網膜から送られてきた情報を処理する部位です。ここから、頭頂葉へ向かう背側視覚路（はいそくしかくろ：where経路ともいわれている）への情報は、物の位置

や動きの情報の認識に関係します。一方、側頭葉へ向かう腹側視覚路（ふくそくしかくろ：what経路ともいわれている）への情報は、物の形や色の情報の認識に役立っています。

**ウェルニッケ野（感覚性言語野）**…他人の話し言葉や文字を理解する領域です。そのため、ここが障害を受けると他人の言葉を理解することが難しくなります。また、言葉だけでなく、単語は読めても意味が正確にはわからないなどの障害が出現します。そのため、比較的普通に話せるが意味のない言葉が出現する状態がでてきます。このような状態をウェルニッケ失語（感覚性失語）といいます。

**ブローカ野（運動性言語野）**…ここは主に言葉を作り出す領域です。つまりここが障害を受けると、他人の言っていることは理解できても、言葉はうまく話せなくなる状態が出現します。これをブローカ失語（運動性失語）といいます。この失語の症状は、話せないといっても、言葉の抑揚がおかしい、単語でなら話すことが可能、文章としてはスムーズに話せないなど、人それぞれです。

**聴覚野**…耳からの音の情報を処理します。何の音か、音の高さ、音色、リズムなどの音の基本的な内容を認識します。また、聴覚野の情報がウェルニッケ野に送られ、言葉の意味を理解する過程に役立っています。このため、この部位が障害を受けると、音が聞こえても何の音かわからなかったり、音の出ている場所を特定できなかったりします。また、言葉の理解も難しくなります。

## 脳の中心部

　大脳の表面には大脳皮質があり、それらの特徴的な働きをする部位について説明しま

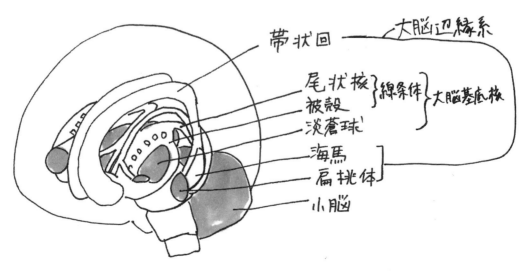

図5-6　大脳辺縁系と大脳基底核の位置き
出典　文献3）を筆者が一部改変

した。では大脳の中はどうなっているのでしょうか。

　大脳皮質（灰白質）の下には、大脳髄質（白質）がありますが、その内部はというと、図5-6のようになっています。複雑ですが、簡単に分けると中心部に大脳基底核、それを取り巻くように大脳辺縁系が位置しています。先に、大脳は、表面の大脳皮質と内部の大脳髄質に分けられることは述べましたが、内部の大脳髄質の中心には大脳基底核という神経核（神経細胞の細胞体の集まり）が存在しています。

**大脳基底核（だいのうきていかく）**…脳の外側の神経細胞の細胞体の集まりを大脳皮質といいますが、大脳の中心部にも、線条体（せんじょうたい）、淡蒼球（たんそうきゅう）、黒質（こくしつ）などの神経核があり、それらをまとめて、大脳基底核といいます。この大脳基底核の働きは、運動機能や神経伝達物質への関与などいろいろな作用があると考えられていますが、まだわかっていないことも少なくありません。

**大脳辺縁系（だいのうへんえんけい）**…大脳基底核の外側を取り巻くようにある部位で、動物の本能や、情動、記憶などの役割を担います。帯状回（たいじょうかい）、海馬（かいば）、扁桃体（へんとうたい）などの複数の部位の総称になります。

**帯状回（たいじょうかい）**…大脳辺縁系の各箇所をつなげていて、記憶や感情の処理、呼吸器系の調節などに働いているといわれています。

**海馬**…短期記憶の中枢になります。

**扁桃体**…恐れや不安などの情動に関係しています

## 間脳、中脳、橋、延髄、小脳、髄膜

　図5-3でも大脳から延髄まで示していますが、もう少し詳しい内容を図5-7に示しました。

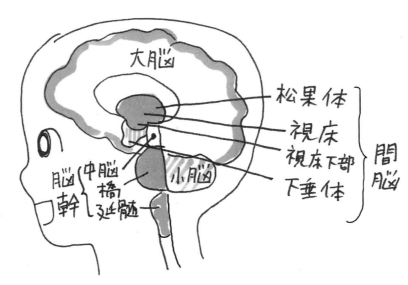

図5-7　大脳から脊髄

間脳（かんのう）…視床（ししょう）、視床下部（ししょうかぶ）、脳下垂体（のうかすいたい）、松果体（しょうかたい）で形成されています。

視床…嗅覚以外の感覚は視床を通って大脳皮質の中枢に経由されます。つまり、感覚の中継所となっています。

視床下部…視床の下に位置する小さな組織ですが、本能的な欲求である食欲、睡眠、性欲などのコントロールや体温、血圧、消化機能などの調整をしています。

脳下垂体（下垂体）…様々なホルモンを分泌したり、分泌を促したりしています。有名なものとして、成長ホルモン、副腎皮質刺激ホルモン、甲状腺刺激ホルモンなどがあります。

松果体（しょうかたい）…メラトニン（睡眠を促すホルモン）を分泌し、概日リズム（がいじつリズム：サーカディアンリズムとも呼ばれ、約24時間で変動する生理現象）の調整や睡眠の促進に働きます。

中脳（ちゅうのう）…橋、延髄とともに、脳幹を形成しています。脳神経の目の動きに関する神経が出ていて、大脳の視覚野などと連絡路を持つことで、眼球運動や姿勢の反射活動に関係しているといわれています。

橋（きょう）…脳幹を構成する中脳と延髄にはさまれた場所に位置しています。背中側には小脳があり、つながっています。そのため、大脳からの運動に関する情報を小脳へ伝える働きがあると思われます。また、顔面神経などの多くの脳神経がここから由来します。延髄の呼吸中枢の調整にも関与しています。

延髄（えんずい）…脳幹の一番下に位置し、呼吸、血液循環、嚥下などの生命維持に関する重要な中枢が存在し、ここを損傷すると生命を維持することが困難になります。

小脳（しょうのう）…図5-7のように、大脳の下後部で、橋の後ろに位置しています。主な働きは運動を調整することです。その他、意図した動きがどう行われたかを把握し、意図と実際の動きとのズレを修正する働きもあります。この働きで、何度も繰り返し練習することで意図した動きができるようになります。

髄膜（ずいまく）…脳や脊髄は、図5-8のように、内側から軟膜、くも膜、硬膜で覆われています。この3枚の膜を合わせて髄膜といいます。くも膜下出血という病気を聞いたことがあるかと思います。くも膜と軟膜の間には髄液（P307参照）で満たされた空間（くも膜下腔）があり、そこには、脳動脈も走行しています。その血管が破裂して出血する病気なのでくも膜下出血といい、非常に危険で死

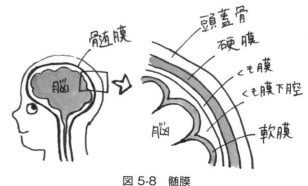

図5-8　髄膜
出典　文献4)を筆者が一部改変

に至ることも少なくありません。

# 3 情報の伝達経路

**伝導路（でんどうろ）**
　ここからは、どのようにして大脳からの指令が手、脚へ、逆に手、脚からの刺激が大脳へ伝わるのかについて説明します。手足からの感覚情報を大脳へ伝える経路、大脳からの運動の指令を手足に伝える経路を伝導路（でんどうろ）といい、伝導路は大きく分けると2種類に分けられます。

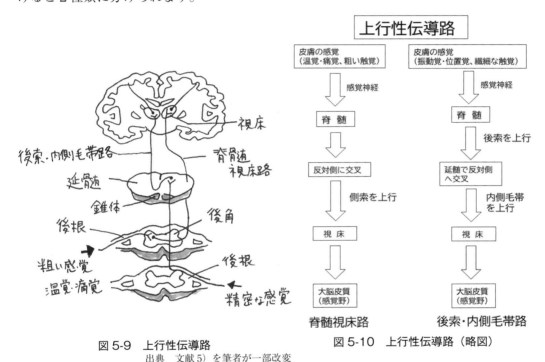

図5-9　上行性伝導路
出典　文献5）を筆者が一部改変

図5-10　上行性伝導路（略図）

**上行性伝導路（じょうこうせいでんどうろ）**…感覚情報を大脳へ伝える上りの経路で、求心性の経路になります。図5-9は上行性伝導路です。例えば、皮膚の感覚は、まず脊髄の後根（P307参照）に入ります。その後、反対側に交叉して視床に向かうもの（粗大な触覚や痛覚、温度感覚などの感覚）とそのまま上り延髄で交叉して視床に向かうもの（精密な触覚や振動を感じる感覚、位置覚などの感覚）があります。図5-10のように、前者を脊髄視床路（せきずいししょうろ）といい、後者を後索・内側毛帯路（こうさく・ないそくもうたいろ：P307参照）といいます。最終的には、どちらの経路も、脊髄からから視床を通り感覚野へ情報を伝えます。
**下行性伝導路（かこうせいでんどうろ）**…大脳から脊髄を通って指令を各器官に伝える

遠心性経路です。随意的な運動や姿勢の変換などに働きます。主な経路は、皮質脊髄路（ひしつせきずいろ）または錐体路（すいたいろ）と呼ばれ、図5-11のように、大脳皮質の運動野から出て脊髄に向かい、脊髄の前角（脊髄の前方の部位で骨格筋を支配する運動ニューロン（P96参照）の細胞体が集まっている部位）で、運動ニューロンの神経細胞に連絡し、その後、運動ニューロンが指令を伝え、身体を動かすことになります。この経路は、延髄の錐体という部位で反対側へ交叉します。これを錐体交叉（すいたいこうさ）と呼びます。このように錐体交叉があることで、左脳に障害を受けると右半身まひ、右脳の障害では左半身まひの片まひになるのです。また、皮質脊髄路が、錐体路と呼ばれているのは延髄の錐体を通るためです。

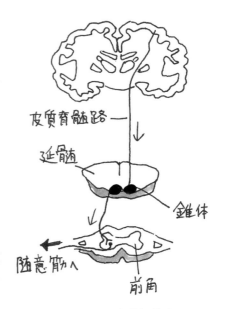

図5-11　下行性伝導路
出典　文献5）を筆者が一部改変

表5-4　錐体路と錐体外路

| 経路名 | 働き |
| --- | --- |
| 錐体路（皮質脊髄路） | 随意運動の制御に関与している経路 |
| 錐体外路 | 無意識な緊張や反射などの動きや姿勢などを調整している経路 |

　実は、下行性伝導路には、もう一つ経路があります。錐体路以外の指令を伝える経路を錐体外路（すいたいがいろ）といいます。では錐体外路はどこにあるのでしょうか。この経路は、様々な中枢（大脳基底核や小脳、視床など）が複雑に関与しているため、どの経路とは決まっていません。つまり、錐体路以外と思ってください。働きとしては、筋の緊張や反射的な運動を無意識に調整したり、平衡感覚や姿勢などを不随意的に調整したりしていると考えられています。つまり、両者の働きは、表5-4のようになります。これらの協力で運動はうまく調整されているのです。

## 反射弓（はんしゃきゅう）

　上行性伝導路や下行性伝導路はいずれも、大脳が介在しています。一方、大脳を介在しない経路もあります。無意識に身体を守るために起こる動きである反射は、大脳を介さない経路なのです。このように、反射を起こす経路全体を反射弓といいます。このような反射で、人為的に起こせるものとして有名なものの一つに、図5-12の様な膝蓋腱反射（しつがいけんはんしゃ）があります。これは伸張反射（骨格筋が受動的に伸ばされると、その筋が収縮する現象）の一つです。膝蓋腱反射のメカニズムは、下記のよう

になります。
① 膝蓋腱（膝のお皿のすぐ下）をたたきます。
② たたかれたことで筋がへこみ、その結果、大腿四頭筋が一時的に伸ばされます。
③ 大腿四頭筋が伸ばされた情報を筋紡錘（きんぼうすい）という筋内の探知機が察知し、瞬時に連絡を脊髄に伝えます。

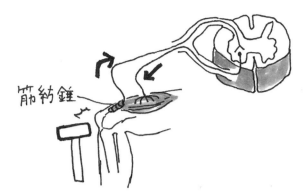

図5-12　膝蓋腱反射
出典　文献6）を筆者が一部改変

④ 脊髄の中で、運動神経の回路に情報を伝え、大腿四頭筋に縮みなさいの指令を伝えます。
⑤ その結果、大腿四頭筋が収縮することで、膝関節が伸展することになります。

　これが、伸張反射の経路です。この場合、刺激が大脳まで行ってそれが処理されるわけではないので、反応が起こる時間がとても短くなります。つまり、無意識の動きになります。このように命に関与するような場合に反射は起こります。

**実技Time**

実技A…膝蓋腱反射を体験しよう
　椅子に座っている状態で脚を組みます。その状態の上の脚、つまりぶらぶらしている脚をペアにたたいてもらいましょう。
　たたく部位は、膝蓋骨（膝のお皿）の下を軽くたたきます。打腱器があればいいのですが、ないでしょうから、指先全部をかためてたたいてみてください。たたかれる人は、目をつぶっていた方が盛り上がります。

# 4　神経細胞と神経伝達物質

**神経細胞（ニューロン）**
　最初に、神経細胞の構造について説明します。構造としては、図5-13のように、大きく以下の3つに分けられます。つながりと伝達方向は図5-14のようになります。
**神経細胞体（しんけいさいぼうたい）**…神経細胞の核や細胞質があり、細胞に必要な酵素やたんぱく質などがここで作られます。この細胞体からは軸索や樹状突起が出ています。

**軸索（じくさく）**…他の神経細胞や筋肉などに、電気的な興奮を伝える突起になります。通常は細胞体から一本伸びていて、この突起の周りは髄鞘（ずいしょう）で囲まれています。髄鞘がない隙間をランビエの絞輪（こうりん）といい、この部位間で跳躍伝導（ちょうやくでんどう：ランビエの絞輪間を伝導すること）をすることで、神経伝達速度が高速になります。

**樹状突起（じゅじょうとっき）**…他の神経細胞や感覚器官から情報を受け取る突起となり、通常は細胞体から多数出ています。軸索の終末の突起とシナプス（P97参照）を形成し、興奮を受け取っています。

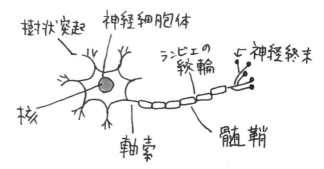

図 5-13　神経細胞の構造
出典　文献 7）を筆者が一部改変

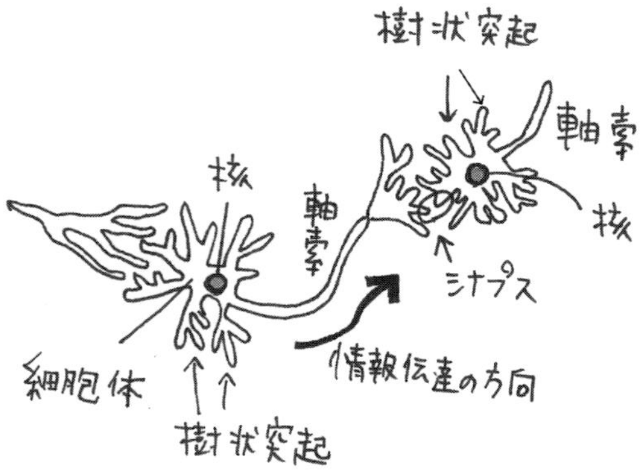

図 5-14　神経細胞のつながりと伝達方向
出典　文献 8）を筆者が一部改変

　　神経細胞　➡　神経細胞体　＋　軸索　＋　樹状突起

先ほど、P94 に運動ニューロンという用語が出てきましたが、これについて少し説明を加えます。運動ニューロンというと運動神経と同じかなと思う人もいるかもしれませんが微妙に違います。運動神経という用語は、P88 に出てきました。これは、神経を機能的に分けた用語で、脳や脊髄からの指令を筋肉などに伝える神経全体または経路全体を指しています。一方、運動ニューロンは、運動神経を構成する神経細胞のことを示します。具体的には、図 5-15 のように、上位運動ニューロンと下位運動ニューロンに分けられます。上位運動ニューロンは、大脳皮質の運動野から発生し、脊髄を通って、脊髄の前角（P307）に到達します。そこで、下位運動ニューロン

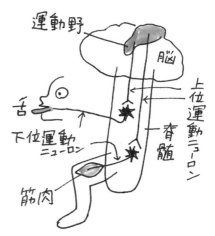

図 5-15　上位運動ニューロンと下位運動ニューロンの違い
出典　文献 9）を筆者が一部改変

へ指令を渡し、腕や脚などの筋肉に指令に伝えることで、運動器官を動かします。つまり、運動ニューロンは神経細胞そのものであり、運動神経はその経路全体を指しています。

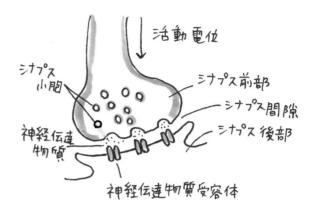

図5-16 シナプスの構造
出典 文献10)を筆者が一部改変

**活動電位（かつどうでんい）**…細胞内は通常、細胞外と比較し一定のマイナス電位（静止電位）に保たれています。しかし、刺激を受けることで、一時的に細胞内がプラスに傾きます（このことを脱分極という）。この一時的な電位の変化を活動電位といい、これが情報の伝達の方法になります。

**シナプス**…神経細胞と神経細胞の結合や神経細胞と筋肉などの接合部位のことです。この部位は直接つながっているわけではなく、図5-16のように、わずかにすき間が空いていて、そのすき間をシナプス間隙（かんげき）といいます。

**伝達の仕組み**

以下のような流れで、情報の伝達は行われます。

① 神経細胞の活動電位がシナプス前細胞（情報を送る側の神経細胞）まで到達する。
② それが引き金となり、シナプス前細胞にある電位依存性カルシウムチャネルが開き、カルシウムイオン（$Ca^{2+}$）が流入する。
③ このカルシウムイオンの流入が引き金となり、シナプス小胞（神経伝達物質を貯蔵している袋）が細胞膜と融合し、シナプス間隙に神経伝達物質が放出される。
④ シナプス間隙に放出された神経伝達物質はシナプス後細胞（情報を受け取る側の神経細胞）の受容器に結合する。
⑤ シナプス後細胞で興奮が起こる。

神経伝達物質には、とても多くの種類があります。表5-5に代表的な神経伝達物質の働きについて記載しました。

表5-5 神経伝達物質の働き

| 神経伝達物質名 | 主 な 働 き |
|---|---|
| ドーパミン | 興奮性の物質で動機付けや意欲に関係している。喜びや快楽の感覚を引き起こす。 |
| セロトニン | 抑制性の物質で気分を安定させ、落ち着きや心の安定に影響する。抗うつ薬としても使用される。 |
| ギャバ（GABA） | 抑制性の物質で、精神安定に効果があり、リラックス効果に関係している。不安や緊張を鎮めたり、血圧を下げたりする働きがある。 |
| アセチルコリン | 骨格筋に働き、筋肉の収縮を促進する。また、副交感神経の神経伝達物質であり、リラックスや消化を促進する。 |
| ノルアドレナリン | 「闘争か逃走」の働きで有名。心拍数を増加させ、血圧を高める。そのため、集中力や怒り、恐怖などに関与している。主に交感神経でストレス反応を引き起こす。 |
| グルタミン酸 | 興奮性の物質で、記憶力や集中力に関係している。また、過剰に放出されると、神経の興奮により、睡眠障害や神経症を引き起こす恐れがある。 |

　「よくアドレナリンが出ている」という会話を聞くと思います。このアドレナリンは、ノルアドレナリンと同様に、身体を「闘争か逃走」状態にします。主な違いは、アドレナリンは、副腎髄質から分泌され、脳内ではほとんど分泌されません。一方、ノルアドレナリンは、脳内で神経伝達物質として働き、精神的な反応に関与します。そこが主な違いになります。

# 5 てんかん

　てんかんというと、遭遇したことがない人は、立っている人が泡を吹いて倒れるイメージがあるかもしれません。そのため、活動している子どもに多いイメージが強いのではないでしょうか。しかし、実際には、てんかんの発生数は、肢体不自由児の方がかなり多いと思います。知的障害児の場合は立っていたり、歩行中に、てんかん発作が起こり、その結果、転倒して大けがをすることが多いため、このようなイメージになっているのでしょう。一方、肢体不自由児の場合には、寝ていたり、座っていたりするため、二次的な被害があまり大きくないためにてんかんが大きく取り扱われないことがあります。もちろん、知的障害児の場合にはけがを防ぐために保護帽を被っていると、かなり危険

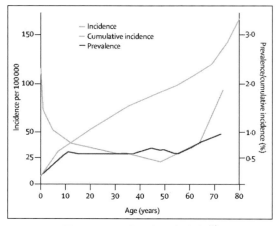

図5-17　てんかんの有症率[11]

性は減少すると思いますが、通常の学校では、注目されやすく、いじめにつながる可能
性もあります。そのために、被らないでいると転倒での二次的な被害が大きくなること
が考えられます。

また、肢体不自由児の場合には、難治性てんかんの場合も多く、寝たきりになること
もあります。その場合には、重度の重複障害になる場合が少なくありません。

てんかんは、まれな病気だと思われている方も多いかもしれませんが、実は有症率1%
程度のごく普通の病気なのです。つまり、100人に1人ですね。しかも、図5-17を見て
もらうとわかるように、いずれの年代でもある程度の患者は見られます。多くは小児で
発症しますが、最近は高齢化に伴い、脳血管の疾患が原因で、高齢者での発症の増加が
見られます。

世界保健機関（WHO）によるてんかんの定義[12]は、『「脳の慢性疾患」で、脳の神経
細胞（ニューロン）に突然発生する激しい電気的な興奮により繰り返す発作を特徴とし、
それに様々な臨床症状や検査での異常が伴う病気』となっていて、日本には約100万人
の患者がいるといわれています。

では、なぜてんかん発作は起こるのでしょうか。日常、大脳は興奮性と抑制性の神経
細胞がバランスよく働いていますが、何らかの原因で、バランスが崩れ、過剰に興奮し
た箇所でてんかん発作が始まると考えられています。


## （1）てんかんの分類

### ①原因による分け方

特発性と症候性に分けられます。

**特発性**…原因となる疾患がなく、明らかな原因がわからないてんかん

**症候性**…脳性まひや脳炎、脳症、髄膜炎などの基礎疾患があり、原因がはっきりしてい
るてんかん

### ②発作による分け方

・部分発作…脳の一部が過剰に興奮し起こる発作です。この部分発作は、意識の有り
無しで、単純部分発作と複雑部分発作に分けられます。単純部分発作では、意識は
保たれますが、複雑部分発作では最初は意識があっても、徐々に意識障害が起こり
ます。また、部分発作の中には、大脳全体に広がる発作である二次性全般化発作が
あります。

・全般発作…大脳の全体に過剰な興奮が起こる発作で、最初から意識障害があります。
これらをまとめたものが、表5-6になります。

表5-6 てんかんの分類

|  | 特 発 性 | 症 候 性 |
|---|---|---|
| 部分発作 | 特発性部分てんかん<br>・小児によく見られる<br>・予後はよい | 症候性部分てんかん<br>・成人で発症する場合が多く、側頭葉てんかんなどがある |
| 全般発作 | 特発性全般てんかん<br>・小児期や思春期によく見られる<br>・予後がよく、欠神てんかんや若年ミオクロニーてんかんなどがある | 症候性全般てんかん<br>・最も難治性のてんかんであり、知的障害を伴う場面が多い。<br>・薬が効きにくい<br>・ウエスト症候群、レノックス・ガストー症候群などがある。 |

以下に、表の4つのタイプを簡単に説明します。
・特発性部分てんかん…成長とともに自然に治るものが多いといわれています。
・症候性部分てんかん…薬が効きにくいこともありますが、部分てんかんなので、手術の適用の可能性もあります。
・特発性全般てんかん…薬で発作を抑えやすく、手足のまひや脳の障害は見られません。
・症候性全般てんかん…最も厄介なタイプのてんかんです。新生児や幼児期に発症する場合が多く、薬でも発作を抑制できないことが少なくありません。

肢体不自由児のてんかん発作で、最も問題になるのは、症候性全般てんかんだと思いますので、このタイプのてんかんについて説明していきます。

症候性全般てんかんの中で、子どもによく見られるのがてんかん性脳症です。このてんかん性脳症には、部分発作及び全般発作があります。発作回数が多く、発達が遅れたり、知能の低下が見られたりすることが特徴で、薬でもなかなか発

図5-18 点頭てんかん

作を抑えられない場合が少なくありません。特別支援学校の現場で多いのは、ウエスト症候群（点頭てんかん）、レノックス・ガストー症候群、ドラベ症候群（乳児重症ミオクロニーてんかん）などになります。

**ウエスト症候群（点頭てんかん）**…乳児の頃に発症することが多い難治性のてんかんの症候群で、原因は脳の先天的な形成異常や低酸素性虚血性脳症、脳性まひ、染色体異常などがあります。症状として、図5-18のように頭ががくんとうなずき、手があがる動作の発作が繰り返されます。また、ヒプスアリスミアと呼ばれる特徴的な脳波が見られ、座位や寝返りが難しくなったり、知的レベルにも発達が見られなかったりするなど、発達の停滞や退行現象があります。

レノックス・ガストー症候群…子どもの頃に発症し、様々な種類の発作が出現します。知的障害を伴うことが多く薬が効きにくい疾患です。原因としては、脳の形成異常や低酸素性虚血性脳症、染色体異常などとともに、ウエスト症候群からの移行も少なくありません。

ドラベ症候群（乳児重症ミオクロニーてんかん）…通常、1歳未満で発症し、全身または半身の発作やミオクロニー発作が続きます。運動障害や知的障害を伴い、薬が効きにくい難治性のてんかんの一つです。

以下に、学校現場でよく見られる発作の症状について説明していきます。

特別支援学校の先生方は、学校現場でてんかん発作に遭遇する機会も多いと思います。その場合には、子どものその時の様子をきちんと報告できないといけません。具体的には、何秒ぐらい発作の状態が続いて、その時意識はあったのか、どのようなてんかん発作の状態だったのか、発作が落ち着いた後の様子はどうだったのかなどを家族や主治医にきちんと報告することは必要不可欠です。このようなことから、てんかんの発作の種類とその状態像をある程度は理解しておくことが必要になってきます。この詳細な報告により、抗てんかん薬は調整されることになるのです。薬を調整するのは、主治医の仕事なので、学校としては、てんかん発作の二次被害（転倒による外傷など）を避けることだけが重要と思っている先生方もいるかもしれませんが、薬を調整するには、日常生活での家庭や学校におけるてんかん発作の情報や様子が欠かせません。てんかん発作の状況を必ず家族や主治医に正確に報告するようにしてください。得策としては、スマートフォンで動画をとることが一番確実です。学校や家庭での発作の情報は、治療の一環として欠かせないものになります。

## （2）発作の種類と状態像

ここからは、それぞれのてんかん発作の種類とその状態像を説明していきます。

強直発作（きょうちょくほっさ）…図5-19のように、意識が突然消失し、全身が硬直してしまう発作です。具体的には、口を固く食いしばりながら呼吸が止まり、顔面や唇が紫色になることが多く、立っている子どもは転倒します。最初に大声を発することもあり、初めて遭遇すると、驚いて、その対応が遅れてしまう可能性があるので、対応については前担任やペアときちんと連携しておいてください。

図5-19　強直発作

図5-20　間代発作

間代発作（かんだいほっさ）…図5-20のように、全

身がガクガクとなる発作ですが、通常は、強直発作に続いて起こる場合がほとんどです。

**強直間代発作（きょうちょくかんだいほっさ）**…強直発作と間代発作を合わせた発作になります。全身の手足が突然突っ張り、意識を失い、呼吸停止や顔面蒼白になる強直発作がおさまると続いて手足を一定のリズムでガクガクと動かす間代発作が出現します。この動作はしばらく続き、その後にまた強直発作が始まる場合もあります。発作が終わると、終末睡眠といって、30分～約1時間程度の眠りへ移行する場合が少なくありません。

**脱力発作（だつりょくほっさ）**…図5-21のように、急に全身の緊張が低下してしまう発作で、全身性の場合には、尻もちをついたり、崩れるような倒れ方をしたりします。発作時間は短くすぐに戻ります。

図5-21　脱力発作

**欠神発作（けっしんほっさ）**…図5-22のように、急に動作が止まったり、表情がなくなったりします。この発作は、立っていても倒れることがなく、一見ぼーっとしているようにだけ見えるため、気付かないことも少なくないといわれています。通常の学級に在籍している子どもにも見られ、本人は発作中のことを覚えていません。

図5-22　欠神発作

**ミオクロニー発作**…図5-23のように、全身、手足、手だけなどの箇所が、突然ピクッとする症状が見られます。連続して起こる場合もあり、手に持っているものを落としたり、飛ばしたりします。

図5-23　ミオクロニー発作

**自動症（じどうしょう）**…図5-24のように、理由なく口をもぐもぐしたり、手で身体をさすり始めたりします。複雑部分発作の症状の一つで意識障害があります。歩き回ったりするので、発作中の見守りは不可欠です。

**心因性非てんかん発作**…てんかん発作と似ていますが、てんかん発作ではありません。心因性の要因によるものになります。症状としては、規則的な手足の屈伸動作や首振り動作、教師への

図5-24　自動症

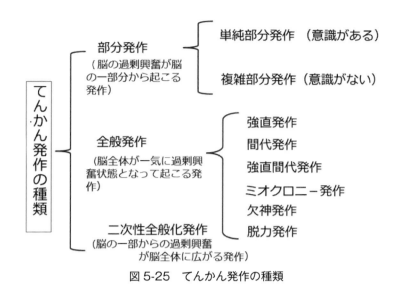

図5-25　てんかん発作の種類

訴えなどがあります。初めて見る場合には、てんかんと区別がつかないと思います。私も最初は全くわかりませんでした。この症状が始まった場合には、教師があわてるとさらに症状がひどくなります。静かに症状が治まるのを見守ることが重要です。ただし、てんかん発作と心因性非てんかん発作を両方持っている子どももいるので症状があった場合には、家庭や主治医への連絡が重要です。

これまでのてんかん発作をまとめてみると図5-25のようになります。
　危険な発作や状態として、てんかん重積状態といわれる症状があります。この状態は、てんかん発作が異常に長引いたり、発作が繰り返し起こり、その間に意識が回復しない状態をいいます。文献によっては、5分以上続く発作をてんかん重積状態と定義しています[13]。この状態は非常に危険な状態なので、おそらく家庭や主治医との対処方法（例えば、座薬を挿入し救急車を呼ぶなど）が共有されていると思います。マニュアルに従って迅速に対応してください。

### (3) 学校での教師の役割
　先述したように、てんかん発作の情報を家族や主治医に報告することは、てんかんの診断や抗てんかん薬の調整の決め手になります。実際に子どものてんかん発作の状態を医師が目にすることは少なく、家族からの情報により、薬合わせをしている場合がほとんどです。すでにてんかんの薬を飲んでいる場合も、学校や家庭での詳細な情報が、薬の効果や治療方針の変更などに活用できるため、とても重要になります。
　また、特定の誘発因子によりてんかん発作が発症する場合が見られます。この場合には、その誘発因子を取り除くような環境を設定することが大切です。それにより発作の

回数を減らすことも可能になります。テレビ画面の光、水面の様子、予期せぬ音や金属製の音、不意な身体接触などの誘発因子については、家族や前担任からの引継ぎがあると思いますので、きちんとした連携を行い、適切な環境を設定していくことが、てんかん発作の減少につながります。また、助長因子として、体温上昇や睡眠不足、ストレスなどがあります。体温上昇に関しては、外での活動の制限や運動後に熱がこもらないようにすることが大切です。また、睡眠不足やストレスに関しては、家庭と連携して対応していくことが重要です。

### （4）てんかん発作時の介助

実際にてんかん発作が起こった場合には、教師はどのように対応すればよいのでしょうか。

強直間代発作などの大きな発作が起こった場合には、本人の身の安全を守ることが最優先です。基本的には、危険なものを遠ざけ、そばに寄り添いながら、発作が落ち着くまで見守ります。この時、看護師やペアなどの他の教師への連絡は不可欠です。

① 机、車椅子などの危険なものを遠ざけます。
② 図5-26のように、頭の下に柔らかいものを入れることで、頭を床に打ち付けることを防ぎます。
③ 眼鏡やヘアピン、筆記用具などは本人から遠ざけます。
④ 呼吸がしやすいように、ベルトや服を緩めます。
⑤ 発作後、嘔吐したり、唾液がたまったりすることがあるので、窒息しないように、図5-26のように身体ごと横向き、できない場合には顔を横向きにします。
⑥ 意識が回復するまでそのまま寝かせます。
⑦ てんかん発作の後の眠り（終末睡眠）に入った場合には、起こさずそのまま寝かせます。

また、突然倒れる子どもの場合には、歩行時に手をつないだり、保護帽を着用させたりしましょう。大きな子どもの場合には、写真5-1の様な介助ベルトの活用も必要になります。

図5-26 てんかんの介助方法

### 複雑部分発作で自動症がある場合の介助

理由なく、口をもぐもぐさせたり、手をこすり始めたりする自動症がでた場合には、本人の意識はありません。この状態の時に、無理に介助や動きを止めようとすると抵抗されることがあります。この場合には、図5-27のように、周囲の安全

写真5-1 介助ベルト[14]

を確認しながら、静かに後ろや横から一緒に歩くことが重要です。例えば、歩く先に危険なものがある場合にはどける必要があります。発作は、基本的には止めることはできません。身体をゆすったり、押さえつけたり、大声をかけたりしないようにしましょう。

図5-27　てんかんの介助方法2

### （5）抗てんかん薬について

てんかんを止めるには、抗てんかん薬を服用することが必要ですが、どんな薬にも副反応があります。抗てんかん薬は副反応の大きな薬の一種といえます。そのため薬の効果で、てんかんが押さえられていても、活動が抑制され、学校では寝たきりになる場合もあるかもしれません。それでは学校教育の意味がなくなります。図5-28の状態

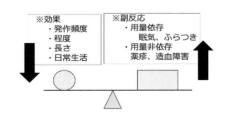

図5-28　抗てんかん薬の効果と副反応の関係

から、矢印の方向のように、副反応より効果が大きくなることが重要です。そのためには、先述したように、学校での情報を家庭や主治医と常に共有していくことが最も大切なことになります。

ここからは、一般的に使われる抗てんかん薬について説明します。

部分てんかんの第一選択薬（特定の病気や症状に対して最初に使用される薬）として有名な薬はカルバマゼピン（テグレトールなど）です。この場合、カルバマゼピンは有効成分で、テグレトールは商品名になります。そのため、保護者の方と話をすると「カルバマゼピンを飲んでいます」と言われる方もいれば、「テグレトールを飲んでいます」とおっしゃる方もいますが、結局、同じ薬ということになります。ここで大事なことは副反応にどういうものがあるのかを知っておくことです。この薬の場合には、グレープフルーツジュースとの飲み合わせは避けるべきで、副反応としては、眠気、ふらつき、食欲不振、頭痛などがあります。

全般てんかんの第一選択薬は、バルプロ酸ナトリウム（デパケンなど）になり、副反応としては頭痛、腹痛、振戦などが挙げられます。

てんかん重積状態の第一選択薬はベンゾジアゼピン系のジアゼパム（ダイアップなど）になります。ジアゼパムは静脈注射が難しい家庭や学校での緊急対応として、座薬がよく使われます。副反応としては眠気、ふらつき、食欲不振などです。

このように、てんかん薬に限らず、子どもが服用している薬の副反応を知っておくと、副反応と想定できる情報を家庭や主治医と共有することで、薬の調整の判断に役立つことはもちろん、保護者にも安心感を与えることができます。また、子どもに無理させない、適切な教育的支援が可能となります。

## （6）てんかんの現在の治療法

現在行われている抗てんかん薬の服薬以外のてんかんの治療法を説明します。

**外科手術**[15]…てんかんの原因部位を切除する切除術と、てんかん波の連絡を遮断し発作の伝達を抑える離断術があります。

**ACTH療法（副腎皮質刺激ホルモン療法）**[16]…ウエスト症候群の発症後、副腎皮質刺激ホルモンを筋肉に注射することで、てんかん発症を抑制する方法です。

**迷走神経刺激療法（めいそうしんけいしげきりょうほう）**[17]…電気刺激発生装置を図5-29ように胸部に埋め込み、そこからリード線を伸ばして頸部の迷走神経（P87参照）に巻き付け、電気刺激を与えることで、てんかん発作を減少させる方法です。

担当の子どもに難治性のてんかんがある場合、ACTH療法や迷走神経刺激療法を実施しているかもしれません。確認してみましょう。

図5-29　迷走神経刺激療法
出典　文献17）を筆者が一部改変

### 引用・参考文献

1) TryiT　https://www.try-it.jp/chapters-15447/sections-15497/lessons-15527/
2) 看護roo!　https://www.kango-roo.com/learning/3281/
3) 管理薬剤師.com　https://kanri.nkdesk.com/hifuka/sinkei/sinkei2.php
4) 社会福祉法人 恩賜財団 済生会
   https://www.saiseikai.or.jp/medical/disease/meningitis/
5) ～リハ事典～　リハビリ（理学療法）の総合コンテンツ　https://physioapproach.com/corticospinal-tract.html
6) 看護roo!　https://www.kango-roo.com/learning/2164/
7) イラストAC　https://www.ac-illust.com/main/detail.php?id=22602813
8) KYOTO UNIVERSITY　https://www.kyoto-u.ac.jp/ja/archive/prev/news_data/h/h1/news6/2012/120613_3
9) Ameba　https://ameblo.jp/20140726yamagata/entry-12335647918.html
10) 京都産業大学　https://www.kyoto-su.ac.jp/project/st/st14_06.html
11) Haut SR, et al. Chronic disorders with episodic manifestations: focus on epilepsy and migraine. Lancet Neurol, 5(2):148-157, 2006.
12) World Health Organization　https://www.who.int/news-room/fact-sheets/detail/epilepsy
13) Brophy GM, et al. Guidelines for the evaluation and management of status Epilepticus. Neurocrit Care, 17(1):3-23, 2012.
14) ラックヘルスケア株式会社　https://www.lac-hc.co.jp/products/transfer/masterbelt
15) てんかん情報センター　https://shizuokamind.hosp.go.jp/epilepsy-info/news/n4-5/
16) てんかんアドバンスド　https://wepili.jp/tenkan-advanced/tentoutenkan/acth/
17) てんかんアドバンスド　https://wepili.jp/tenkan-advanced/geka/meisoushinkei/

# 水泳指導

この章は『目からウロコの重度重複障害児教育』（ジアース教育新社）の第5章[1]を一部改変した内容になります。
水泳指導は、水の浮力を活用できるため、肢体不自由児の粗大運動を支援するにはとても効果的な学習になります。陸上で立てない子どもが、水の中ではバーを把持して立位をとったり、浮いたりする姿を見ることができます。
　しかし、水泳指導には、特別支援学校自体に子どもの健康や安全を保障できるための温水プールがあるのか、年間にどの程度実施できるのか、子どもと教師が一対一になれる職員体制が可能なのかなどの様々なハードルがあります。そのため、実施されていない特別支援学校もあるのではないでしょうか。
　また、実施していても、夏季限定の年数回程度の実施のため、水に触れたり、入水できたりの経験が目標となり、有効な動きの獲得や粗大運動の発達をねらう学習としては難しい場合も少なくありません。保護者の中には、水泳指導＝泳ぐことが目標だから肢体不自由の子どもには難しく、入水の経験だけで充分だと考える方もいます。また、同様に考えている教師も少なくありません。
　もちろん、肢体不自由児でも、一年間継続して水泳指導が実施できる特別支援学校の場合には、泳ぐや潜るなどを目標にすることも可能かもしれません。しかし、多くの場合には、夏季限定で長くて2か月、子ども一人当たり数回の実施で終わっている学校がほとんどだと思います。
　では、年数回の水泳指導は子どもたちの目標としては、入水の経験だけでよいのでしょうか。確かに、泳ぎや潜りの習得をねらうことは難しいと思います。ただ、水での浮力の有効性はかなり大きく、今までにない子どもの姿を発見することができます。

　しかし、水泳指導について研修する機会が少ないこと、夏季限定の指導であること、肢体不自由の水泳指導についての書籍や文献が少ないことなどの様々な理由から、この指導に力を注いでいる学校が多くないことも事実です。
　水の危険性が認識できる知的レベルの高い子どもや自分で歩ける子どもなら効果があるが、寝たきりの子どもでは、水に入ったという経験しか望めないのではないかと考える先生方も多いのではないでしょうか。
　実は、歩けない子どもや立てない子どもほど、浮力を有効に活用できるのです。また、知的レベルの問題は、子どもと教師が一対一になれる体制さえ作れればクリアすることは可能です。
　夏季限定で年数回の授業内容となる場合が多いとは思いますが、実施するなら最高の

効果を子どもたちにはもたらしてあげたいものです。

# 1 指導法について

　肢体不自由児の水泳の指導法として有名な方法はそう多くはありません。おそらく、わが国では、イギリスで開発されたハロウィック法か、覚張が推進している発達学的水泳療法の2つが中心になっていると思います。しかし、ハロウィック法は「1人で泳ぐことができるようになること」が最終目標になるため、一定レベルの知的能力と継続的な指導が必要となります。そこで、ここでは覚張氏の発達学的水泳療法の考え方を中心に述べていきます。

# 2 水の特性

　水泳指導というからには、水の特性をよく理解しておかないと、有効な効果は期待できないでしょう。それでは、ここからは水の特性について述べていきます。

### （1）浮力について

　水の特性として最初に頭に浮かぶのは浮力だと思います。この浮力の効果は大きく、身体を水の中に沈めた分だけ浮力は大きくなります。これをアルキメデスの原理といいますが、この浮力の効果的な活用で、水泳指導の効果を大きくすることが可能です。

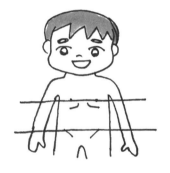

図6-1　水深の影響

　図6-1には水深の影響を示しました。覚張の「発達障害児の水泳療法と指導実際」[2)]には、「胸椎11以上の深さであれば、浮力優位で、頸部の動きが身体のバランスをコントロールし、仙椎2以下の水深の時は重力優位で、股関節の動きがバランスをコントロールする」と記載されています。さらには、水深ごとの荷重負荷（体重にかかる重さ）の割合は、膝上まで浸かると90％、へその高さでは、50～60％、腋の下になると30％になると述べられています。このことから、腋の下まで浸かった子どもの体重が40kgの場合には、12kg程度になるという計算になります。つまり、子どもの介助や操作がかなり容易になるということです。しかし、深ければいいというものでもありません。深ければ深いほど、教師自身が不安定になることを忘れてはいけません。つまり、教師が子どもを操作しやすくなる一方で、自分自身の安定を失うことになります。

## （2）水圧について

次に水の特性として水圧があります。水中に物質があると、その上にある水がその物質を押します。この力を水圧といいます。浅いところに物質がある場合には押す力は小さく、深いところにあればその物質を押す水の量が多くなるため、水圧は大きくなります。これについては、中学校の理科で図6-2のような水深と水圧の関係を習ったと思います。

図6-2 水深と水圧の関係

つまり、水中で立位を行うと、足先には大きな水圧がかかり、静脈還流（全身の血液が静脈を経由し、心臓へ戻ること）が促され、末梢の循環が良くなります。さらに、水圧は呼気時に肺の収縮を促すように作用します。つまり、陸上にいるときより、呼気は加速されることになります。

## （3）水の粘性について

3つ目の水の大きな特性として粘性があります。粘性というとわかりにくいかもしれません。わかりやすく説明すると、水の中と陸上ではどちらが早く走れるか考えてみましょう。もちろん、水中生物でない限り、陸上の方が早く走れます。これは、水の抵抗があるからです。もちろん、陸上でも空気の抵抗はありますが、水と比較すると微々たるものになります。これが、水の粘性です。

この水の粘性を上手に活用することにより、効果的な水泳学習が可能となります。具体的には、水の粘性を活用し姿勢を安定させたり、水の流れを利用し、運動を推進したりすることも可能です。

この3つの水の物理学的な特性を頭に入れて、水泳指導の学習目標や学習内容を設定することが大切です。

次に、身体の生理学的な変化に対する水の影響について述べてみます。

# 3 水温と室温

水泳指導で、子どもの生理的な変化へ大きな影響を与える水温ですが、子どもの健康状態を維持するには、どのくらいが適切なのでしょうか。このことを理解するには、「不感温度」について知る必要があります。「不感温度」は、「心理的不感温度」と「生理的

不感温度」に分けられます。

「心理的不感温度」とは、水中に浸かっていて暑くもなく冷たくもない温度です。この心理的不感温度は人により個人差がありますが、重度の子どもの場合には意思疎通が難しいことが多いため、個に応じた最適な「心理的不感温度」を設定することは簡単ではありません。

一方、「生理的不感温度」とは、水に浸かっていても脈拍や血圧等のバイタルサインに変化がない温度を指し、これは34°C～36°Cとされています。低すぎると筋緊張を亢進させ、高すぎると疲労を招くことになります。この２つの不感温度を総合して、おおよそ理想的な最適な水温は31°C～32°C程度（障害の内容や状態により最適な水温は多少変化がある）とされています。

次は、室温について考えてみましょう。意外と室温は軽視されがちですが、実はこれはかなり重要です。皆さんも、お風呂から出た時や汗をかいたときに寒さを感じたことがあると思います。この現象は、皮膚からの水分の蒸発によって身体の表面から熱が奪われる熱放散という現象が発生し、体温が下がることで起こります。特に、重度の肢体不自由児の場合は体温調整がうまくいかないことが多いので、気を付ける必要があります。

室温は、前出の覚張によれば、水温と同じか、あるいは１～２℃程度高くしておくことが快適で有効な水泳指導の学習条件とされています。しかし、ほとんどの特別支援学校ではプールに暖房システムは設置されていないのではないでしょうか。そのため、まずプールから上がったらすぐに熱いシャワーを浴び、手早く着替えることが重要です。室温が低いと感じる場合には、少なくともストーブ等で更衣室だけは暖めることも一つの対策になるでしょう。

また、夏のプールサイドは暑いため、見学者が窓を開けたりする様子をたまに見かけますが、風が入ってくるとプールから出た子どもの体温が急激に奪われることが危惧されます。

# 4 学習時間

学習時間としては、34℃以上の比較的高い水温や逆に28℃以下の低い水温では、短時間に設定する必要があります。もちろん、水温だけでなく、障害の状態や学習の内容等で変わってきますが、長くても40～50分を超えないことが基本です。学習の時間帯としては、午前中の実施が望ましいとされています。午後からの学習の場合には、水圧

が腹部にかかることで、嘔吐する可能性が高くなることが想定されます。基本的には、水泳指導開始の1時間以内は食物を摂取しないようにしましょう。

## 5 塩素濃度

適切な塩素濃度は、0.4～1.0mg／Lと決まっています。0.4未満だと細菌が死滅しません。逆に塩素が濃すぎると、人体の肌や目などに悪影響を与えることになります。特に、重度の障害の子どもの場合には、プールの水を飲んだり、誤嚥したりすることも考えられるため、理想的には子どもが口に含んでも安全な濃度を目指すべきでしょう。

一方、世界保健機関（WHO）の飲料水水質の塩素濃度ガイドライン値は5mg／L以下とされていて、日本の塩素濃度と比べるとかなり高く設定されています。日本の水道水の塩素濃度がWHOの基準よりかなり低い理由として、高濃度の塩素は人体に有害な影響を及ぼす可能性があること、日本の水道水は高品質のため低い塩素濃度でも十分な効果が得られることなどが主な理由といわれています[3]。

## 6 衛生管理

入水前に、シャワーで身体全体をしっかり洗い清潔にして、すぐに入水するようにします。授業の始まりをプールサイドで行うために、シャワーを浴びた子どもがマットの上で他の子どもがそろうのを待っている姿を見かけることがあります。しかし、熱放散などの観点から、シャワーを浴びたらすぐに入水することが大切です。授業の始まりは、何もプールサイドで行う必要はありません。肢体不自由児の場合には、プールの中で行う方が健康上は適切です。

また、プールサイドは転倒等の事故がないように、水切りをまめに行うことが当然ですが、この転倒事故に関しては子どもはもちろん、介助する教師も気を付ける必要があります。また、更衣室は常に乾燥状態を維持し、衛生状態を保つ必要があります。

帽子は着用することが原則ですが、子どもに

第6章　水泳指導

よってはどうしてもかぶれない子どももいます。その場合には、なるべく頭部が水に浸からないように気を付けて、かぶることを無理強いはしない方が賢明でしょう。また、教師が水泳帽子とゴーグルを装着した場合、普段の顔と違うために子どもが怖がる場合があります。その時には、子どもの目の前で着用してあげることも必要です。

## 7　その他

　意外と忘れがちで大切なこととして、水分補給が挙げられます。子どもは大人と比較して体重に対して多くの水分を必要とします。つまり、水泳指導中に教師がのどの渇きを感じた時点では、子どもはさらに水分を必要としていると考えましょう。

　もちろん、水泳学習の前には入念な健康チェックが必要不可欠です。特に、子どもに熱感が感じられる場合には、入水すると防御反応が起こり発熱することがあるため、無理な入水は控えた方がいいでしょう。また、腋下の体温の場合、水泳学習が終わり着替えた後、元の体温に戻るまでに少なくとも40分程度かかることを理解しておいてください。

　さらに、てんかん発作を持っている子どもの場合、その発作がどのようなものか事前に確認し、もしプール内で発作が起こった場合には、どのような連携で緊急時の対応を行うのか、職員研修などで模擬訓練をしておくことが欠かせません。

　最後に忘れやすいこととして、子どもの便通を確認し、しばらく排便がない場合には、保護者に前日浣腸等で排便をお願いすることも重要です。

## 8　学習内容

　水泳指導の目標は、一般的には、覚張が述べているように表6-1のような内容になると思います。しかし、これは一年間継続して行った場合の目標であり、私の前任校のように夏季限定で年数回実施の水泳学習では達成できない目標もあります。おそらく、一年間継続して水泳指導を実施している学校の方が少ないと思うので、ここでは、夏季限

定で、一人当たり年4～5回の実施で可能な学習目標を述べていきます。もちろん、各学校の指導期間や指導回数により、柔軟に学習目標を変更してください。

表6-1　発達学的水泳療法の効果[2]

> 1　筋肉のスパズムの軽減とリラクセーションの獲得
> 2　関節可動域の保持、拡大
> 3　筋力強化と筋持久力の増強
> 4　まひ筋の再教育
> 5　循環能力の改善
> 6　バランスと協調性の保持、拡大
> 7　子どもに運動を行う勇気と自信を与え、それによって意欲を高める

以下に、簡単に、発達学的水泳療法の目標である表6-1について説明していきます。

## 1　筋肉のスパズムの軽減とリラクセーションの獲得

不感温度である水を活用することで、スパズム（意図しない筋緊張）を減少させ、リラックスすることを目指しています。これには、適切な水温と室温の設定及び浮き具が必要です。最終目標としては、浮き具なしでのリラクセーションを目指します。

## 2　関節可動域の保持、拡大

スパズムの軽減とリラクセーションの獲得が行われれば、ストレッチなどの関節可動域訓練なしでも、自然とある程度の可動域の拡大が期待できます。水泳学習の場合には、全身の関節可動域の拡大がねらえます。

## 3　筋力強化と筋持久力の増強

年間を通して行う水泳学習の目標です。水の粘性を抵抗力として活用することで、子どもに運動負荷を与え、筋力強化と筋持久力の増強を目指します。

## 4　まひ筋の再教育

表6-2の徒手筋力テスト（Manual Muscle Test；MMT）の段階で1～2の実態の子どもには、水泳指導は浮力を活用できるため、かなり有効な学習内容となります。このテストは、セラピストとの連携時に出てくることがあるので、そういう評価の仕方があることは頭に入れておくと良いでしょう。

表6-2　徒手筋力テスト[4]

| 段階 | 機　　能　　段　　階 |
|---|---|
| 5 | 強い抵抗を加えても、運動域全体にわたって動かせる |
| 4 | 抵抗を加えても、運動域全体にわたって動かせる |
| 3 | 抵抗を加えなければ重力に抗して、運動域全体にわたって動かせる |
| 2 | 重力を除去すれば、運動域全体にわたって動かせる |
| 1 | 筋の収縮がわずかに確認されるだけで、関節運動は起こらない |
| 0 | 筋の収縮は全く見られない |

## 5　循環能力の改善

有酸素運動となる水泳学習は、呼吸器系だけでなく、静脈還流など、循環器系の改善にも大きな効果があります。

## 6　バランスと協調性の保持、拡大

立位、歩行、浮くなど様々な姿勢をとることが可能な水泳学習は、バランスと協調性を引き出すことができます。

## 7　子どもに運動を行う勇気と自信を与え、それによって意欲を高める

歩行や立位など陸上では難しい活動を可能にする水泳学習は、子どもに勇気や自信を与え、意欲を高めることができます。

この表6-1に基づいて、夏季限定の子ども一人当たりに対して年数回の水泳学習ではどのような目標が可能となるのかを表6-3に示しました。もちろん、これらの目標のすべてを一人の子どもが達成できるわけではありません。子どもの様々な実態により、これらの目標のどれに当たるのか、考えてみましょう。もしかするといくつかの目標を達成できる子どももいるかもしれません。

表6-3　短期間実施での水泳学習の目標

```
1　陸上で難しい抗重力位（立位、歩行等）の経験
2　立位、歩行、浮く等の動作でのバランスと協調性の拡大
3　筋緊張の軽減とリラクセーションの経験
4　運動を行う勇気と自信の獲得及びそれに伴う意欲の向上
5　関節可動域の保持拡大及び身体の変形拘縮の予防
6　徐重力下において、日常生活に有効な動作の経験及び獲得
```

表6-3の1～5については、覚張が述べている発達学的水泳療法のねらいと同じ、または一部変更したものになります。さらに、夏季限定（以前の勤務校では子ども一人当たり3回の実施）の水泳学習で可能な目標として、6の目標も可能な場合があることがわかりました。

それでは、これらの目標に対する学習内容及びその結果について説明していきます。

1　「陸上で難しい抗重力位（立位、歩行等）の経験」に対する指導としては、浮力を有効に活用します。そのためには、水深に対する荷重負荷（P109参照）の割合を把握した上で、身長やねらう抗重力位を考慮し、適切な水深を子どもに提供していく必要があります。そこで、フロアテーブル（写真6-1）を活用し、水深が2段階だったプールを4段階の水深に

写真6-1　フロアテーブル

しました。そうすることで、比較的多くの子どもに適切な水深を提供することが可能となりました。また、陸上での立位の経験が少ない子どもの場合、下肢が浮力で浮き上がり、足底をプールの底につけられないことも少なくありません。その場合には写真6-2のようにウォーターアンクルウェイトを足首に装着すると、足底をつけることが可能になる子どもも見られました。

写真6-2　おもりの装着

2　「立位、歩行、浮く等の動作でのバランスと協調性の拡大」に対する指導としては、アームヘルパーや浮き棒を効果的に活用しました。よく、浮き輪が使われますが、浮き輪では浮力が強すぎるために、依存してしまう子どもが少なくありません。つまり、浮き輪は子どもの安全を保障する代わりに、自分自身で浮けるという感覚を育てにくい浮き具といえます。一方、アームヘルパーは浮力がそれほど強くないために、立位、歩行、浮く動作等で活用すると、子どもたちの立ち直り反応や平衡反応を引き出しやすいという効果があります。写真6-3はアームヘルパーを活用して自分自身で浮いている子どもです。一方、浮き棒は後頸部や膝裏に置くことで、仰臥位での浮く体験を可能にします（写真6-4）。さらに浮き棒の浮力はそれほど強くないため握りながら歩行させることで、子どもに身体のバランスを取ろうとする平衡反応を誘発することを可能としました。写真6-5は陸上では歩けない子どもが浮き棒を活用し歩いている様子です。

写真6-3　アームヘルパーの活用

写真6-4　浮き棒での背浮き

3　「筋緊張の軽減とリラクセーションの経験」に対する指導としては、準備運動にアップダウン、キッキング、背浮き、伏し浮き、スネーキングを取り入れました。図6-3のように、アップダウンは子どもを正面から抱きかかえながら上下の揺れを行うことで、子どもの水に対する恐怖心を取り除き、リラクセーションを図ります。

また、図6-4のように、キッキングは、子どもを包み込み、子どもの全身を屈曲位にすることで筋緊張を軽減します。水中でのボールポジション（P176参照）と考えればいいでしょう。さらに、交互に脚

写真6-5　浮き棒での歩行

を伸展屈曲にすることで、両脚の分離性や交互性を誘発します。伏し浮き（図6-5）と背浮き（図6-6）では、子どもに水を進む感覚を感じてもらいながら、リラクセーションの経験をねらいます。この時、日常生活の大半を仰臥位で過ごしている子どもは、伏し浮きでは筋緊張が上がりやすくなります。

一方、立位ができる子どもの場合には、背浮きを受け入れにくいということを理解しておくことが重要です。つまり、普段の生活で大半を過ごしている姿勢からスタートすることが大切です。私たちは、最初から背浮きになるには抵抗がありますが、障害の重度な肢体不自由児の場合には、立位の経験がなく、日常でほとんどの時間を仰臥位で過ごしているので、背浮きが一番リラックスできるのです。これはとても重要なことなので、忘れないようにしてください。その姿勢から徐々に抗重力位（立位）へ促していきましょう。もし、背浮きを受け入れない子

図6-3　アップダウン

図6-4　キッキング

どもがいたら、伏し浮きを試してみてください。伏し浮きも、背浮きもねらいは一緒なので、伏し浮きで恐怖心を取り除いていきましょう。もし、背浮きも伏し浮きも嫌がるようなら、しばらくは、写真6-6のように抱っこでのアップダウンを続けてください。アップダウンで重要なことは、水に対する恐怖心を取り除くことになるので、子どもの胸と自分の胸との接地面をなるべくずらさないようにします。時々、子どもを高い高いのように揺さぶっている様子を見ますが、その場合は目的が全く違う学習になります。水泳学習でのアップダウンは、子どもを抱いた状態で教師自身が身体を水中で上下に動かします。この時、アップダウンの姿勢は、子どもに両脚の外転外旋を促し、その脚の間に教師の身体を入れることで、子どもの両脚の内転内旋を防止し脱臼予防を心掛けます。もし、なかなか身体が子どもの両脚の間に入らない場合には、子どもの股関節と膝関節

図6-5　伏し浮き

図6-6　背浮き

を屈曲にし、教師の身体を横向きにしながら、子どもの両脚の間に滑り込ませてください。しかし、すでに脱臼している場合もあるので、子どもの事前の状態についてはきちんと把握しておきましょう。

　スネーキングは、背浮きや伏し浮きの状態から、左右に子どもの身体を揺らしていく動きになります。準備運動として行うスネーキングは、水に対する恐怖を取り除くこととリラクセーションを獲得することが主な目的となるため、ゆっくりと教師が左右に進みながら、それに沿って子どもの身体がついてくる状態になります。そのため、子どもは心地よい感覚を身体に入れながら、リラクセーションを体験します。一方、側弯予防のスネーキングは、写真6-7のように、側弯の凹側を広げることが目的なので、教師を中心に、子どもの身体が左右に揺らされることになります。脊柱の凹側を広げるように大きく振り、凸側はほとんど振らずに進みます。その動きの継続で、側弯防止を行います。

写真6-6　アップダウン

写真6-7　スネーキング

　背浮きや伏し浮き、スネーキングなどのコツは、教師自身の身体を水中に深く沈めて、浮力を活用すると、ほとんど余計な力を使わずに行うことが可能です。

4「運動を行う勇気と自信の獲得及びそれに伴う意欲の向上」に対する指導としては、陸上で難しい歩行、立位、座位、浮く、潜る等の粗大動作を子どもの実態に即して促していきます。これらの運動は日常経験していないため、行うにはかなりの勇気が必要ですが、その分経験できた場合には大きな喜びや自信となることは間違いありません。例えば、写真6-8では、力を抜き自分で浮くことができるようになっています。また、写真6-9は、今まで顔を水につけられなかった子どもが、自分から顔をつけてバブリング（水中で鼻や口から息を吐くこと）を行っています。また、浮力をうまく活用していくことで、日常、PCWを活用している子どもや手引き歩行の子どもには自力歩行がねらえます。例えば、日常歩けない子どもでも、写真6-10や写真6-11の子どもたちは、水

写真6-8　浮く活動

写真6-9　バブリング

の中だと自分で歩行することができました。自力歩行の場合には、子どもの実態に応じて、適切な水深を提供することがとても大切になってきます。これらの成功体験が、子どもの勇気や自信の獲得、意欲の向上につながることは間違いありません。さらに、教師や保護者の称賛が加わることで、それらはさらに確実なものになるでしょう。

5 「関節可動域の保持拡大及び身体の変形拘縮の予防」に対する指導としては、側弯に対する横揺れのスネーキングや実態に応じて縦揺れや8の字の動きを加えると前弯や後弯、及び胸郭変形に対する予防につながります。

写真6-10 自力歩行

写真6-12は、側弯予防のためのスネーキングです。このスネーキングは基本的には、P118で示したように、脊柱の凹側を大きく開くように、背浮きや伏し浮きの状態で横揺れを行います。この場合には、子どもがリラックスしていないと可動域の拡大は期待できません。そのため、子どもがリラックスしやすいのは背浮きなのか伏し浮きなのかを確認し、横揺れを行っていきます。もちろん、側弯だけでなく、前弯や後弯にも、同じ理論で縦揺れを促していくことが可能です。また、同じスネーキングでも、リラクセーションの獲得を目標にしている場合の横揺れはP118で述べたように子どもたちの可動域を考慮しながらゆっくり優しく行う必要があります。

写真6-11 自力歩行②

このように、一対一対応の体制が可能な場合は、子どもの実態に応じた学習を行うことが可能です。しかし、場合によっては、一人で二人を見なければいけない状況があるのではないでしょうか。その場合には、浮力の強い浮き輪やネックフロートで安全を確保しながら、学習内容を設定していきます。例えば、写真6-13の子どもは全く頸がすわっていない子どもですが、ネックフロートを活用することで、浮きながら少しずつ後ろへ進んでいます。また、写真6-14の子どもは肩関節の可動域が狭く、ほとんど腕を挙げることができません。しかし、浮き輪で浮いているだけで、少しずつ腕が挙がってきていまし

写真6-12 スネーキング

写真6-13 ネックフロートの活用

た。さらに写真6-15の子どもの場合は、後ろへ反る動きが強い子どもなので、頸にネックフロート、膝に浮き輪を付けることで、身体を屈曲位にして、後ろへ反る動きを防止しています。このように、浮力の強いネックフロートや浮き輪は、浮力が強すぎるため、活用しすぎると子どもは依存する傾向が強いのですが、子どもと教員の指導体制によっては、子どもの安全・安心をしっかり確保するために、必要不可欠なツールになることは間違いありません。

写真6-14　浮き輪の活用

6「徐重力下において、日常生活に有効な動作の経験及び獲得」に対する指導としては、水中での徐重力下の環境を有効に活用していきます。そのことにより、日常生活で子どもが出せなかった動きを引き出したり、子どもへの動きの指導や介助を容易にしたりすることが可能となります。今までの1〜5の目標については、肢体不自由児に対する水泳学習では、どの特別支援学校でも設定されている目標だと思います。この6の目標についても、実際実施されているかもしれませんが、以前勤めていた学校ではこの目標を意図的にねらって水泳指導を実施していました。

写真6-15　ネックフロートと浮き輪の活用

写真6-16は、子どもが教師に抱きついてきています。この介助者に抱きつく動作は、子どもを抱きかかえたり移乗させたりする時にはとても大切な動作なのですが、この子どもの場合には全く見られませんでした。上肢にはまひは見られないので、獲得可能な動作だと考え目標として設定しました。指導の方法は、水中の徐重力下で抱っこした状態から、ゆっくりと後ろに傾けていきます。その結果、危険を回避するために、教師に抱きつこうとする上肢の動きが出てきました。このような指導は、重力下ではとても危険で行うことは不可能です。

図6-16　抱きつく動作

写真6-17はわかりにくいかもしれませんが、このとき初めて脚が交互に出てきた子どもです。陸上では重力のために、身体を支えるだけの働きになっていた脚が、水中の徐重力下の環境で脚が流れるよう

図6-17　足の交互性

に交互にでてきた例です。指導の方法としては、子どもがあまり重力の影響を受けないような水深で、ゆっくりと押すまたは引いてあげると、交互に脚が流れるように出てきます。このとき水深はとても重要で、深すぎると脚が浮力に負けて浮いてしまい、逆に浅すぎると立位のまま脚が動きません。この子どもの場合、水泳指導の時間に、交互に脚を踏み出す練習を続けることで、陸上でも脚が交互に出てくるようになりました。

写真6-18は、重力下では歩けなくなった進行性の疾患の子どもが、水中での徐重力下を活用することで歩行を行っている様子です。久しぶりの自力歩行で本人はとてもうれしそうでした。この内容はどちらかというと、目標の1に当てはまるかもしれません。写真6-19は、立てない子どもが、水中で手すりを活用しての立位、写真6-20は、手すりを活用した介助歩行です。これらは、目標1にも該当します。写真6-21は、片まひの子どもに対する支援です。普段はまひ側には、なかなか触らせてくれません。この時は、健常側（まひのない側）の腕で、浮き輪をつかみながら身体を安定させていたために、まひ側に対して動きを教えることが可能となりました。

これらの水中における徐重力下において、子どもの新しい動きを引きだすことができた理由としては、以下の2つがあると考えられます。

1つは、徐重力の環境になることで、抗重力下で抑えられていた子ども自身の動きが自発的に発現する場合です。例えば、脚の交互性の動きの発現は、陸上では自分自身を支えるだけで精一杯だった脚の動きが、水中の徐重力下に置かれることにより、本来持っている脚の交互性の動きを自然と誘発した事例になるでしょう。

2つめは、徐重力下になることで、教師が子どもの動きを操作や介助しやすくなり、子どもの新しい動きを引き出した場合になります。陸上で、意図的に子どもの立ち直り反応や平衡反応を誘発するには、

図6-18　自力歩行

写真6-19　立位（手すり活用）

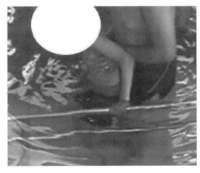

写真6-20　介助歩行（手すり活用）

写真6-21　片まひへの支援

大きな危険が伴います。しかし水中では、浮力や水の粘性のために、ゆっくりとした身体の崩れを子どもに提供することが可能となります。そのため、子どもの立ち直り反応や平衡反応が出現しやすくなる場面を設定することが可能となりました。それと同時に、教師は子どもをより安全・安心な状態で保持できるようになり、結果として、子どもの新しい動きがねらえるようになっています。

　これらの指導で大切なことは、水中でねらう動作は、日々の生活で活用する動作であることです。なぜなら、年数回の水泳学習だけでは、その動作が日常生活にすぐに応用されることは難しいからです。つまり、水泳学習で発現された動作を日常生活の中で繰り返し学習する機会を持たないと、新しい動作として確立しないと考えられます。その動作の繰り返しの学習が、日々の生活の中での般化を導くことになるのではないでしょうか。そのため、日常生活で活用しない動作の場合には、水泳指導だけで出現した動作として完結してしまい、ただの経験で終わってしまう可能性が高くなります。もちろん、経験することも大切ですが、やはり、水泳指導で出現した動作は、日常生活に般化させてあげたいものです。


　長年の実践から、年数回の水泳指導でも、上記に挙げた6つの目標のいずれかを子どもに設定できることがわかりました。実施回数が少なければ少ないほど、目標を絞りながら水泳学習を実施することが大切になります。このような考えを基にして、以前の勤務校での水泳学習の簡単な流れを表6-4に示しました。

　よく、プールサイドで、準備運動や整理運動をする様子を見かけますが、肢体不自由児の水泳指導では、プールサイドでの準備運動は必要ありません。なぜでしょうか。水泳学習の準備運動の意義を考えてみましょう。大きな目的は、入水による心臓への過剰な負荷の防止と泳ぐ動作がスムーズになるための可動域の拡大や筋肉のリラックスになります。ということは、水温が不感温度であることを考慮すると、入水での急激な生理的な変化は起こらないと考えていいでしょう。但し、気圧と水圧の違いはあるので、急な入水は控える必要があります。また、泳ぎを獲得することも目的として掲げていないので、入水してから準備運動を行えばいいのです。最も気を付けることは、シャワーの温度を適温にすることと末梢部や背中からかけることです。しかし、プールの水温が冷たかったり、泳ぎを目指したりしている子どもの場合にはこのことは当てはまらないので注意してください。一方、整理運動は、水泳指導での筋肉疲労を緩和させたり、心肺機能のクールダウンをさせたりすることが目的になります。身体の濡れた状態で、プールサイドにいること自体が、空気の対流や熱放散により子どもの生理状態に影響を与えます。すぐに、熱いシャワーを浴びて着替えることが大切です。着替えが完了してから、筋肉疲労の緩和などの整理運動は行う方が適切でしょう。

　水泳学習について述べてきましたが、一番大切なことは、安全・安心と子どもが水泳学習を楽しんでいることです。水中での徐重力下の環境では多くのことがねらえますが、

危険性はその分大きなものになります。常に、子どもの健康チェックはもちろんですが、子どもの安全・安心を保障する立場である教師自身の健康のチェックも怠らないようにして、授業に臨むことが重要であることは言うまでもありません。

表6-4　水泳学習の流れ

| 学習内容 | 指導上の留意点 |
|---|---|
| 1　体調について報告する | 1　子どもの健康状態を確認し、入水可能か再度チェックする。この場合、教師全員で子どもの健康状態を確認し合う。 |
| 2　更衣を行う | 2　子どもの可動域を考慮し、必要に応じて更衣を介助する。その場合には、必ず言葉掛けをして、更衣を促す。 |
| 3　シャワーを浴びる | 3　シャワー温度を確認し、子どもの背中や末梢部から、シャワーをかけるようにする。 |
| 4　ゆっくり入水する | 4　子どもの表情を観察しながら、ゆっくり入水する。 |
| 5　準備運動を行う<br>　①アップダウン<br><br>　②キッキング<br><br>　③背浮きまたは伏し浮き<br>　④スネーキング<br><br>　⑤集合 | 5　子どもの実態によっては、省く学習内容もある。<br>　①子どもの脚を外転外旋させ、接地面をなるべく大きくし、上下に揺れる。<br>　②子どもが反ってこないように、ヘッドコントロール に気を付ける。<br>　③子どもの日常の姿勢を考慮し、背浮きか伏し浮きかを決める。<br>　④準備運動のスネーキングなので、子どもを揺らすのではなく、教師が左右にゆっくり進みながらリラクセーションをねらう。<br>　⑤　動ける子どもにはあわてる必要がないことを伝える。 |
| 6　本時の目標を発表する | 6　他の子どもの目標を聞きながら、発表している子どもの健康状態を、全教師でもう一度確認する。 |
| 7　個別の学習内容を行う | 7　ねらう目標は、6つの目標の中でどの目標が適切なのかを留意しながら、個別の学習内容を行う。 |
| 8　体調を考慮し退水する | 8　体調を常にチェックしながら、退水時間を決め、順次、退水していく。子どもの健康状態から、入水している時間は柔軟に変更していくことが重要である。 |
| 9　シャワーを浴びる | 9　室温を考えながら、シャワー温度を設定する。 |
| 10　更衣を行う | 10　子どもの可動域を考慮し、すばやく更衣が行えるように必要に応じて介助する。その場合の言葉掛けを忘れないようにする。 |
| 11　本時の感想を発表する | 11　称賛を中心とした言葉掛けを行う。 |
| 12　次時の予告を聞く | 12　本時の到達度を考慮し、次時の内容を考える。 |

**引用・参考文献**

1）松元泰英：目からウロコの重度重複障害児教育　ジアース教育新社，2018.
2）児玉和夫，覚張秀樹：発達障害児の水泳療法と指導の実際　医歯薬出版株式会社，1992.
3）東京都水道局　https://www.waterworks.metro.tokyo.lg.jp/faq/qa-22.html
4）リハブクラウド　https://rehab.cloud/mag/15683/

# 第7章

## 肢体不自由児に
## 関する疾患

この章では肢体不自由児によく見られる疾患について述べていきます。

疾患よりも目の前の子どもの実態が大切だと考えている先生方も多いのではないでしょうか。もちろん、子どもの実態を適切に把握しないと、学習目標や学習内容を設定することはできません。それは当然のことです。しかし、この実態把握の中に疾患を含めて考えることは非常に重要です。意外とそこが欠落していたり、軽んじられていたりすることがあります。例えば、ひらがなの文章を読めない子どもがいたとします。その場合、知的障害のある子どもと学習障害のある子どもに同じ支援を行うことはないでしょう。それと同様に、座位ができない子どもに対しても、疾患の特性に応じて指導目的や指導内容、指導方法を変えることが必要です。

この章では、肢体不自由の障害が見られる、もしくは肢体不自由の障害を有する可能性がある子どもの疾患について説明します。

# 1 脳性まひ

## （1）定義と原因

最初に、肢体不自由児の多くを占める脳性まひから説明します。脳性まひはご存じだと思います。しかし、以外と勘違いが多いのです。脳性まひは、単一の疾患ではありません。つまり、脳性まひの定義に該当する運動障害の総称です。それでは、脳性まひの定義とは何でしょうか。とても古い定義なのですが、現在もその定義が使われています。日本では、1968 年に厚生省脳性まひ研究班会議で作成された「受胎から新生児期（生後 4 週以内）までの間に生じた脳の非進行性病変に基づく、永続的な、しかし変化しうる運動および姿勢の異常である。その症状は満 2 歳までに発現する。進行性疾患や一過性運動障害又は将来正常化するであろうと思われる運動発達遅延は除外する」という定義が用いられています。こんなに医学が発達し、様々な新しいことがわかったのに、いまだに 50 年前以上前の定義が使われていることがすごいですね。一方、国際的には、2004 年に開催されたワークショップ イン ベセスダで以下のように定義されています。

「脳性麻痺の言葉の意味するところは、運動と姿勢の発達の異常の 1 つの集まりを説明するものであり、活動の制限を引き起こすが、それは発生・発達しつつある胎児または乳児の脳のなかで起こった非進行性の障害に起因すると考えられる。脳性麻痺の運動障害には、感覚、認知、コミュニケーション、認識、それと / または行動、さらに / または発生性疾患が付け加わる。」[1]

ここでは、日本で一般的に活用されている 1968 年に厚生省脳性まひ研究班会議で作成された定義を基に説明していきます。

上記の厚生省の定義を簡単にまとめると

　①　早期に発症し、2 歳までに症状が出る

② 脳の疾患で非進行性である
③ 治らない運動や姿勢の異常である
④ 治らないが運動能力や姿勢は変わる可能性がある（座位　→　歩行可能など）
⑤ 一過性や発達の遅れではない

このような内容と考えることができます。

一方、主な原因としては、大きく3つの時期に分けられます。

出生前…脳の形成異常、子宮内障害、胎内感染など

出生時…仮死、早産、低出生体重児、低酸素性虚血脳症など

出生後…髄膜炎、脳炎、脳症、頭部外傷など

出生率は、文献によって若干違いはありますが、出生数1000人に対して約2名と示されている場合が多いようです[2]。

この脳性まひの難しさは、運動障害だけでなく、多くの場合に、その他の障害を随伴することです。そのため、生活に大きな困難を有することになります。実際、特別支援学校に在籍する子どもでは運動障害だけの脳性まひ児を見ることが少ないのが現状です。

では、その他の障害とはどんなものがあるのでしょうか。

・知的障害…この場合には、肢体不自由＋知的障害で、重複学級在籍となります
・てんかん
・構音障害などのコミュニケーション障害
・摂食・嚥下障害…重い場合には、経鼻経管栄養や胃ろうなどの医療的ケアが必要となります
・側弯や変形、呼吸障害などの二次性障害

図7-1　はさみ肢位

図7-2　バニーホッピング

このように、運動や姿勢の障害だけでなく、認知面の障害もあるため、コミュニケーションがうまく図れないことが少なくありません。そのため、教育の効果がなかなか現れないのが大きな課題です。

図7-3　カエル肢位

## （2）分類

分類には、二通りの分類があります。

一つは、運動障害のタイプ別による分類です。

痙直型…早産低出生体重児に多く、痙性（P308参照）が特徴的で、最も多いタイプといわれています。

特徴として、腕を曲げたり伸ばしたりするとき、ある一定の箇所までは強い抵抗がありますが、急に抵抗がなくなる折りたたみナイフ現象がみられます。また、図 7-1 の様なはさみ肢位や図 7-2 の様なバニーホッピング（P308 参照）で移動する様子が見られることが少なくありません。

アテトーゼ型…不随意運動が激しく、非対称的な姿勢になっている場合がほとんどで、構音障害（P277 参照）を伴い、多くが全身のまひである四肢まひに分類されます。また、精神的要因で筋緊張が高くなりやすいタイプでもあります。アテトーゼ型の原因は、ビリルビン（P308 参照）による核黄疸（P308 参照）ですが、この疾患自体が光線療法や交換輸血で治るようになり、一時期はアテトーゼ型の脳性まひ児はほとんど見られなくなりました。しかし、近年、超早産児においてはリスクが高く、ビリルビンの既存の基準に従っても、大脳基底核（P91 参照）が影響を受け、アテトーゼ型になる脳性まひ児が増えてきています。この場合、早産児ビリルビン脳症ともいいます[3]。

失調型…小脳の障害や錐体外路（P94 参照）の障害が原因で起こります。症状として、バランスを失ったり、協調運動が難しかったりする症状が見られます。また、企図振戦（P308 参照）や眼振（自分の意思と関係なく眼球が動くこと）、構音障害なども出現します。

強剛型…分類によっては、このタイプを痙直型に含める場合もあります。特徴として、非常に身体が硬く、他動的に腕を曲げたり伸ばしたりしようとしてもずっと強い抵抗感があり、簡単には屈伸できません。これを鉛管現象（えんかんげんしょう）といいます。障害が重い場合には、可動域が狭く、動きが制限されます。

低緊張型…自発運動が少なく、体幹の緊張が弱いため、抱っこする場合、滑り落ちてしまう危険性があり、多くは図 7-3 の様なカエル肢位をとっています。体幹は低緊張なのですが、末梢となる手足は緊張が高いことが特徴です。また、成長すると痙直型やアテトーゼ型に変わる子どもも見られます。

混合型…様々な症状が入り混じったタイプで、痙直型とアテトーゼ型が混じっている場合が多いようです。


もう一つの分類方法は、障害部位による分類です。

これは図 7-4 を見てください。運動障害のタイプ別よりわかりやすいと思います。

四肢まひ…四肢（上下肢）にまひがある。

両まひ…四肢にまひがあるが、両上肢と比較し、両下肢のまひが強い。痙直型で多くみられる。

対まひ…両下肢のみにまひがある。

片まひ…片側の上肢及び下肢にまひがある。

単まひ…四肢のどこか一つだけにまひがある。

128

第7章 肢体不自由児に関する疾患

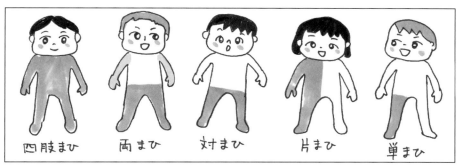

図7-4 障害部位による分類

　わかりにくいのは、対まひと両まひの違いでしょうか。対まひは下肢だけのまひで上肢に全く障害がない場合になります。これは脊髄の疾患（二分脊椎など）の概念で、脳性まひの場合ではあまり見られません。

### （3）タイプ別の目標設定

　次に、タイプ別（運動障害による症状と運動障害の部位を合わせた分類）に一般的な目標となりえる内容を示します。もちろん、同タイプでも、それぞれの実態に大きな違いがあるので、個別に正確で丁寧な実態把握を行いながら、目標は設定してください。また、ここでの目標は運動や姿勢面が中心になります。認知面やコミュニケーション面での目標については、個別に応じて適切に設定してください。

#### 痙直型両まひ

1　ADL（P308を参照）を身に付ける…知的に遅れがひどくない子どもでは可能な場合が少なくありません。
2　安定した姿勢保持ができる…立位は難しくても、座位はねらえる場合が多いと思います。
3　日常生活での移動手段を確立する…子どもにより、車椅子、歩行器、クラッチ歩行、介助歩行、自力歩行などの違いはありますが、安定した移動手段を確立することが可能です。図7-5のような、クラッチ歩行が可能な場合も見られます。
4　日常生活に必要な移乗動作を確立する…床から車椅子への移乗動作や車椅子からベッドや洋式トイレへの移乗動作はなるべく早い段階から学習に取り入れていきましょう。

図7-5　クラッチ歩行[4]

#### 痙直型四肢まひ

1　ADLは、介助者にできるだけ協力できる内容を身に付ける…衣服の着脱の時、

頭を襟ぐりの中に入れてあげると、自分で手を出せるなどをねらえる子どももいます。

2 適切な姿勢保持により、関節の拘縮や側弯などの変形の予防を図る…定期的に姿勢変換を行い、左右対称の姿勢を保持し経験させることが重要です。

3 小まめな姿勢変換により、変形拘縮の防止や呼吸状態等の維持向上を図る…子どもにとってどんなに適切な姿勢でも、長く続けると呼吸状態の悪化や変形拘縮を助長するため、小まめに姿勢変換を継続していくことが重要です。変形拘縮を防止できないと風に吹かれた股関節（図7-6）などへの変形を生じやすくなります。

図7-6 風に吹かれた股関節[5]

4 可能であれば、介助立位や介助歩行を行う…縦抱きで抱っこすると、少しの時間なら立位の状態を保てる子どももいます。

5 立位台やプローンボード（P165参照）の活用により、股関節や膝関節の拘縮防止とともに股関節の形成などを行う…下肢に体重をかけ、骨や股関節の形成を促します。

6 適切な歩行器を使うことで主体的な活動を維持する…SRCウォーカー（P164参照）などの歩行器の活用は主体的な活動を維持します。

7 適切な口腔ケアにより、摂食能力の維持や誤嚥性肺炎の防止を図る…口腔ケアはとても重要で、その刺激が摂食能力の維持を促します。さらに胃ろうや経鼻経管栄養の子どもでも、口腔ケアを続けることで、唾液による誤嚥性肺炎を防ぐことにつながります。

### アテトーゼ型（上肢の不随意運動が強く、下肢に痙性がみられるタイプ）

1 少しでも多くのADLを自分自身で可能にする…知的に高く、指示内容が理解できる子どもも多いため、有効な方法を教えてあげると、ADLの向上が見込めます。

2 机上学習に安定して取り組める…学校では準ずる課程の子どもも少なくないと思います。しかし、上肢には不随意運動が出現するので、机上学習を安定して行うことが目標になります。

3 障害の状態に応じた移乗動作や移動ができる…移動面については、電動車椅子の導入やSRCウォーカーによる移動もねらえます。

4 下肢の可動域を維持する…下肢は上肢と比較

図7-7 割り座[6]

し不随運動が少ないため見過ごされることが少なくありません。下肢にもストレッチ等を取り入れることにより、可動域を維持しましょう。床での座位は図7-7の様な割り座になる場合がしばしば見られます。

5　発声・発語や摂食嚥下機能を維持向上する…発声・発音が難しい場合には、適切なAAC（P260参照）の導入も視野に入れることが必要になってきます。

## アテトーゼ型（筋緊張の変動が激しく、抗重力位が困難なタイプ）

1　呼吸の安定や原始反射の出ない姿勢をとることができる…家庭や病院、前担任との引き継ぎが重要ですが、教師の身体の大きさや指導技術にも違いがあるので、引き継いだ内容自体ではうまくいかないかもしれません。子どもとの関係性から、自分なりのやり方を見つけていくことが大切になってきます。しばしば筋緊張が亢進して図7-8の様な姿勢を取りやすくなります。

図7-8　緊張の亢進した姿勢[7]

2　左右対称の姿勢を経験できる…子どもは非対称的な姿勢になっていることが少なくありません。正中位での活動をなるべく多く経験させることが重要です。

3　筋緊張の安定した姿勢を確立できる…筋緊張の落ち着いた状態で、さらに呼吸状態や唾液の誤嚥の心配が少ない姿勢となる側臥位や腹臥位を確立することが重要です。

図7-9　いざり移動[8]

## 痙直型片まひ

1　ADLを確立する…ほとんどの子どもがADLは身に付けることが可能です。

2　左右対称的な姿勢や動きを行う…まひ側は、長年にわたって活用した経験がないため、触覚などに感覚異常がある場合が多く、活用することを激しく嫌がる子どもも少なくありません。その分、健常側（まひのない側）を使いながら、図7-9の様ないざり移動を行います。

3　安全な歩行や階段昇降などができる…歩行ができても安定性に欠ける場合があります。

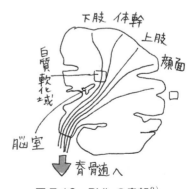

図7-10　PVLの患部[9]

4 まひ側の上下肢の可動域の維持拡大を行う…普段、非まひ側を使うため、まひ側の緊張はさらに強くなり、可動域が狭くなっていく傾向があります。両上肢下肢を使う活動などを設定しましょう。

### 脳室周囲白質軟化症（PVL：のうしつしゅういはくしつなんかしょう）

　脳室周囲白質軟化症は、脳性まひの一つの原因になる疾患で、主に早産児や低出生体重児で発症します。具体的には、図 7-10 のように、脳室の周りの白質に虚血性壊死（P309参照）が生じ、姿勢や運動に障害がおこる疾患になります。脳室周囲の白質部は頭頂葉に存在する運動野（P89 参照）からの皮質脊髄路（P94 参照）が存在するため、その連絡が絶たれ、痙性まひ（P308 参照）となります。この図の経路からわかるように、脳室の内側から、下肢、体幹、上肢、顔を支配する経路が通っていますが、白質の虚血性壊死は内側に発生しやすいため、軟化した（損傷した）部位が小さい場合には、下肢のみの障害になり、ひどくなると体幹や上肢にも広がります。よく見られる症状としては、下肢を中心とした運動障害があり、歩行や運動を困難にします。また、ひどくなると上肢のまひもひどくなるため、机上学習も難しくなります。認知面は障害の状態により、様々で準ずる教育の子どもから重複障害の課程の子どもまで見られます。また、PVLは視放線（P309 参照）という視覚情報を後頭葉に伝える経路にも影響を与える事があるため、視知覚障害を併発する場合も少なくありません。

## 2　筋ジストロフィー

### 筋ジストロフィーのタイプ

　筋ジストロフィーの疾患名は聞いたことがあると思いますが、意外と筋ジストロフィー＝デュシェンヌ型筋ジストロフィーと思われている方が多いように感じます。実は、筋ジストロフィーとは遺伝性の疾患で、筋委縮と進行性の筋力低下を症状とする疾患の総称です。したがって、筋ジストロフィーには、様々なタイプがあり、その中で最も有名な型が、デュシェンヌ型筋ジストロフィーになるのです。

　以下に、特別支援学校でみられる、その他の型を記載しました。

・ベッカー型筋ジストロフィー

・肢体型筋ジストロフィー

・福山型筋ジストロフィー

・筋強直性筋ジストロフィー

・ウルリッヒ型筋ジストロフィー

など

## デュシェンヌ型筋ジストロフィー

　まず、最も障害が重く、一般的に見られるデュシェンヌ型筋ジストロフィーについて説明していきます。

　デュシェンヌ型筋ジストロフィーは、性染色体の劣性遺伝なので、通常男子にしか発症はしません。出生男子3,000〜3,500人に1人といわれています[10]。

　デュシェンヌ型の子どもは、歩行獲得は健常児より遅れますが、2歳前頃までには可能となります。しかし、一般的には、小学校3、4年生頃から、自力歩行が難しくなり、車椅子を活用する場面がしばしば見られます。さらに、高等部を卒業する頃になると、座位も難しくなり、臥位レベルでの生活が始まります。筋力の低下は、近位筋（P34参照）や下肢から始まり、徐々にADLが難しくなっていきます。しかし、指先などの機能は最後まで保たれ、食事やパソコン活用などの動作は、長い期間可能な場合が多く、高等部卒業後も、タブレットを活用したり、自分で食事が可能だったりする場合もあります。筋ジストロフィーは知的に正常であると思われている先生方も多いと思いますが、実は、3分の1程度の子どもには発達障害や知的障害があるといわれています[11]。

　特徴的な動きや姿勢として、仮性肥大（図7-11、P309参照）や登はん性起立（図7-12、P309参照）、また、筋力が弱くなることで、上半身をのけぞらしたり、体幹を左右に揺らしたりして歩く動揺性歩行（図7-13）が見られます。以前は、呼吸不全等が原因で20代での死亡が多かったのですが、最近では、人工呼吸器の普及により、平均寿命がかなり延びてきました。この疾患の原因は、筋の細胞膜にあるジストロフィンの欠損になります。このジストロフィンは骨格筋だけでなく、心臓を司る筋にも存在します。そのため、呼吸不全だけではなく、心不全

図7-11　仮性肥大

図7-12　登はん性起立[12]

図7-13　動揺性歩行[13]

なども死因の一つになり、近年は、人工呼吸器の普及により、死因として心不全が多くなってきています。

### 福山型筋ジストロフィー

あまり聞いたことがないかもしれませんが、特別支援学校ではしばしば見かけます。この筋ジストロフィーは、常染色体劣性遺伝なので、性別に関係なく発症します。発症率は10万人に約3人と小児期発症では、デュシェンヌ型筋ジストロフィーについで、多い先天性筋ジストロフィーです[14]。特徴は、乳児期早期から全身の筋力低下と筋緊張低下や関節拘縮が見られることで、ほとんどの子どもが歩行の経験がありません。また、顔面筋も侵されることから、表情がわかりにくく、口が開いている場面をしばしば目にします。さらに、この筋ジストロフィーの場合は、脳奇形を伴うことで、知的障害を有しているのが特徴です。また、進行はゆっくりなのですが、10歳代より、心筋障害が見られる場合があります。

## 3 その他の疾患

### 二分脊椎

この疾患については、特別支援学校の先生方しか聞いたことがないかもしれません。これは、脊椎骨の先天性形成不全のため、脊椎の中にある脊髄が外に出てしまい、損傷や癒着を起こすことで、下肢に運動障害が起こる病気ですが、損傷された位置により、障害のレベルが異なります。脊柱の変形としては、後弯や側弯などが見られ、脚は、極端な内反（P49参照）や外反扁平（P50参照）などの変形が見られます。発生頻度は出生1万人当たり約4.7人といわれています[15]。この疾患の特徴として、水頭症を合併することが多く、知的に障害が見られる場合があります。また、導尿（P306参照）の医療的ケアを必要とする場合が少なくありません。ただ、まひレベル別に粗大目標が示されていて、子どもはそれに基づいて病院で訓練を行っていると思います。そのため、自立活動では、同じような内容を子どもができるだけ楽しく取り組めるように、遊びやレクリエーションなどの要素を取り入れながら行うことが重要になってきます。

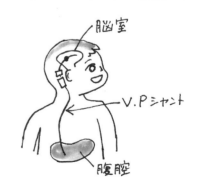

図7-14　V-Pシャント
出典　文献16）を筆者が一部改変

### 水頭症

髄液（P307参照）が脳室内に過剰に貯留するため、脳室が拡大し、知的障害やてん

かんを有する疾患です。この疾患の場合には、脳室の髄液を排出しないといけません。そのため図7-14のように、脳室―腹腔シャント術（V-Pシャント）を行い、脳室内の髄液を腹腔内へ流します。もし、シャントが詰まると、発熱や嘔吐、意識混濁などの症状が出現します。

## ペルテス病

大腿骨の血流が阻害されることで骨が壊死する疾患で、4～9歳の活動的な男子に頻発しやすく、男子と女子の割合は、4：1といわれています[17]。症状として、発症早期に跛行（P309参照）が見られ、その後、股関節や大腿部の痛みや筋力低下、関節可動域の制限が出てきます。この病気は股関節に起こる病気なので、知的障害は全くありません。そのため、教育課程としては、準ずる教育になります。治療法としては、手術や図7-15のようなバチェラー型外転装具を着ける方法などがあります。

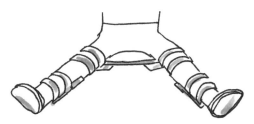

図7-15　バチェラー型外転装具[18]

## 骨形成不全症

骨形成不全症は（図7-16）は、先天性疾患で骨を形成している主な成分であるコラーゲンの遺伝子変異が原因の疾患です。主な症状は、骨がもろいため骨折しやすく、四肢や脊椎、胸郭の変形などが見られ、骨の成長が悪いため、結果的に低身長となります。また、関節の弛緩がみられるなど全身性の疾患です。その他の合併症状として青色強膜（P309参照）や難聴、象牙質形成不全（P309参照）、心疾患などがあります。この病気は一般的には知的障害はありません。そのため、準ずる教育の教育課程になります。

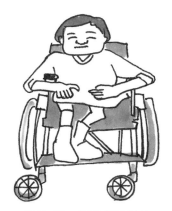

図7-16　骨形成不全症
出典　文献19）を筆者が一部改変

## 脊髄性筋萎縮症（SMA, Spinal Muscular Atrophy：せきずいせいきんいしゅくしょう）

図7-17のように、脊髄の前角細胞（P307参照）の病変による進行性の下位運動ニューロンの疾患で、常染色体劣性遺伝形式を示します。症状として、筋が委縮し、筋力が低下します。通常Ⅰ～Ⅳの4つの型に分かれますが、Ⅳ型は成人以降の発症なので、ここでは、Ⅰ～Ⅲ型までを説明します。

SMA-Ⅰ型（重症型：ウェルドニッヒ-ホフマン病）…最も重い障害になる型です。乳児期に発症し重度の運動障害があり、座位獲得は困難です。ただし、知的レベルや感

覚レベルは正常で、そのため、特別支援学校では準ずる教育か訪問教育を受けています。呼吸状態が悪く、人工呼吸器を活用している場合も少なくありません。また、摂食・嚥下障害も見られ、多くの子どもが医療的ケアを受けています。知的に高いことで、わずかな動きでのスイッチや視線入力などのAACの導入を行っている場合も見られます。

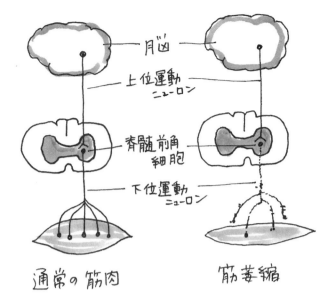

図7-17　SMAの子どもの下位運動ニューロンと筋肉
出典　文献20）を筆者が一部改変

- SMA-Ⅱ型（中間型：デュボビッツ病）…生後6か月以降の発症になります。座位は可能ですが、立位や歩行することはできません。Ⅰ型と同様に、知的障害がないので、準ずる教育の教育課程になります。この型は、成長とともに関節拘縮や側弯、後弯が頻発します。移動手段として電動車椅子を活用するので、学校でも練習が必須です。
- SMA-Ⅲ型（クーゲルベルク-ウェランダー病）…18か月以降の発症になります。歩きにくい、脚の力が入らない、階段を上れないといった症状が出てきますが個人差が大きく、生涯歩行可能な人もいれば、歩けるようになっても、成長に伴って歩行ができなくなる場合もあります。Ⅰ・Ⅱ型と同様に、知的レベルが正常なので、準ずる教育の教育課程に在籍します。

### てんかん性脳症

てんかん性脳症はP100にも書きましたが、てんかん発作が頻発し、難治性であり、知的障害や運動障害も併発するとても厄介な疾患です。以下に、特別支援学校で代表的な3つの疾患を挙げてみました。

- ウエスト症候群（点頭てんかん）…乳児の頃に発症することが多い難治性のてんかんの症候群で、ヒプスアリスミアという特徴的な脳波を認めます。原因は、脳の先天的な形成異常や低酸素性虚血性脳症、脳性まひ、染色体異常などがあります。
- レノックス・ガストー症候群…子どもの頃に発症し、強直発作、欠神発作、強直間代発作など様々な発作を起こします。知的障害を伴うことが多く薬が効きにくい疾患です。原因としては、脳の形成異常や低酸素性虚血性脳症、染色体異常などとともに、ウエスト症候群からの移行も少なくありません。
- ドラベ症候群（乳児重症ミオクロニーてんかん）…通常1歳未満で発症し、全身または

半身のけいれん発作やミオクロニー発作が続きます。運動障害や知的障害を伴い、薬が効きにくい難治性のてんかんの一つです。

## ＜染色体異常＞

　染色体異常について説明する前に、染色体異常と遺伝子疾患の違いを述べます。構造的には、染色体は遺伝子を含んでいます。一方、遺伝子は染色体内に存在する DNA でできており、その中でも意味のある配列をしている部分を示します。したがって、染色体が異常である場合、遺伝子も異常になることが考えられますが、実際には染色体異常とは、染色体という大きな構造や数の異常を示します。

**染色体異常**…染色体の数や構造の異常

- ・数の異常…染色体が通常より多い。または少ない状態を指します。代表的なものに、21番トリソミー（ダウン症）があります。
- ・構造の異常…染色体の一部が欠けたり、他の染色体と結合したりした状態です。有名なものに、5p 欠失症候群（猫なき症候群：5番染色体の一部の欠損）があります。

**遺伝子疾患**…遺伝子そのものに変異が起こることを遺伝子異常といいます。

- ・単一遺伝子疾患…一つの遺伝子の変異で起こる疾患です。有名なものにデュシェンヌ型筋ジストロフィーがあります。
- ・多因子遺伝子疾患…複数の遺伝子と環境要因などが原因で引き起こる疾患で、糖尿病や高血圧などがあります。

　染色体異常と遺伝子疾患の大きな違いは、染色体異常が染色体全体の数や構造の異常によって引き起こされるのに対し、遺伝子疾患は特定の遺伝子の異常によって引き起こされる点です。もう一つの重要な違いは、遺伝子疾患は親から子へ遺伝することが多いのに対し、染色体異常は遺伝するケースが少ないということです。

## ダウン症

　染色体異常で最も発症数が多いのがダウン症です。ダウン症は21番染色体がトリソミーになっていることが原因です。その他に、転座型（P309）、モザイク型（P309参照）なども、少ない割合ですが含まれます。発症率は1000人に対して1人といわれていますが、高齢出産により発症率が増加することは有名です[21]。　切れあがった目、厚く大きな舌、扁平な顔、耳介（P310参照）が小さいなどの独特な相貌を示し、著しい筋緊張の低下や低身長、関節の可動域が大きいなどの特徴があります。ダウン症の子どもの場合には、通常、肢体不自由はなく、多くが知的障害の教育課程で学習しています。しかし、小学部入学時に歩行が難しい子どもを見かけることがたまにあります。主な原因としては、以下のことが考えられます。

- ・筋緊張が低く、筋力が弱い

・関節が柔らかく、バランスを取るのが難しい

・心臓疾患や消化器疾患などの合併症があり、今までの経験や体力がついていない

　このようなことが原因で、歩いていないダウン症の子どもを見ることもありますが、学校や病院で適切な支援をしていくことで、特別な疾患（脳性まひや脳症などの中枢性の疾患）がない限り、歩行は可能になるはずです。ダウン症の合併症として、先天性心疾患、環軸椎亜脱臼（P309参照）、外反扁平、先天性白内障などの視覚障害、白血病のリスクが高いなどが挙げられます。気を付けなければいけないことは、ダウン症の子どもは、とても人懐こくいたずら好きなので、つい一緒になって遊んでしまいがちですが、心疾患のため運動制限があったり、首に負荷をかけるようなマットでの前転やプールでの飛び込みの禁止など生活での禁忌事項を抱えていたりすることも少なくありません。

## 18 トリソミー症候群（エドワーズ症候群）

　通常2本である18番染色体が3本になっている染色体疾患です。染色体疾患のある出生児では約4,000人に1人の頻度で見られダウン症に次いで2番目に多いといわれています。また、男女比が1：3で女児に多いことがわかっています[22]。両目隔離、小さい口、小さい顎、後頭部の突出、耳の形や位置の異常などの独特な相貌です。また、心疾患、呼吸障害、食道閉鎖、水腎症（P310参照）、水頭症、側弯、難聴などの多くの合併症を抱えています。特に心疾患は高い確率で見られます。近年は人工呼吸管理や心疾患、食道閉鎖などに対する治療効果が示され、生後一年の生存率の改善が報告されています。

## 13 トリソミー症候群（パトウ症候群）

　パトウ症候群は通常2本であるべき13番染色体が3本に、または一部が重複している染色体異常です。発症率は30歳での出産の場合、約10,000人に1人なのですが、35歳では約5,000人に1人とかなりリスクが高くなるといわれています[23]。相貌の特徴として、口唇口蓋裂や小頭症、頭皮欠損、耳の奇形、多指症、小さな目などが見られます。13トリソミーは、ダウン症や18トリソミーの3つのトリソミーの中では、多くの合併症があるため、平均寿命が最も短いといわれています。その合併症には、全前脳胞症（P310参照）、無呼吸、気管軟化症（P310参照）、心疾患、難聴、重い知的障害などがあります。生後1年の生存率は10〜20%です。

## 5p欠失症候群（猫なき症候群）

　染色体の5番目の短腕の一部が欠損している疾患です。出生時の泣き声が甲高い猫のような泣き声であることから猫なき症候群とも呼ばれています。15,000〜50,000人の出生に1人といわれ、症状としては、特徴的な相貌（小頭症、アーモンド様眼裂（P310参照）、丸顔、耳介低位など）、心疾患、腎臓病、低体重、知的障害や運動障害などがあ

ります[24]。また、5番染色体の欠失の大きさにより、障害の重さが変わってくるといわれています[25]。粗大運動的には座位獲得は問題ありませんが、歩行の獲得は子どもによって違います。また、優しくて人懐こい性格ですが、多動症、自傷行為、反復運動をしたりすることが見られます。

### 4p欠失症候群（ウォルフ・ヒルシュホーン症候群）

5万人の出生に1人といわれています。4番染色体短腕の欠失により引き起こされる疾患になります。症状としては、特徴的な相貌（丸顔、前に突き出た額、離れた目、平たい鼻、小さいあごなど）、知的障害、筋緊張低下、運動障害、心疾患、てんかん、摂食障害などが見られます[26]。運動能力には個人差が大きく、歩行可能な子どもから座位の獲得も難しい子どももいます。また、背這いで移動する姿をよく見かけます。

その他の染色体異常として、以下の疾患が有名ですが、基本的には、運動障害は見られません。

**ターナー症候群**…女性のみ発症します。女性は通常2本のX染色体を持ちますが、そのうちの1本が欠けています。症状は、低身長と二次性徴が見られないことです。

**クラインフェルター症候群**…男性のみ発症します。男性は通常1本のX染色体と1本のY染色体を持っておりXYになりますが、クラインフェルター症候群の子どもはX染色体を多く持っていて、一般的にはXXYの形態になります。症状として、胸が発達するなどの女性化、精子の生産がないまたは少ないなどが挙げられます。

**ウィリアムズ症候群**…7番染色体の一部の欠失が原因です。特徴的な相貌（厚い唇、広い額、低い鼻など）、知的障害などが見られます。社交性が高く、音楽の能力が優れているといわれています。

**プラダー・ウィリー症候群**…15番染色体の一部の欠失が原因です。過食と肥満が有名な疾患で、発達の遅れ、低身長なども見られます。

### ＜遺伝子疾患＞

肢体不自由で有名な遺伝子疾患としては、先述した通り筋ジストロフィー、脊髄性筋萎縮症が有名です。それ以外で有名な疾患を説明します。

### 軟骨無形成症

骨の成長に関する遺伝子の変異による疾患です。低身長、四肢短縮を主障害とする骨系統疾患で、出生約25,000人に1人といわれています[27]。頭部が大きく特徴的な相貌（広い額、突出した前額など）、水頭症、呼吸障害、難聴、背骨の変形、腰痛、脊柱管の狭窄による下肢まひやしびれなどの症状が見られます。また、脊柱の後弯、下肢の屈曲やO脚が見られる場合が多くなります。通常は、知的な遅れは見られないので、準ずる教

育の教育課程で学習することになります。学校としては、階段、トイレ、椅子、机などの環境設定を行うことが重要です。

### コルネリア・デランゲ症候群

複数の遺伝子のうちの1つに変異が起こることが原因であるとされ、発症率は1万～3万人に1人といわれていますが、近年軽度で気付かれていない場合もあるとの報告もあります。基本的には以下の症状が認められれば診断されます[28]。

・左右の眉毛がつながっている
・知的障害
・成長障害
・遺伝学的診断（原因遺伝子の変異）

図7-18　コルネリア・デランゲの相貌

よく見られる症状として、太い眉やつながった眉、薄い上口唇、カールした長いまつ毛、長い人中（P310参照）などの特徴的な顔貌（図7-18）があり、全身性の多毛、低身長で、知的障害や自傷行為、難聴、胃食道逆流症、心疾患、拒食などが見られます。障害が重度の場合には、歩けない子どももいます。

### レット症候群

X染色体上にあるMECP2遺伝子の変異が原因で発症します。ほぼ女児でのみの発症になり、1万人の女児に対して、0.9人くらいの発症と言われています[29]。性染色体の優性遺伝になりますが、男子の場合には、生まれることなく流産や死産になる場合がほとんどです。また、ほとんどの子どもは、遺伝ではなく、突然変異での発症になります。1歳半から3歳までに、手の運動をしなくなり、手を合わせる、手もみをするなど独特な手の常同運動が出現します。この時期になると、四つ這いや歩行もしなくなり、言葉が出なくなったりする退行現象が見られ、外界への反応が乏しかったり、視線が合いにくいなどの自閉症状が出てきます。特徴として、呼吸異常、発語なし、発達の退行、常同的な手もみ、てんかん、側弯などがあり、就学後に歩行が見られる子どもは多くはありません。この疾患は、筋ジストロフィーのデュシェンヌ型のように急激な進行はありませんが、進行性の疾患になります。

### MECP2重複症候群

レット症候群と同じ遺伝子が原因ですが、この疾患の場合には、MECP2遺伝子を余分に持つことで発症します。ほとんどが男児ですが、女児でもまれに発症することがあります。重度の知的障害、筋緊張低下、てんかん、運動障害、進行性の痙性まひなどが見られ、歩行障害があります。呼吸器の感染症が繰り返され、それに対する対処法が

一番の課題とされています[30]。

## シャルコー・マリー・トゥース病

100種類以上の原因遺伝子が明らかになっていて、1万人に1人の発症とされています[31]。症状として、脚や手などの遠位部の筋肉の萎縮が進み、感覚が鈍くなる症状が出ます。足の変形や、歩くとき膝を高く上げ、足先をたらして歩く鶏歩（けいほ：図7-19）と言われる特徴的な歩き方が見られます。一般的には知的な障害はなく、準ずる教育の教育課程になります。

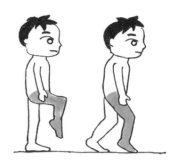

図7-19　鶏歩

## アンジェルマン症候群

15番染色体に位置する遺伝子の機能不全で起こる疾患です。15,000～20,000人当たりの出生に対して1人の発症とされていて、発症について性差はありません。原因遺伝子の突然変異により起こるため、遺伝性の疾患ではないとされています。症状として、てんかん、重度の知的障害、睡眠障害、運動障害はありますが、心疾患の様な合併症は少なく、頻繁に笑う、他人と関わりを持ちたがるなどの特徴があります。ビニールや水が好きで、学習活動に活用することが可能です。歩行は失調性歩行（P310参照）か、獲得できない場合もあります[32]。

ここまで、肢体不自由の障害に関係する遺伝子疾患の子どもについて説明してきましたが、今後、医学が発達することでさらに新たな遺伝子疾患が明らかになっていくことになると思います

## ＜ミトコンドリア病＞

ここからは、身体のエネルギーの産生に関係しているミトコンドリアに障害がある疾患のミトコンドリア病について説明します。

ミトコンドリアは、ほぼすべての細胞に存在します。このミトコンドリアの主な役割は、エネルギーを作ることです。つまり、私たちが活動できるのはミトコンドリアのおかげといえます。したがって、ミトコンドリアに障害が起こると、その部位の活動に支障が出ることになります。例えば、筋肉の細胞なら運動障害が起こり、脳の神経細胞なら認知に障害が出てきます。このように、ミトコンドリアの働きが低下することで起こる病気をミトコンドリア病といいます。エネルギーが特に必要となる脳の神経細胞や筋肉に症状が出やすく、病気が広範囲に及ぶため、正確な患者数はわかりませんが、全国の入院患者数（平成30年度）は3,629人で、人口10万人当たり2.9人となっています。しかし、これは入院している患者のみを対象にしているため、実際はこれより多いと考えられています[33]。

ここからは、ミトコンドリア病で有名な病気を紹介します。

## リー脳症

　乳幼児から小児期までに発症し、脳幹や大脳基底核での特徴的な画像所見、血液や髄液中の乳酸値の上昇が見られます。症状として、知的障害、運動障害、てんかん、呼吸障害、眼球運動障害などを症状とします [33)・34)]。

## メラス（MELAS：ミトコンドリア脳筋症）

　メラスは、ミトコンドリア病の中で最も発症頻度が高い疾患です。発症年齢も様々で、あらゆる年齢で発症します。脳卒中様症状（P310 参照）と低身長、筋力低下、難聴、てんかん、糖尿病、心筋症（P310 参照）など多様な症状を示します [33)・34)]。

　次に、脳性まひ以外の中枢性の疾患を説明します。

## 脳炎・脳症

　まず、脳炎と脳症の違いについて説明していきます。けいれんや頭痛、意識障害、まひなどの中枢神経系の炎症による急性症状が見られる場合は脳炎と呼ばれます。一方、脳症は脳炎のような症状を呈しますが、脳自体に炎症が見られない場合に使われる用語です [35)]。

　脳炎の原因は、ウイルスや細菌などの感染が一般的ですが、実際には脳の炎症を判断することが難しい場合も少なくありません。一方、脳症の原因は、低血糖や高アンモニア血症（P311 参照）などの代謝障害や、アルコールや薬物などによる中毒、免疫系の過剰反応、酸素欠乏、外傷など多岐にわたります。例えば、インフルエンザ脳症の場合、インフルエンザウイルスが原因と考えられますが、ウイルスが脳に直接侵入することなく免疫系が過剰に反応して脳炎のような症状を引き起こすため、脳症と呼ばれます。また、自己免疫性脳炎は、免疫系が脳細胞を攻撃し、脳に炎症が起こることで発症します [36)・37)]。

　このように、脳炎と脳症の違いは非常に複雑です。症状としては、どちらも発熱、頭痛、吐き気、嘔吐、けいれん、意識障害、神経症状（まひ、感覚異常）、精神症状（錯乱、幻覚など）が見られます。その後遺症として、どちらもてんかんや知的障害、運動障害、まひなどが残り、日常生活に支援が必要になることがあります。このため、後遺症のひどい子どもは特別支援学校の重複学級に在籍する可能性が高くなります。

## 低酸素性虚血性脳症

　低酸素性虚血性脳症とは、血液が酸素をうまく運べない低酸素状態と血流量が低下している虚血状態が組み合わさって脳に損傷を引き起こす状態です。原因としては、新生

児仮死や先天性心疾患などがあります。後遺症としては、知的障害、運動障害、てんかん、言語障害などが挙げられます。これらの症状は、なかなか改善せず、固定される場合が少なくありません[38]。

同じような疾患として低酸素性脳症があります。この疾患は、子どもだけではなく、成人での心停止や窒息などでも多く発症します。一方、低酸素性虚血性脳症は新生児が中心となります。

## 髄膜炎

髄膜とは、脳を覆う軟膜やクモ膜、硬膜の総称をいいます（P92参照）。この軟膜やクモ膜、硬膜、クモ膜下腔（クモ膜と軟膜の間）で炎症が起きた状態が髄膜炎です。インフルエンザやおたふく風邪などの感染症がきっかけで発症する場合があります。まれに後遺症が残ることがあり、後遺症としては、運動障害、知的障害、難聴、眼球運動障害、てんかんなどが見られます。後遺症の重い子どもは、脳炎や脳症の後遺症と同様に、特別支援学校の重複学級に在籍する可能性が高くなります[39]。

## 脳血管障害

大人に多い脳の血管障害ですが、子どもの場合にも、まれに脳梗塞や頭蓋内動静脈奇形、もやもや病などが見られます。以下にそれぞれの症状を説明します。

**脳梗塞**：脳の血管が詰まることで血流が途絶え、脳細胞が損傷する状態です。原因としては、先天性心疾患や血液凝固異常などがあります。

**頭蓋内動静脈奇形**：脳の動脈と静脈が異常に結合している状態で、出血を引き起こすことが多い疾患です。

**もやもや病（P311参照）**：脳の基底部の血管が狭くなり、異常な血管網が形成される病気です。日本では比較的多く見られます。

これらの病気の後遺症として、肢体不自由の障害が生じる可能性があります。子どもによっては、運動障害以外に、知的障害、てんかん、高次脳機能障害が見られることもあります[40]。

## 重症心身障害

この言葉は医学的な診断名ではなく、障害の状態像を示す言葉です。

児童福祉法第7条第2項に「重度の知的障害及び重度の肢体不自由が重複している児童（以下『重症心身障害児』という）」と示されています。

一般的には、元東京都立府中療育センター院長の大島一良の「大島の分類」を用いて、図7-20の1～4を重症心身障害とみなしています。つまり、知的レベルがIQ35以下で、移動能力としては座れるが歩行はできないという状態を合わせ有する場合が、重症心身障害児に該当します。

143

しかし、最近では歩行が可能であるが、気管切開や経管栄養を行っている子どもも見られ、従来の重症心身障害児の基準には当てはまらない重度な障害の子どもも増えてきました。

|  |  |  |  | IQ |
|---|---|---|---|---|
| 21 | 22 | 23 | 24 | 24 |80
| 20 | 13 | 14 | 15 | 16 |70
| 19 | 12 | 7 | 8 | 9 |50
| 18 | 11 | 6 | 3 | 4 |35
| 17 | 10 | 5 | 2 | 1 |20

走れる　歩ける　歩行障害　座れる　寝たきり

**図 7-20　大島の分類**[41]

### 引用・参考文献

1) 日本リハビリテーション医学会　監:脳性麻痺リハビリテーションガイドライン第2版.金原出版,2014.
2) 細田多穂　監:小児理学療法テキスト改訂第3版.南江堂, 2018.
3) 荒井　洋:脳性麻痺.手足の不自由な子どもたち はげみ 404:26-32, 2022.
4) 上杉　雅之　監:イラストでわかる小児理学療法.医歯薬出版株式会社, 2019.
5) 上杉　雅之　監:イラストでわかる小児理学療法.医歯薬出版株式会社, 2019.
6) 上杉　雅之　監:イラストでわかる小児理学療法学演習.医歯薬出版株式会社, 2018.
7) 上杉　雅之　監:イラストでわかる小児理学療法学演習.医歯薬出版株式会社, 2018.
8) 上杉　雅之　監:イラストでわかる小児理学療法.医歯薬出版株式会社, 2019.
9) 細田多穂　監:小児理学療法テキスト改訂第3版.南江堂, 2018.
10) 藪中良彦, 木元　稔, 坂本　仁　編:Crosslink 理学療法学テキスト　小児理学療法.メジカルビュー社,2020.
11) Medical Note　https://medicalnote.jp/diseases/%E3%83%87%E3%83%A5%E3%82%B7%E3%82%A7%E3%83%B3%E3%83%8C%E5%9E%8B%E7%AD%8B%E3%82%B8%E3%82%B9%E3%83%88%E3%83%AD%E3%83%95%E3%82%A3%E3%83%BC
12) 時事メディカル　https://medical.jiji.com/medical/011-0067-01
13) Medical Note　https://medicalnote.jp/contents/220728-001-WP
14) 藪中良彦, 木元　稔, 坂本　仁　編:Crosslink 理学療法学テキスト　小児理学療法.メジカルビュー社,2020.
15) 芳賀信彦:二分脊椎児に対するリハビリテーションの現況.Jpn J Rehabil Med 46(11):711-720,2009.
16) 水頭症.jp　https://www.suitoushou.jp/suitooperation
17) 神奈川県立こども医療センター　https://kcmc.kanagawa-pho.jp/diseases/perutesu.html
18) ユビー　https://ubie.app/byoki_qa/clinical-questions/mssyqnp8wy
19) 上杉　雅之　監:イラストでわかる小児理学療法.医歯薬出版株式会社, 2019.
20) SMART EYES　https://smarteyes.baby/more/
21) 細田多穂　監:小児理学療法テキスト改訂第3版.南江堂, 2018.
22) Medical Note　https://medicalnote.jp/diseases/%E3%82%A8%E3%83%89%E3%83%AF%E3%83%BC%E3%82%BA%E7%97%87%E5%80%99%E7%BE%A4
23) ミネルバクリニック　https://minerva-clinic.or.jp/nipt/column/t13/
24) ミネルバクリニック　https://minerva-clinic.or.jp/nipt/microdeletion/deletion-5p/
25) PC Mainardi, et al. Clinical and molecular characterisation of 80 patients with 5p deletion: genotype-phenotype correlation. J Med Genet, 38(3):151 -158, 2001.
26) 難病情報センター　https://www.nanbyou.or.jp/entry/3288
27) 藪中良彦, 木元　稔, 坂本　仁　編:Crosslink 理学療法学テキスト　小児理学療法.メジカルビュー社, 2020.
28) 遺伝性疾患プラス　https://genetics.qlife.jp/diseases/cornelia-de-lange-Syndrome
29) 難病情報センター　https://www.nanbyou.or.jp/entry/4366
30) 遺伝性疾患プラス　https://genetics.qlife.jp/diseases/mecp2-duplication
31) 難病情報センター　https://www.nanbyou.or.jp/entry/3773
32) Medical Note　https://medicalnote.jp/contents/180228-011-LX
33) 三牧　正和:ミトコンドリア病.手足の不自由な子どもたち はげみ 404:15-19, 2022.

34）難病情報センター　https://www.nanbyou.or.jp/entry/194
35）医学研究所北野病院　https://www.kitano-hp.or.jp/section/sinkei/c_05
36）NIID　国立感染症研究所　https://www.niid.go.jp/niid/ja/allarticles/surveillance/2466-iasr/related-articles/related-articles-472/8945-472r04.html
37）佐久間　啓：自己免疫性脳炎．手足の不自由な子どもたち　はげみ 404:48-53，2022.
38）レバウェル看護　https://kango-oshigoto.jp/hatenurse/article/2736/
39）Medicommi　https://medicommi.jp/70402
40）社会医療法人　大道会　ボバース記念病院　https://www.omichikai.or.jp/bobath/pediatric-rehabilitation
41）岡田　喜篤　監：新版　重症心身障害療育マニュアル．医歯薬出版，2016.

# 第8章

## 姿勢と補装具について

肢体不自由児にとって、日常の姿勢は重要な学習内容です。特に重度の障害がある子どもの場合、随意的な動きができない、または同じ動作を繰り返す姿がよく見られます。このような子どもでは、身体に左右差が出現し、身体の変形や拘縮が見られることも少なくありません。また、日常生活の多くの時間を仰臥位で過ごしている子どもの場合、呼吸状態の悪化や側弯、股関節の脱臼などが見られることがあります。このような子どもの場合、教師が新しい動きを引き出すように支援するか、難しい場合には同一肢位が長くならないように姿勢変換を行うことが非常に重要です。自分で身体を意図的に動かせない子どもの学校生活での動きは、教師にゆだねられています。つまり、子どもが登校してから下校するまでの約7時間、その姿勢は教師の支援の在り方で大きく変わります。もしかしたら、7時間ほぼ同一肢位の子どももいるかもしれません。子どもによっては、仰臥位、両側臥位、腹臥位、座位、立位などの姿勢を取る子どももいるでしょう。両者を比較すると、後者が子どもにとって様々な面で好影響を与えることは間違いありません。このような状態が毎日続くと、両者の健康面には大きな差が生じることは容易に想像できます。肢体不自由児の場合、効果をすぐに把握しにくいこともあり、教師自身が達成感や成就感を感じることが少ないかもしれません。しかし、間違いなく、継続した支援は子どもたちの健康の保持や変形拘縮の予防、粗大運動や認知能力の発達を促しています。

# 1 基本的な介助や支援の在り方

### （1）抱き方
　最初に、下肢に障害がある肢体不自由児を担当したら、必ず必要となる抱き方について学んでいきましょう。

　肢体不自由児を担当した場合には、日常的に子どもを抱いて移乗させていると思います。しかし、意外と抱き方についての研修は学校では実施されない場合が少なくありません。おそらく、常識的なこととして、省かれているのかもしれません。しかし、肢体不自由児の抱き方は、通常の子どもを抱くことと違い、かなり難しく、子どもの状態像により、抱き方を変える必要も出てきます。

図8-1　抱き方1[1]

図8-2　縦抱き

### ① 緊張の強い子どもの場合
　緊張の強い子どもの場合、図8-1のように骨盤と背中をしっかりと支え、股関節と膝関節を屈曲させて、子ど

もが反ってくるのを防ぐことが大切です。また、なるべく子どもに密着し、接する面を大きくすることで、子どもの緊張を和らげるようにしましょう。抱っこを始める際には、必ず言葉掛けを行い、いきなり抱くことのないように注意してください。

子どもによっては、何かしらの原因で緊張が高まることがあります。例えば、股関節脱臼があり、抱っこの姿勢で痛みが出る場合も見られます。抱き方によって緊張の度合いや表情が異なる場合には、家庭での様子を保護者に聞くことも必要です。

子どもの首がすわっている場合、縦抱きも考えられます。縦抱きの場合、図8-2のように教師の腰にまたがらせ、股関節を外転、外旋、屈曲にさせます。この時、可能なら子どもの両腕を教師の肩にかけ、子どもを前傾させて教師に抱きつかせることが重要です。手で抱くというより、胸から肩で支えるので、力の弱い教師でも負担が少なくなります。また、横抱きと比較すると、子どもにとっても教師の肩越しに見える景色が普段と違うため、新しい視覚刺激になると思います。

図8-3　低緊張児の抱き方

② **低緊張の子どもの場合**

低緊張の子どもを抱っこする際、図8-3の左側のように腕が外側に垂れ下がることがあります。その場合、まず、腕を子どものお腹にのせてください。次に、図の右側のように頭部とお尻をしっかりと支えながら、子どもの身体の中心へ力をかけるようにします。気管切開している子どもの場合は、後頸部を直接支えましょう。また、重い低緊張の子どもの場合は、滑り落ちないように服をつかんで抱くか、二人で行う方が安全です。

③ **脱臼している子どもの場合**

股関節が脱臼している子どもの場合、脱臼している脚が教師側になるようにします。どうしても脱臼している脚が外側になる場合は、写真8-1のように膝関節を引っ張り、脱臼している脚が内転や内旋することがない

写真8-1　脱臼を促進する抱き方

写真8-2　脱臼に配慮した抱き方

ようにしましょう。股関節が内転内旋すると脱臼を促進するためです。小さな子どもの

場合は、写真8-2のように外側の脚を手でつかみ、自分の肘に子どもの内側の足の膝下をのせることで、脚の外転位を保つことが可能です。

④ **身体の大きな子どもの場合**

身体の大きな子どもの場合、無理に一人で抱っこしようとしないことが重要です。子どもの安全・安心が最優先ですが、教師自身も腰や腕を痛める可能性があり、休養が必要になるかもしれません。無理せずに二人で介助しましょう。二人での介助の方法としては、図8-4のように、下肢と腰を持つ人と首と腰を持つ人に分かれるやり方があります。この場合、下肢を持つ人が子どもの腕が落ちないように支えます。必ず息が合うように言葉掛けをしてください。

図8-4 二人での抱き方①[2]

写真8-3 二人での抱き方②

また、介助して座位の姿勢になれる子どもの場合、まず子どもを座位にして、後ろから写真8-3のように胸の前で腕を組ませ、教師は腋の下から手を入れて腕を握ります。一方、下半身を持つ人は膝下を持ちます。言葉掛けでタイミングを合わせながら、上半身を持つ人と下半身を持つ人で分担して移乗を支援します。この場合、上半身を持つ人は子どもの腕を強く握りすぎないように注意してください。子どもの腕に力をかけすぎると胸郭に負担がかかります。また、股関節脱臼がある場合、下半身を持つ人は片脚ずつ両手で膝下を持ち、外転位を保つように心掛けましょう。

### （2）抱っこでの座位の効果

子どもの身体の状態を知るには、写真8-4のように抱っこしながら座位にすることがとても重要です。この時、教師が無理な姿勢で抱っこしないことが大切になります。例えば、自分の脚や腕を壁やクッションで支え、まず、教師が安定した姿勢を作り、支える腕や脚に無理な力がかからないようにしましょう。子どもの股関節と膝関節を曲げ、首が反るのを防ぎながら、手のひらで子どもの胸の動きを感じてみましょう。また、抱っこした姿勢でゆっくり前後に角度を変えながら、緊張が軽減する角度を見つけてください。

抱っこすることで、子どもの緊張がどんな時に亢

写真8-4 抱っこによる座位

進するのか、または緩むのかが徐々にわかってきます。抱っこでの座位は、子どもにとって最も安定した座位の方法の一つです。また、普段はわかりにくい軽微な喘鳴などを感じることができ、どの部位から喘鳴がするのかもわかります。慣れてきたら、喘鳴に対しては体位ドレナージ（P76 参照）の考えを活用しながら、痰を動かしていきましょう。さらに、呼吸の状態に応じて介助も可能になります。この内容については、P63 の呼吸介助③を参照してください。

　また、抱っこすることで身体を介してのコミュニケーションが図れます。他の抱き方では、介助者が不安定で子どもの様子をじっくりと把握する余裕が作れません。その点、床上の抱っこでの座位は安定しているため、障害の重度な子どもとのコミュニケーションの一つの方法になります。

　さらに、抱っこすること自体が背中の筋のストレッチになっています。抱っこでは、教師と子どもとの接地面が広いので、子どもに安心感を与えることができます。また、子どもの全身を屈曲位にできるため、筋緊張を緩め、子どもに安定を与えることが可能です。さらに、床上での抱っこの最大のメリットは、教師自身が学びを得られる点です。障害が重い子どもを担当したら、まず子どもを床上で抱っこしながら座位にしてみましょう。障害の重い子どもの場合、最初は怖いと思いますが、座位保持椅子を使っている子どもなら、抱っこでの座位の姿勢は可能です。その状態で子どもの身体の変化を感じてください。それがとても有効な姿勢変換になるとともに、教師の肌で感じる子どもの実態把握となり、コミュニケーションへと発展していきます。慣れてきたら、抱っこしながら様々な感覚を入れて、子どもの変化を感じ取ってください。まずは、子どもを抱っこすることが肢体不自由教育の基本になることは間違いありません。

# 2　姿勢と姿勢変換

　重度の肢体不自由児は、自分で姿勢を変えることが難しく、保護者や教師の支援が必要になります。この姿勢変換の有効性について考えてみましょう。

### （1）　姿勢変換の有効性
　自分で姿勢を変えられない子どもにとって、様々な姿勢をとることは、以下のような効果があります。
　　変形拘縮の防止
　　むくみなどの血行障害の防止
　　褥瘡の防止
　　筋や骨格などの運動機能の低下の防止
　　循環器調節能力の低下の防止

肺炎などの呼吸器障害の防止
　圧迫性の神経障害の防止
　便秘等の消化器障害の防止
　学習内容の提供

　これらの効果を考えると、姿勢変換は非常に重要です。時々、寝た状態で休ませることが健康維持に大切だと誤解されることがありますが、注意が必要です。

　重度の肢体不自由児にとって、教師が行う姿勢変換は健康の維持向上だけでなく、その姿勢から受ける視覚刺激や触覚刺激が重要な学習内容になります。障害が重度で首がすわっていない子どもは、自分で姿勢を変えることが難しく、保護者や教師の姿勢変換に依存します。その姿勢から見える視覚刺激や接地面の触覚刺激を受け入れるしかありません。

　例えば、寝たきりの子どもが右を向いていれば、右側の様子だけがその子どもの学習内容になります。左側や頭の上にあるものは見ることができません。知的障害児の場合、自分で興味のある場所に行ったり見たりして学習することが可能ですが、重度の肢体不自由児の場合、教師が向けた姿勢で視覚的な学習内容が決まります。

　学校では、教師の設定した姿勢により視覚刺激を受けながら、子どもは成長していきます。姿勢変換は、健康の維持向上だけでなく、重要な学習内容も決めるのです。逆にいえば、教師は子どもが学校にいる間、常に適切な学習内容を提示することが可能となります。このように、自分で姿勢を変えられない子どもにとっての姿勢変換やポジショニングは非常に重要な役割を果たします。

　姿勢変換とポジショニングの違いは、以下のようになります。
　姿勢変換…文字通り姿勢を変換すること
　ポジショニング…姿勢を維持すること

## （2）仰臥位

　重度の肢体不自由児の場合、多くの時間を仰臥位で過ごすことが想定されます。仰臥位は健康面だけを考えると良い姿勢とはいえませんが、表8-1を見てもらうとわかるように、教育が行われている学校において必要な姿勢であることは間違いありません。ただし、家庭や福祉施設では子どもが多くの時間この姿勢で生活していることが多いと思います。どんな姿勢でも、同じ肢位を長く続けることは身体に悪影響を及ぼします。学校ではこの姿勢をなるべく避けた方が、子どもの健康状態を良好に維持できるでしょう。

写真8-5 仰臥位

写真8-6　仰臥位（U字クッション
　　　　　＋クッション活用）

仰臥位の基本は、写真8-5のように、膝関節の下にクッションを入れ、股関節や膝関節を屈曲位にして左右対称の姿勢を保つことです。U字クッションを活用すると、写真8-6や写真8-7のように簡単に屈曲位を提供できます。

不適切な仰臥位として、写真8-8の左側のような姿勢をよく見ます。この姿勢は、左右対称で、一見すると問題なさそうですが、肘と肩に大きな負担がかかり、長く続くと脱臼の恐れもあります。必ず、写真8-8の右側のように、タオルやクッションを使いながら、前腕を上げることが必要です。

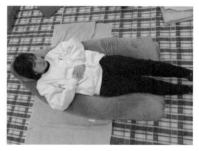

写真8-7 仰臥位（U字クッションのみ活用）

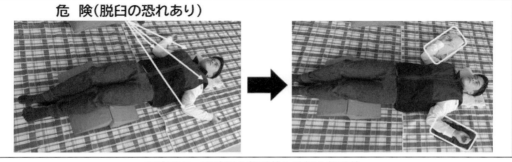

写真8-8 不適切な仰臥位と適切な仰臥位

## （3）側臥位

仰臥位の短所を補うのが側臥位と腹臥位です。特に側臥位は、気管切開や胃ろうを施行している子どもでも可能で、重度な子どもにも有益な姿勢です。しかし、表8-1にも記載してあるように、安定した保持が難しい姿勢になります。クッションやバスタオルを効果的に活用し、姿勢を安定させていきましょう（写真8-9）。下の脚に上の脚の重みが重ならないように脚の位置をずらし、上になる上肢の重さは抱き枕で逃がし、下になる上肢は身体の前へ置きます。枕の高さは写真8-10のように調整して肩への負担を軽減します。

側臥位ポジショナー（側臥を維持するために設計された補助具）を活用すると一層安定感が増します。また、大きなイーコレ・ベーシック（写真8-11、龍野コルク工業株式会社）を活用すると、子どもの状

写真8-9 安定した側臥位

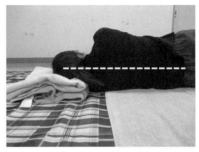

写真8-10 枕の高さ

態に合わせた側臥位が可能です。

### （4） 腹臥位

　腹臥位の姿勢は、写真 8-12 のように股関節や膝関節を屈曲させることで、緊張の亢進を抑えることができます。つまり、腹臥位は仰臥位の短所を補い、筋緊張を緩めたり、呼吸状態の維持改善に役立ったりします。しかし、短所も少なくありません。大きな短所として、表情がわかりにくく、コミュニケーションが取りにくい点が挙げられます。これは教育にとって大きなマイナスです。そのため、腹臥位を常に取ることは子どもの学習活動には適切ではありません。腹臥位を一定時間実施したら、側臥位や仰臥位に変えてコミュニケーションを図りましょう。

写真 8-11　イーコレ・ベーシック[3]

　また、腹臥位では口や鼻が接地面と密着し、窒息の危険性があるため、頭部を少し横向きにして、子どもの表情をしっかり観察できるようにする必要があります。子どもによっては、図 8-5 のようにピーナツボールを活用し、腹臥位を体験させた後、徐々に立位や膝立ちの姿勢に誘導することも可能です。この場合、大きなピーナツボールが最も適切です。丸いバランスボールでは、立位に誘導する際に横に崩れる恐れがあるため、最初は一人で行うことはお勧め

写真 8-12　適切な腹臥位

図 8-5　ピーナツボールの活用[1]

しません。子どもの身体の大きさにもよりますが、指導に慣れてからでないと、丸いバランスボールからの抗重力位は難しいと思います。

　その他のデメリットとして、腹臥位経験が少ない子どもへの急な腹臥位への姿勢変換は、生理的な変化を誘発しやすいことが挙げられます。また、胸郭が扁平な子どもにとっては、胸郭の運動性を失わせる姿勢になるため、腹臥位にしてしばらくはパルスオキシメーターを活用しながら、脈拍や酸素飽和度の変化を観察しておく必要があります。注意する点としては、胃ろう部や気管切開部が当たらないようにすることです。胃ろうや気管切開を行っている子どもの腹臥位ポジショナーの作成は、専門の業者に依頼した方が安全です。また、気管切開の子どもを腹臥位に姿勢変換する場合には、カニューレの事故抜去などの可能性もあるため、必ず複数の教師で行うようにしてください。

### （5） 座位

　子どもの学校での一日の生活の流れを一度確認してください。どのくらいの時間、車

第8章　姿勢と補装具について

椅子や座位保持椅子に座っているでしょうか。子どもによっては、ほとんどの時間を座位で過ごしているかもしれません。座位が可能な子どもでも、長時間の座位は全身の血行不良や代謝の低下を引き起こしやすくなります。まして、自分で座位ができない子どもの場合には、長時間座らせておくことがないように、子どもの障害の状態に合わせて、座位保持椅子からおろし、臥位（寝た状態）などのくつろいだ姿勢を意図的に作ってあげることが必要です。

　また、学校での学習は授業中だけで行われているわけではありません。学校での生活自体が学習になります。障害が重度な子どもの場合、学校の一日の流れが教育内容になるのです。例えば、座位保持椅子の角度を考えてみましょう。いつも同じ角度ではないですか。その角度は、おそらく最も姿勢やバイタルが安定した角度だと思いますが、視覚刺激、体幹への刺激、肺の位置などはいつも同じになるのです。時には後傾または前傾にして、子どもへ新しい刺激を入れてあげましょう。一方、座位から臥位になると、子どもは抗重力位から徐重力位になるため、安定感とリラックスを感じることができるはずです。このように、同一の姿勢だけでは学べないことも少なくありません。子どもの体調を考えながら、様々な姿勢に変換してあげることがとても大切です。

　また、日常意識しないと思いますが、通常机上で学習する場合には前傾の座位姿勢となり、休息する場合には後傾位になることが多いと思います。このことを踏まえ、同じ座位でも子どもの目的に応じて背もたれの角度を調整してください。ただし、座位保持椅子の場合、座位を保持することが目的で製作されているため、ほとんどが前傾にはなりません。障害の状態にもよりますが、机上で学習できる子どもの場合には、座位保持椅子の胸受けベルトを緩め、背中にクッションなどを詰めて前傾位を促すことも必要でしょう。

　また、座位保持椅子や車椅子、バギーは、図8-6や図8-7のようにリクライニング式とティルト式により背面の角度を変えることができます。どちらも後傾位で身体の圧力を分散させます。違いはリクライニング式の場合、座面と背面の角度が変わり、くつろいだ姿勢が可能ですが、身体が前方へずれやすくなります。

　一方、ティルト式の場合、座面と背面の角度が変わらないため、安定した姿勢を保つことができます。しかし、姿勢自体は変化がなく、くつろいだ感覚を得ることができません。また、座面と身体との接地面が変わらないため、同じ部位が圧迫され続けます。このティルト式は体幹が不安定な子どもに適しており、障害が重い場合にはこのティルト式が多くなっています。最近の車椅子やバギーには、両方の機能を備えているものもあり、子どもの状態に応じて効果的に使い分けることが必要です。

　姿勢は、自発的に動けない子どもにとって非常に重要です。どんな姿勢にも長所と短所があり、その時の状況に応じて柔軟に対応する必要があります。また、どんなに良い姿勢と思われても、同じ姿勢を続けないことが大切です。しかし、接地面を変えたり、

155

表8-1　各姿勢での長所と短所

| | 長　　所 | 短　　所 |
|---|---|---|
| 仰臥位 | ・支持面が大きく安定している<br>・安楽な姿勢である<br>・視野が広い<br>・教師が子どもの表情を把握しやすい<br>・他の人とフェイス・トゥ・フェイスになりやすく、コミュニケーションを図りやすい<br>・介助しやすい<br>・嫌がる子どもは少ない | ・下顎後退や舌根沈下により、呼吸状態を悪くする場合がある<br>・口腔内の痰や唾液が喉に溜まりやすく、誤嚥を起こす場合がある<br>・首をコントロールできない子どもでは、顔が同じ方向を向いたままになるため、非対称性の姿勢になり、側弯や風に吹かれた股関節の姿勢になることがある<br>・肺の換気（呼吸によって空気を入れ替えること）状態が背中側で悪くなり、肺炎を起こしやすくなる<br>・背中の動きが制限されるため、呼吸がしづらくなる場合がある<br>・胸郭の扁平が起こりやすくなる<br>・肩を後ろに引く動きと反り返る動きが出やすくなる<br>・両上肢を使いにくい姿勢である |
| 側臥位 | ・舌根沈下や下顎後退が起こりにくい<br>・口腔内の痰や唾液が喉に溜まることが少ない<br>・股関節や膝が屈曲になるため、筋緊張が落ちやすい<br>・胸郭の前後の運動が出やすくなり、胸郭扁平を防ぐことになる<br>・枕やクッションを上手に使うと、上肢が使いやすくなる | ・支持面が狭いため姿勢保持が難しく不安定な姿勢になる<br>・肩が内側に入ってしまい、そのまま拘縮する場合がある<br>・子どもが受け入れない場合がある<br>・左凸の側弯がある場合には、右側を下にした右側臥位では、胃食道逆流が悪化することがある |
| 腹臥位 | ・下顎後退や舌根沈下を防ぐ<br>・口腔内の痰や唾液が喉に溜まることを防ぐ<br>・クッションなどをうまく使うことで、筋緊張が低下しリラックスした状態になる<br>・背中の動きがよくなることで、呼吸がしやすくなる<br>・肺の背中側の換気を改善することで、肺炎を予防する | ・表情が観察しにくいため、子どもの状態が分かりにくい<br>・子どもが受け入れない場合がある<br>・口、鼻が塞がれ、窒息の危険性がある<br>・気管切開や胃ろうを行っている場合には、その部位が接触するためにできないことがある<br>・腹部や胸部に強い圧迫がかかると呼吸がしにくくなる場合がある |
| 座位 | ・活動しやすくなる<br>・上肢が使いやすくなる<br>・視野が広くなる<br>・横隔膜（P311参照）の動きがよくなる<br>・前傾座位では、腹臥位と同様の効果がある<br>・胃食道逆流が起こりにくくなる<br>・心身の能動性が向上する | ・身体を支える体幹の力が必要になり、負担の大きな姿勢である<br>・座位が安定しない場合には、腹部が圧迫されて、横隔膜の動きが制限される場合がある<br>・後傾した座位では、仰臥位と同様に下顎後退や舌根沈下が起こり、痰や唾液が喉に溜まることがある<br>・安楽の姿勢ではないため、長時間の座位は脊柱の変形や側弯に影響する |

※出典　かゆいところに手が届く重度重複障害児教育より引用[4]

重力に対する感覚を変えたりすることは、子どもによってはストレスになる場合も考えられます。

例えば、障害が重度で姿勢変換の経験が少ない子どもの場合、姿勢変換時にはその子どもの生理的な反応をパルスオキシメーターなどで測定することが必要です。急な姿勢変換を受け入れない子どももいます。思春期になると、急に側弯や喘鳴が見られ始める子どもも少なくありません。その時点で急に慣れていない腹臥位などに姿勢変換すると、大きな生理的変化が現れ、子どもが受け入れないこともあります。そうならないよう、小学部入学時から毎日様々な姿勢を経験させることで、どんな姿勢でも子どもがすぐに受け入れられるようにしておくことが健康の保持には非常に重要です。

図8-6　リクライニング式[1]

図8-7　ティルト式[1]

# 3 ポジショニングのポイント

## （1）バスタオルとクッション等の活用

姿勢変換と同じような用語として、ポジショニングという言葉を聞くことがあると思います。では、ポジショニングと姿勢変換はどう違うのでしょうか。P152に記載しているように、ポジショニングは姿勢を変換した後で、クッションなどを活用してその姿勢を維持することを指し、姿勢保持とほぼ同じ意味と考えてもかまいません。一方、姿勢変換は姿勢を変えること自体を意味しています。姿勢変換の効果はP151に述べてあるように、変形拘縮や呼吸器障害などの予防や防止に大きく貢献します。もちろん、精神的な面へのケアとしても効果があります。

ここからは、ポジショニングについて述べていきます。よく、子どもにとって適切なポジショニングについて聞かれることがありますが、目的によってポジショニングは変わってきます。例えば、能動的な動きを引き出すためには、抗重力位で前傾が適切です。逆に、筋緊張を緩めてリラックスするには、徐重力位で後傾が必要です。つまり、目的に応じてポジショニングが変わるため、その子ども自体に適切なポジショニングというものはありません。その子どもの活動の目的に合ったポジショニングをすることが必要です。ということは、リラックスに適した徐重力位である後傾の姿勢では、能動的な動きは出現しにくいということです。これは、私たちがパソコン操作をするときや食事をするときと、くつろいでいるときの姿勢を比較すると納得できるのではないでしょうか。同じ座位でも、パソコン操作や食事の場面では前傾で、くつろぐときには後傾でゆった

りとしていると思います。

　最も大切なことは、P157にも書きましたが、小学部に入学した頃から、子どもが様々なポジショニングや姿勢変換に慣れておくことです。これは、子どもによっては小学部の高学年や中学部に入学する頃から、急激な変形拘縮とともに呼吸機能の低下などが進む場合があり、それに対する最も有効な防止策がポジショニングや姿勢変換になるからです。しかし、急な姿勢変換を受け入れられない子どもも少なくありません。そこで、小学部入学時から常に様々な姿勢を経験しておくことが重要になるのです。

　次に大切なことは、筋緊張を高めない姿勢を作ることです。基本的には、関節可動域の中間位（関節を中心として、屈曲と伸展のバランスがとれていて緊張が入りにくい位置）が最も適切とされています。それを頭に入れながらポジショニングを行いましょう。

　また、左右対称的な姿勢を心掛けることも重要です。障害の重度な子どもの場合には、姿勢変換やポジショニングを行っているときの生理的な状態をパルスオキシメーターなどで把握しておくことが必要不可欠になります。

写真8-13　半側臥位①

　姿勢を維持するポジショニングは簡単そうで意外と難しいものです。特に、支持面の不安定な側臥位などは、側臥位ポジショナーがないと、ポジショニングしたとたんに崩れることがあるでしょう。

写真8-14　半側臥位②

### 360度のポジショニング

　ここからは、側臥位を中心とした、360度のポジショニングのやり方について述べていきます。この360度のポジショニングとは、仰臥位から一回転して、仰臥位に戻るポジショニングのことを指しています。具体的には、以下のようになります。

　　仰臥位 → 右下の半側臥位 → 右下側臥位 →
　　右下前傾側臥位 → 腹臥位 → 左下前傾側臥位
　　→ 左下側臥位 → 左下の半側臥位 → 仰臥位

回転する方向はどちらでもかまいません。

### 左下の半側臥位

　写真8-13のように、子どもの左下側にバスタオルを丸めていき、左側の支えを作ります。この時、バスタオルの巻き方は内側に巻いてください。写真8-14のように、子どもの身体の下にバスタオルを入

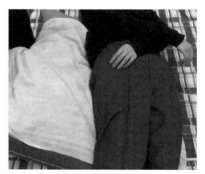

写真8-15　半側臥位③

れ込み、クッションを使って半側臥位の姿勢を作ります（写真8-15）。この時、下の腕は前方でかまいません。

### 右下の側臥位

写真8-16のように、クッションをバスタオルの下に入れ、しっかりと巻き込みます。次に、写真8-17のように反対側にクッションを入れ、写真8-18のようにバスタオルを巻き込みます。これで、側臥位ポジショナーがなくてもかなり安定した姿勢が完成します（写真8-19）。この時の注意点は枕の高さです。枕の高さが低いと、下になっている右肩や右腕に圧力が集中します。適切な枕の高さは写真8-10を参照してください。下の腕は通常は前方が適切です。

このように、ポジショニングにはクッションだけでなくバスタオルが必需品となります。クッションだけだと、どうしても身体とクッションの間に隙間ができる場合があり、それを補う役目がバスタオルです。また、クッションがなくても、バスタオルの巻き方だけで、かなり身体の崩れを防止することも可能です。バスタオルを、写真8-13のように、下向きに巻き込みながら身体の下へ入れ込んでいきましょう。こうすることで、巻き込まれたバスタオルはロール状を維持します。そのため、身体の崩れを防止することが可能となります。

また、障害が重度な子どもの場合には、姿勢変換だけで呼吸状態や脈拍などの生理的な変化が起こったり、筋緊張が亢進したりすることがあります。その場合には、なるべく接地面を維持しながら姿勢変換を行うことが重要です。その方法としては、バスタオルごとゆっくりと動かし、その下にクッション等を入れていくことで、子どもとバスタオルの接地面がずれないようにします。この方法だと、障害が重度な子どもでも、大きな生理的変化を伴わずに姿勢を変えることが可能です。

写真8-16　側臥位①

写真8-17　側臥位②

写真8-18　側臥位③

写真8-19　側臥位④

### 右下の前傾側臥位

写真 8-20 のような前傾側臥位は、呼吸状態に関しては腹臥位に近い効果を発揮します。この写真のように股関節と膝関節を屈曲位にするため、筋緊張が緩みやすい姿勢です。この姿勢では、抱ける大きさの棒状のクッションなどがあると、上の腕や脚の重さを受けることができ、またすぐに姿勢が完成します。この場合、子どもの身体の状態にもよりますが、一般的には下の腕は後ろに抜いていることが多いと思います（写真 8-20）。この前傾側臥位は意外と意図的には導入されていません。側臥位から腹臥位へ一気に姿勢変換をしている場合が多いようですが、腹臥位だと表情が観察できなかったり、気管切開をしている子どもには難しかったりするので、ぜひこの姿勢を取り入れてください。

写真 8-20　前傾側臥位

### 腹臥位

腹臥位は、写真 8-12 のようになりますが、この姿勢では股関節と膝関節の屈曲が重要です。この姿勢をとることで、呼吸状態の維持・向上と全身の緊張軽減に効果があります。しかし、この姿勢は身体の前面に圧がかかるため、急には受け入れられない子どもも少なくありません。小学部に入学した時点から腹臥位に慣れておくことは、健康面から考えると必要不可欠です。子どもの実態に応じて、腹臥位や前傾側臥位を柔軟に取り入れていきながら、子どもの健康を保っていきましょう。家庭ではなかなかここまで行うことは難しいため、ぜひ学校で補っていきたいものです。

## （2）　変形への対応
### ① 風に吹かれた股関節への対応[2]

膝を屈曲させ、一方方向へ倒れている姿勢を「風に吹かれた股関節」（図 7-6）と呼ぶ場合があります。この姿勢では、倒れて上にかぶっている脚が脱臼していることが多く、また、身体がねじれ、膝関節が拘縮して伸びません。もちろん、姿勢だけでなく、身体のねじれにより、呼吸器や消化器の機能にも悪影響を与えます。この姿勢の防止策としては、図 8-8 のように膝関節の下に丸いクッションを入れ、左右対称の姿勢にすることが一般的です。しかし、子どもによっては左右対称の位置まで戻すと、図 8-9 のように腹部にしわができることがあります。この腹部のしわは、下肢を戻しすぎているために生じます。この場合には、図 8-10 のように腹部のしわがなくなる位置まで戻した状態で姿勢を保持する方がよいとされています。もしわかりにくい場合には、へその形を見てください。ゆがんでいる場合があります。この場合も下肢の戻しすぎになります。つまり、見た目にまっすぐな姿勢が良いわけではなく、子どもの変形に合わせた本人の中

図8-8　風に吹かれた股関節への対応①　　図8-9　風に吹かれた股関節への対応②　　図8-10　風に吹かれた股関節への対応③

間位にすることが大切です。

### ② 股関節脱臼への対応

　肢体不自由の子どもでよく見られる症状として股関節の脱臼があります。股関節脱臼とは、P45の図2-29のように、骨盤の寛骨臼から大腿骨頭が外れた状態です。この場合の寛骨臼の上側に位置する部分を臼蓋（きゅうがい）と呼び、この部位は荷重を受けることで形が形成されていきます。そのため、子どもの頃に立位や歩行などの抗重力位を経験していないと、臼蓋形成不全（寛骨臼形成不全：かんこつきゅうけいせいふぜん）が起こりやすく、そのために、股関節も脱臼する可能性が高くなります。

　一方、小さい頃歩行していたデュシェンヌ型筋ジストロフィーの子どもなどでは、臼蓋がある程度形成されていることもあり、あまり股関節脱臼の症状を聞かないと思います。もちろん、これだけが発症の原因ではありません。脳性まひ児の場合、筋緊張の亢進から股関節がはさみ肢位（図7-1）になることで、大腿骨頭が臼蓋から飛び出しやすくなることがわかると思います。このことは、逆に言うと日常でのポジショニングにより、ある程度、股関節脱臼も防ぐことができるということを意味します。

　予防策としては、股関節を内転・内旋の反対方向、つまり外転・外旋へ向けることが予防の大原則になります。日常生活では、あぐら座位の姿勢が一般的です。また、低緊張の子どもによっては、カエル肢位（図7-3）といわれる姿勢、つまり股関節が外転外旋した姿勢になっている場合があります。この肢位だと脱臼が全く発症しないかというと、そうでもなく、この場合には大腿骨頭が寛骨臼から下や上に抜けることもあるので、安心は禁物です。

### ③ 側弯への対応

　肢体不自由の子どもでよく見られる症状として、股関節脱臼と並んで側弯があります。P40に記載してあるように、簡単に言うと側弯は背骨が横に曲がっている状態です。この状態は、肺機能低下などの呼吸器の機能障害だけでなく、胃食道逆流症などの消化器の機能にも悪影響を与えます。もちろん、背骨は三次元的に曲がるため、左右の側弯だ

けでなく、前弯や後弯も伴います。

側弯への対応策としては、手術、装具での対応、ストレッチなどがあります。この中で手術以外の方法は、特別支援学校でも実施可能です。

ここでは、姿勢と側弯の関係について説明します。側弯の予防に最も有効な姿勢は、身体の左右対称性を確保した座位経験であるといわれています。側弯なのでなるべく重力がかからない仰臥位の姿勢が予防になるように思われがちですが、寝たきりの子どもほど側弯がひどくなるのは間違いありません。もしかすると、これは寝たきりになるほど障害が重度であるため、側弯も進行しているのかもしれません。この側弯防止として、適切な座位とともに「姿勢でのストレッチ」（P182参照）が有効であるといわれています。

# 4 身長計測[2]の方法

## （1）側弯や身体の変形がない場合

立位ができなくても、変形がない子どもの場合には、仰臥位身長・座高計（写真8-21、ヤガミ株式会社）の活用が可能です。このタイプは座高まで測定できるので便利です。

写真8-21　仰臥位身長・座高計[5]

## （2）側弯や身体の変形がある場合

変形が激しく、身長計では測定できない場合には、3分割法を用いることが一般的です。以下に3分割法について説明します。

［3分割法］

3分割法は、身体を以下の3つの部位に分け、それぞれを3回ずつ計測し、その平均値を求めた合計を身長とする方法です。

① 頭頂部から第7頸椎までの測定

図8-11のように、頭の頂点から首の付け根までを測定します。頭頂部にはクリップボードなどを活用すると便利です。

図8-11　3分割法-1

② 第7頸椎から大転子（P311参照）間の中心点までの測定

図8-12のように、首の付け根から左右の大転子の中心点までを結んだ直線距離を測定します。側弯に沿って測定すると身長が長く計測されるため、実際よりも身体の表面積が大きくなり、カロリー計算な

図8-12　3分割法-2

どで必要以上に多く見積もることになります。
### ③ 大転子から足底までの測定
片方の大転子から、下肢の側面に沿って足底までを測ります（図8-13）。この時、足首はなるべく直角に曲げて測定します。両脚の長さが違う場合には、長いほうの脚を計測します。

このように、身体を「頭頂部から第7頸椎まで」、「第7頸椎から大転子の中間点まで」、「大転子から足底まで」の3つの部位に分け、その合計を身長とする方法を3分割法（または3分法）といいます。

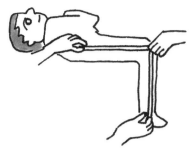

図8-13　3分割法-3

## 5 補装具

肢体不自由児にとって、補装具は必要不可欠です。障害福祉情報サービスかながわには、「補装具とは、障害のある方が日常生活上において必要な移動や動作等を確保するために、身体の欠損または損なわれた身体機能を補完・代替する用具」と記載されています[6]。では、補装具には具体的にはどのようなものが該当するのでしょうか。障害福祉情報サービスかながわには以下のようなものが掲示されています[6]。

義肢（義手、義足）
装具（下肢、靴型、体幹、上肢）
座位保持装置（姿勢保持機能付車椅子、姿勢保持機能付電動車椅子、その他）
盲人安全つえ
義眼
眼鏡（矯正眼鏡、遮光眼鏡、コンタクトレンズ、弱視眼鏡）
補聴器
車椅子
電動車椅子
座位保持椅子（障害児のみ）
起立保持具（障害児のみ）
歩行器
頭部保持具（障害児のみ）
排便補助具（障害児のみ）
歩行補助つえ
重度障害者用意思伝達装置

これらの適切な活用が肢体不自由児の発達を促進することは間違いありません。

ここからは、特別支援学校でよく見られる補装具や補助具など（P311参照）について説明します。

・短下肢装具

短下肢装具（写真9-53参照）は尖足の防止や足首への負担を軽減する働きがありますが、尖足の症状が強い子どもの場合には、装着が難しいことがあります。また、外した時に赤みがひどい箇所がある場合には、保護者、病院、義肢装具会社と連携を図ってください。足首の不安定や尖足がひどくない場合には、ハイカットシューズ（写真8-22）を活用したり、足底板を入れたりするケースもあります。

・歩行器

肢体不自由児の歩行器として、よく活用されるものは、PCWとSRCウォーカーです。

PCW（Posture Control Walker）（写真8-23）は、立位を保ちながら歩行を可能にします。しかし、身体を両上肢で支えなければならないため、上肢のまひが強い子どもは活用できません。一方、SRC（Spontaneous Reaction Control）ウォーカー（写真8-24）は、身体を前傾にし、サドルで体重を支えるため、両脚で地面を蹴ることで進むことができます。前面に透明テーブルが付いているため、前傾での机上学習も可能です。さらに、前傾座位の姿勢を維持することもでき、小さいサイズとしては、ポニーウォーカーがあります。また、前傾ではありませんが、360度どちらにも進め、上肢がフリーに使える歩行器としてUFOウォーカー（写真8-25）は小さな子どもには有効です。また、ペーサーゲートトレーナー（写真8-26）は、サドル、体幹、上肢など身体のほとんどを支えることで、まず自分で歩く体験を促し、日常生活で歩行の経験をしながら、歩行動作や筋力をつけていきます。その後、徐々にサポートしている部位を外していくというMOVEプログラム（P311参照）の考えに基づいて作られた歩行器です。

写真8-22[7]

写真8-23　PCW[8]

写真8-24　SRCウォーカー[9]

写真8-25　UFOウォーカー[9]

第 8 章　姿勢と補装具について

写真 8-26　ペーサーゲートトレーナー[10]

写真 8-27　プローンボード[11]

写真 8-28　スーパインボード[12]

・立位台

　立位台は、立位ができない子どもを支えることで立位にします。立位は抗重力肢位のため、体幹や下肢の強化、姿勢保持の練習、呼吸器官への好影響、膝や股関節の拘縮予防などの様々な効果が期待できます。立位台の中で、前傾の姿勢になるのがプローンボード（写真 8-27）で、仰臥位から起こしてくるタイプがスーパインボード（写真 8-28）です。スーパインボードの場合、まず仰臥位で脚部、骨盤、体幹部を固定した後、立位の姿勢へゆっくり立たせていきます。そのため、教師が子どもを立位台へ立たせる負担や、子どもが急に立位になるなどの急激な姿勢変換の負荷が少なく、安全であることが大きなメリットです。

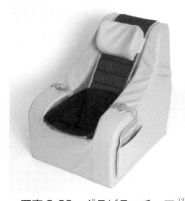
写真 8-29　グラビティチェア[13]

・クッションチェア

　クッションチェアは肢体不自由児にとってリラックスしやすい姿勢になれる機器です。後傾座位で股関節と膝関節を屈曲にし、身体全体をホールドする

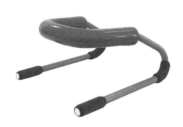
写真 8-30　らくちゃん[8]

ため、子どもの筋緊張を低下させることが可能になります。その中のグラビティチェア（SEEDS）のエアータイプ（写真 8-29）は通気性を重視しており、オプションで背中側に内蔵式ファンを装着できます。そのため、夏でも子どもたちに快適な座位の提供が可能です。

・らくちゃん

　らくちゃん（写真 8-30）は、子どもを前傾座位で支えます。両上肢はフリーになるため、子どもの自発的な動きを引き出しやすい点が特徴です。残念ながら、2023 年 10 月

をもって販売終了となりました。

**引用・参考文献**

1）田村正徳 監，梶原厚子 編：在宅医療が必要な子どものための図解ケアテキストQ＆A．メディカ出版，2017．
2）鈴木康之，舟橋満寿子 監，八代博子 編：写真で分かる重症心身障害児（者）のケア．インターメディカ，2015．
3）龍野コルク工業　https://www.tatsuno-cork.co.jp/
4）松元泰英：かゆいところに手が届く重度重複障害児教育．ジアース教育新社，2022．
5）株式会社ヤガミ　http://ec.yagami-inc.co.jp/shop/o/o6662000-H01
6）障害福祉情報サービスかながわ　https://shougai.rakuraku.or.jp/service/hosogu.html
7）サス・ウォーク　　https://sass.jp/
8）パシフィックサプライ　https://www.p-supply.co.jp/products/index.php?act=detail&pid=106
9）Arizono Bespoke　https://arizono.co.jp/products/products_links/products_4/
10）共に生きるために　　http://www.livetoge.com/s-01pesa.html
11）KAWAMURA　https://www.kawamura-gishi.co.jp/support/kids/post-8/
12）アビリティーズ　　https://www.abilities.jp/fukushi_kaigo_kiki/fukusiyougu/kinou_kunren/Rifton_standars
13）SEEDS　　　https://www.seeds-seating.com/products/gravitychair/

# 第9章

## ストレッチ

肢体不自由児の変形拘縮を防ぐために、ストレッチが重要であることは間違いありません。病院での訓練でストレッチを行っていることで、肢体不自由児の学習に必要なことだと感じている先生方も多くいらっしゃると思います。エビデンスとして、筋へのストレッチは関節可動域を改善し、痙性（脳性まひなど脳や脊髄、神経の病気で筋肉が緊張し、手足が動かしにくかったり、勝手に動いてしまう状態）の減少に望ましいと、脳性麻痺リハビリテーションガイドライン（2009）に記載されています[1]。このように、効果があることは間違いないようです。

　ストレッチは、自分自身で行う自己ストレッチと、他者の支援を受けて行う他動的ストレッチに分けられます。おそらく、自己ストレッチができる子どもは少ないでしょうから、この第9章では他動的ストレッチを中心に説明します。

　ストレッチと聞くと、多くの先生方が病院の訓練で実施しているストレッチをイメージされるのではないでしょうか。実は、学校においては、以下の3つのストレッチが可能です。

　（1）他動的ストレッチ
　（2）姿勢でのストレッチ
　（3）装具を使うストレッチ

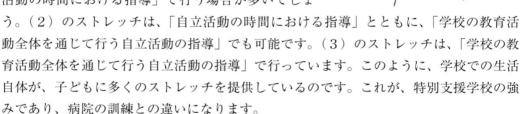

　（1）のストレッチは、病院の訓練でよく行われているストレッチです。この内容は、学校では「自立活動の時間における指導」で行う場合が多いでしょう。（2）のストレッチは、「自立活動の時間における指導」とともに、「学校の教育活動全体を通じて行う自立活動の指導」でも可能です。（3）のストレッチは、「学校の教育活動全体を通じて行う自立活動の指導」で行っています。このように、学校での生活自体が、子どもに多くのストレッチを提供しているのです。これが、特別支援学校の強みであり、病院の訓練との違いになります。

　では、ここからはそれぞれのストレッチについて説明していきます。

# 1 他動的ストレッチ

　ストレッチとは、筋肉を伸ばすことを指します。基本的には、筋肉を20〜30秒程度伸ばし、柔軟性を高めたり可動域を広げたりします。反動をつけずにゆっくりと伸ばしていきますが、子どもが息を止めないことが大切です。そのため、子どもの表情や呼吸状態にも気を配りましょう。また、一回のストレッチを長くするのではなく、回数を増やす方が効果的だといわれています。

　以下にストレッチの重要事項について述べます。

## （1）言葉掛けの必要性

　言葉掛けは非常に重要で、必ずストレッチを開始する前には行いましょう。知的に重度な子どもの場合、言葉の内容を理解できないことが多いですが、言葉掛けをルーチン化することで、ストレッチ開始の合図として認識し、子どもが身体や心の準備を行うようになるかもしれません。急な身体接触は筋緊張の亢進につながる恐れがあります。また、言葉掛けは教師自身の確認にも役立ちます。

## （2）身体の部位の意識化

　知的に高い子どもの場合、ストレッチされている部位を意識やイメージさせることが必要です。例えば、下肢の感覚に困難を抱える二分脊椎の子どもにも、「今、足を伸ばしているよ」と言葉を掛けることは、子どもに意識化やイメージ化を学習させることにつながるといわれています[2]。

## （3）触り方

　ストレッチに慣れていない場合、可動域を広げることを目標にしがちです。その結果、反動をつけて力が入ることもあります。痛みのない範囲でゆっくりと動かしましょう。また、指先に力が入り、手のひら全体で触ることを忘れがちです。ストレッチの目的は可動域を広げることだけでなく、子どもに身体の部位を意識させ、気持ちよさを伝えることも重要です。

## （4）子どもの表情と教師の表情

　ストレッチ自体は、関節拘縮の防止や可動域の拡大などのため、痛みが伴うことも少なくありません。その場合、言葉で伝えられない子どもは、身体や表情を変えたり、発声で伝えたりします。そのため、ストレッチの時には子どもの表情を常に観察することが必要不可欠です。感覚的には、動かす筋肉が少し張る程度が適切となります。もう一つ、忘れてはいけないのが教師の表情です。慎重になりすぎたり、子どもの状態を確認したりするために、顔から笑顔が消えてしまっていませんか。教師の表情を見ている子どもも少なくありません。常に笑顔を作って、子どもに安心感を与えてください。

## （5）姿勢

　ストレッチを受ける子どもの姿勢が大切なことは言うまでもありません。緊張が入りにくい姿勢（屈曲位）や、呼吸がしやすい姿勢に気を付けることが重要です。また、これは摂食指導でも同様ですが、教師の姿勢も子どもの姿勢と同様に非常に重要です。

無理な姿勢でストレッチを行っていませんか。必ず、安定した姿勢を確保してストレッチを行うようにしてください。

### (6) 触る部位

　触れる部位としては、触れられた場合に緊張が見られない、または少ない部位から始めることが重要です。つい、変形している部位や可動域が狭くなった部位から始めてしまいがちですが、本人の抵抗がない部位から動かしたり、遊んだりして、ストレッチの導入を図りましょう。誰しも痛みの伴う部位を触られることは嫌なものです。ストレッチを行う前や終わった後に手遊び歌などを取り入れることで、子どもたちのストレッチに対する抵抗感を少なくしていきましょう。

### (7) ストレッチの具体的手法

・関節を中心に、目的とする箇所をゆっくりと開いていきます。動かなくなったところで、その位置を保持します。保持する時間は、20~30秒程度が適切といわれています。
・二関節以上にわたって動かさないこと。写真9-1の左側では、肩関節を屈曲させるために前腕を引き上げています。これでは、肘関節と肩関節の両方にアプローチしていることになります。肩関節にアプローチする場合には、写真9-1の右側のように、上腕を上げていきましょう。比較するとわかると思いますが、右側の方が肩関節の屈曲角度が拡大しています。つまり、二関節以上にまたぐと目的の関節ではない関節に力を伝えてしまうことになるのです。
・目的の関節から離れた部位を持たないこと。写真9-2の左側では、膝関節を広げるのに、膝関節から離れた部位を持っていますが、なるべく、写真9-2の右側のように膝関節の近くを持ちます。これは、遠い部位へ力を加えると、てこの原理により、骨折などの危険性が高まるためです。

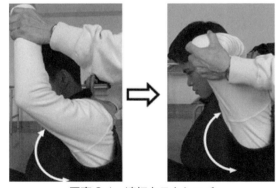

写真9-1　適切なストレッチ

・身体の中心に近い側を固定して、遠い側を動かすのが基本です。
・第2章でも述べましたが、筋肉には多関節筋と単関節筋があります。一緒にストレッチするのが難しい場合、最初は単関節筋だけを緩め、その後、多関節筋と一緒にストレッチするのが基本です。例えば、下腿三頭筋（図9-1）をストレッチする場合、最初は写真

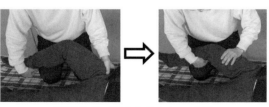

写真9-2　安全なストレッチ①

第9章　ストレッチ

9-3の左側のように単関節筋であるヒラメ筋だけを伸ばします。その後、写真9-3の右側のように多関節筋も一緒にストレッチしましょう。そうすると、子どももストレッチを受け入れやすくなるはずです。

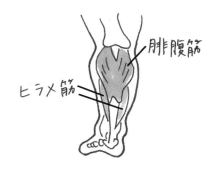

図9-1　下腿三頭筋

・安全な方法としては、写真9-4のように、関節の可動域を縮めている筋肉に圧をかけながらもみほぐします。筋肉がへこむことで、その分だけ筋は長くなります。その時点で、おそらく少し力が抜けた、または緩んだ感じがすると思います。その後、ゆっくりと関節の可動域を広げていきます。この方法が最も安全です。

写真9-3　下腿三頭筋のストレッチ

・関節の可動域を広げるためのストレッチを試みても、どうしても緊張が亢進し、可動域が広がらない場合があります。特に、急に関節を広げた場合には、反射により縮む方向へ力が働きます。緊張が緩まない場合には、基本は動かなくなっている部位でしばらく動きを止め、緊張が緩むのを待ちましょう。それでも動かない場合には、動きの方向を変えたり、振動を与えたり、一度戻したりすると、筋緊張が改善することがあります。

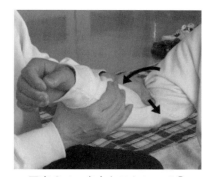

写真9-4　安全なストレッチ②

## （8）ストレッチの実際

ここからは、身体の部位ごとに実際のストレッチについて説明していきます。今から説明する内容はあくまでも基本なので、必ず子どもの実態に合わせて柔軟に対応してください。

●頸部

頸部屈曲：写真9-5のように、頭部を膝や枕にのせ、肩を矢印の方向へゆっくり押していき、後頸部を伸ばします。

頸部伸展：写真9-6のように、手のひらを後頭部に当て、首の弯曲に沿って自分の方へ少し引き込みます。

頸部側屈：写真9-7のように、片手で肩を押さえ、逆

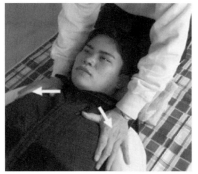

写真9-5　頸部の屈曲

171

の手で後頭部を支えながら、頭部を倒します。逆方向も行ってください。

頸部回旋：写真9-8のように、側頭部を両手で包み込み、顔が横を向くようにします。逆方向も必ず行ってください。

　頸部は特に危険な箇所なので、無理には行わないように気を付けましょう。

●肩・肩甲骨部

肩甲骨の動き：肩甲骨は大きな骨で、多くの筋肉が付着しているため、動かすと多くの筋肉が影響を受けることになります。肩甲骨には6つの動き（P51の図3-5参照）があります。

肘まる体操：写真9-9のように、子どもの肘をゆっくりと円を描くように動かします。しばらく回した後は逆回しをしてください。

側臥位での動き：肘が全く上がらない子どもの場合、写真9-10のように側臥位にして肩甲骨と肩を一緒に包み込みながら、上下や胸の方、または背中の方へ動かします。肩甲骨が上や後ろに動く場合には吸気が、下や前に動く場合には呼気がしやすくなります。

両腕のバンザイ動作：可動域の範囲で行ってください。

　肩関節は股関節と同様に、上腕骨頭が関節窩に入る構造です。しかし、この受け皿が股関節より浅いため、肩関節は大きく動くことができますが、その分、不安定で脱臼しやすい箇所です。これを防ぐために、棘上筋（きょくじょうきん）、棘下筋（きょくかきん）、小円筋（しょうえんきん）、肩甲下筋（けんこうかきん）の4つの筋肉で肩回りを覆っているローテーターカフ（図9-2）があります。このローテーターカフで安定性は増しますが、それでも脱臼しやすい箇所には変わりありません。無理な動きは控えましょう。

　肢体不自由児の場合、下肢の動きに重点が置かれ、上肢の動きに対してはあまり注目されていない傾向があります。ここでは、その点も考慮し、もう少し

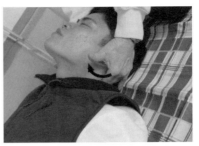

写真9-6　頸部の伸展

写真9-7　頸部の側屈

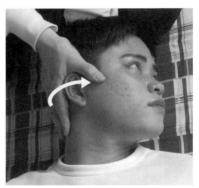

写真9-8　頸部の回旋

写真9-9　肘まる体操

第9章　ストレッチ

詳しく説明します。

### 肩関節の構造

　肩というと、上腕骨がどこかにくっついて動く箇所であることは想像できますが、具体的な構造を説明できる人は少ないと思います。ここではバンザイの動作を例にして肩関節の作りについて説明します。

**バンザイの動作**：普通、バンザイをする場合には、三角筋などが中心となり、腕を体の前から上げていきます。この動作は肩関節の屈曲（腕の前方挙上）になります。腕を上げる動作なので腕だけの動きに感じますが、実は肩甲骨、上腕骨、鎖骨の3つの骨が関係しています。

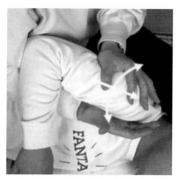

写真9-10　肩甲骨の動き

### 関節の構造

　関節は図9-3のように、胸鎖関節（きょうさかんせつ）、肩鎖関節（けんさかんせつ）、肩甲上腕関節（けんこうじょうわんかんせつ）、肩甲胸郭関節（けんこうきょうかくかんせつ）の4つの関節が関係しています。一般に肩関節というと、その中の肩甲上腕関節を指します。図9-3からもわかるように、鎖骨と上腕骨との接地面はなく、肩甲骨がその間に入り込んでいます。これらの3つの骨が多くの筋肉でつながっています。

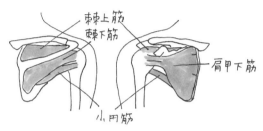

図9-2　ローテーターカフ[4]

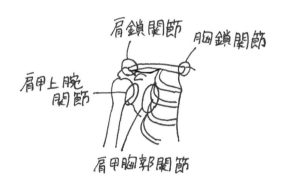

図9-3　肩の関節[5]
出典　文献5）を筆者が一部改変

### 動作と筋肉の関係

　腕を上げる角度によって使われる筋肉が変わり、関係する関節の角度も変わります。基本的には、肩甲上腕関節と肩甲胸郭関節が2：1の割合で動くといわれており、腕をバンザイした状態では肩甲上腕関節が120度、肩甲胸郭関節が60度で動いています。肩甲胸郭関節の60度とは、図9-4のような角度です。

### 腕の上がらない子どもの場合

　学校には腕の上がらない子どもも多いと思います。その場合、図9-5、の広背筋

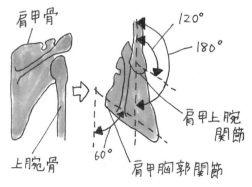

図9-4　肩の動きと関節の角度[6]
出典　文献6）を筆者が一部改変

173

（こうはいきん）や図2-7（P36）の上腕三頭筋（じょうわんさんとうきん）などの拘縮が大きく影響しています。肩が動きにくい子どもの場合、上腕三頭筋を肘から肩関節へ向かってマッサージするだけでも、少しは腕が上がるようになる可能性があります。

**代償動作に注意**

肩関節が拘縮していると、実際には可動域が広がっていないのに、180度まで上がったかのように背中を反る代償動作が見られることがあるため、注意が必要です。

今まで出てきた筋や関節の名称を覚える必要はありませんが、バンザイをするだけでも多くの骨や筋肉、関節が関係していることを知っておくことは重要です。

ここからは具体的なストレッチのやり方を写真で示します。

仰臥位（仰向け）の子どもの腕を上げる場合、ある程度腕が上がる子どもには、写真9-11のように、一方の手を肩に添え、もう一方の手で上腕を上げるのが基本です。しかし、子どもによっては腕が動かない場合もあります。90度くらいまで腕が上がり、肘が曲がる子どもには、写真9-9のように肩を支点にして回す「肘まる体操」が効果的です。この方法は、側臥位（横向き）が難しい子どもにも適しています。また、ほとんど腕が上がらず、側臥位も難しい子どもには、写真9-12のように手のひらを肩甲骨の下に入れ、上から挟みながら肩甲骨を回すように動かします。肩甲骨は上腕骨とつながっているため、肩甲骨を動かすことで肩の可動域を広げられます。

子どもによっては、肩がかなり巻き込まれている場合があります。この場合、写真9-13のように、頭の方から左右の肩の高さを比較してみましょう。挙がっている肩は巻き込まれている可能性があります。その場合、写真9-14のように、大胸筋（図9-6）を直接もんであげると、緩んでくることがあります。

腕の動きがある程度可能な子どもの場合には、写

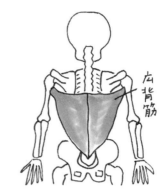
図9-5　広背筋

写真9-11　肩甲骨のストレッチ①

写真9-12　肩甲骨のストレッチ②

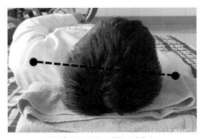
写真9-13　肩の傾き

第9章　ストレッチ

写真9-14　大胸筋のストレッチ

図9-6　大胸筋

写真9-15　肩関節の外転

真9-15のように手を横に広げてください。これは肩関節の外転という動きで、大胸筋や広背筋に関与します。これらの筋肉は大きく、呼吸補助筋としても作用します。つまり、肩関節の外転の動きは呼吸を助けることになります。また、呼吸に影響を与える胸郭の可動性を高めるためには、90度まで肘を上げ、写真9-16のように胸の前で左右に広げます。この動作が胸郭の可動性を引き出します。腕を動かすことが難しい子どもには、写真9-17のような手のひらの形を作り、背中に当て、写真9-18のように直接背中から胸郭にアプローチする方法もあります[7]。

●肘関節
肘の曲げ伸ばし
　写真9-19のように、一方の手で上腕を支え、もう片方で前腕を持ち、肘の曲げ伸ばしを行います。できれば、手のひらが上を向く方が良いですが、難しい場合は手のひらの向きにこだわらなくてもかまいません。腕が伸びにくい場合は、上腕二頭筋（腕の前側）を手のひらでもんでみるのも一つの方法です。

回外・回内の動き
　腕には回外、回内の動きもあります。これらの動きを写真9-20（回外）と9-21（回内）を参考に支援しましょう。この時、肘を曲げて無理のない範囲で行います。

写真9-16　肩関節の水平外転

写真9-17　手のひらの形

写真9-18　胸郭へのアプローチ

## ●骨盤

### 骨盤の構造

骨盤は寛骨（かんこつ）、仙骨（せんこつ）、尾骨（びこつ）で構成されています。

これらの骨は、大腿骨と並んで身体の最も大きな骨であり、背骨や股関節につながっていて、身体の中心となる骨になるため、骨盤の動きは身体全体に影響を与えます。

### 骨盤の調整

写真9-22のように、骨盤の最も前に出ているところを両手で持ち、ゆっくり動かしてください。左右対称になっていない骨盤は触るとわかるので、なるべく左右対称の位置に直しましょう。腰が丸まっている場合（骨盤の後傾）には、腰が反るように、逆に反っている場合（骨盤の前傾）には、丸めるように動かすことが大切です。

### 日常のストレッチ

骨盤は身体の軸になる骨なので、日常のストレッチは必須です。脳性まひの子どもの場合、筋緊張により身体を反っていることが多いため、写真9-23のようなボールポジションをとることが、骨盤の前傾防止と緊張を緩めるために重要になります。また、写真9-24のように、両ひざを左右に倒す動きで骨盤のゆがみを防ぎ、左右対称の身体を維持します。

### 寝返り介助クッション

上にかぶさる脚が内転になることが心配な場合、写真9-25のような寝返り介助クッションが役立ちます。写真9-26のように足の下に入れ、写真9-27のように立てた状態から、写真9-28のように脚と骨盤を回旋させ、上半身をブロックします。この状態だと、上の脚も極端な内転位にはなりません。介護用の商品なので、例えば、子どもの下にタオルを敷くことも簡単に一人で行えます（写真9-29）。

## ●股関節

股関節は、日常的に立っていない子どもにとって最も注意が必要な部位です。抗重力位の経験が少ないため、股関節の形成が不十分である可能性があります。具体的には、寛骨の臼蓋の形成が未熟で、大腿骨頭がしっかり入って

写真9-19　肘関節の動き

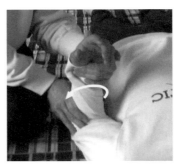

写真9-20　回外

写真9-21　回内

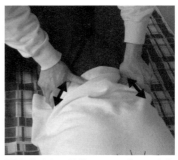

写真9-22　骨盤へのアプローチ①

第9章　ストレッチ

写真9-23　骨盤へのアプローチ②

写真9-24　骨盤へのアプローチ③

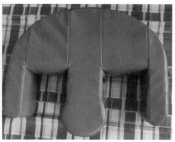
写真9-25　寝返り介助クッション

写真9-26　クッションの活用①

写真9-27　クッションの活用②

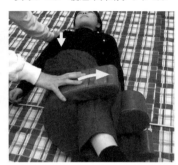
写真9-28　クッションの活用③

いない場合があり、脱臼や亜脱臼のリスクが高くなります。

## ストレッチの方法

### 股関節屈曲

　写真9-30のように、膝を体に近づけて股関節を屈曲させます。緊張が強い場合は、膝下に手を入れてゆっくりと曲げていきます。他のストレッチと同様に、言葉掛けをしながら子どもの反応をしっかりと観察してください。

### 股関節外転

　写真9-31のように、膝を支えながらゆっくりと外側に倒していきます。この動作は、反対側の脚をブロックしながら行うことが重要です。

### 股関節外旋・内旋

　写真9-32のように外旋（外側に回す）、写真9-33のように内旋（内側に回す）の動きを取り入れます。脱臼の恐れがある場合は、無理をしないように注意してください。

## 注意点

**言葉掛けと観察**：ストレッチ中は子どもの反応を観察し、言葉掛けを行いながら進めてください。

**左右の分離性**：脳性まひ児の場合、左右の分離性が悪いため、片方の脚をブロックしながら行うことが必要です。

**専門家との連携**：角度や力の入れ方に不安がある場合は、病院のセラピストと連携して行うことをお勧めします。

①足の下にクッションを入れる　②体を左側臥位へ　③体の横にタオルを敷く　④体の下までタオルを詰め込む

⑤体を仰臥位へ戻す　⑥体を右側臥位にしてタオルを引き出す　⑦体を仰臥位へ戻す　⑧足の下からクッションを抜く

写真9-29　寝返り介助クッションの活用（タオル敷きでの活用）

## 下肢

**膝裏のストレッチ**

膝裏は主にハムストリングス（大腿二頭筋、半膜様筋、半腱様筋）という筋肉が関係しています。これらの筋肉を伸ばすための方法は以下の通りです。

**基本的なストレッチ**

写真9-34のように、膝を曲げないようにして脚を上げます。子どもの表情を観察し、変化が見られたら脚を上げるのをやめ、20〜30秒その状態を維持します。その後、ゆっくりと脚を下ろします。

大きな子どもの場合は、写真9-35のように足の下に肩を入れて膝裏を伸ばす方法もあります。

**膝前面のストレッチ**

腹臥位（うつ伏せ）で行うと効果的です。腸腰筋や大腿四頭筋を伸ばすことができます。

写真9-36のように、腹臥位で膝を曲げることで大腿四頭筋がより伸ばされます。この際、お尻が上がってくることがあるので軽くブロックしてください。

抵抗がない場合は、写真9-37のように膝を少し上げて股関節を伸展位にします。

写真9-30　股関節の屈曲

写真9-31　股関節の外転

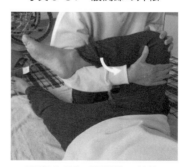

写真9-32　股関節の外旋

### 足関節のストレッチ

足関節は下腿三頭筋（ヒラメ筋と腓腹筋）によって可動域が制限されています。以下の方法でストレッチを行います。

### ヒラメ筋のストレッチ

腓腹筋の影響がないように、膝関節を曲げた状態で足首を曲げます（写真9-3の左側参照）。

### 腓腹筋のストレッチ

腓腹筋にもアプローチするため、膝を伸ばした状態で足首を曲げます（写真9-3の右側参照）。

写真9-33　股関節の内旋

写真9-34　膝関節のストレッチ①

## 背骨や体幹

背骨は頸椎（7個）、胸椎（12個）、腰椎（5個）、仙骨（5個が融合）、尾骨（3～5個が融合）の26個の骨で構成されています。これらの骨はそれぞれ平面関節である椎間関節（ついかんかんせつ）でつながっているため、一つの関節ではわずかな可動域しかありません。しかし、多くの椎間関節が同時に動くことにより、全体としては大きな動きが可能です。方向的には、屈曲、伸展、側屈、回旋（写真9-38）があります。

屈曲…屈曲はボールポジションをとります。

伸展…伸展させるためには、仰臥位の子どもの背中にタオルやクッションを入れたり、脚を入れたりして伸ばしていきます。

側屈と回旋…股関節が開く子どもの場合、側屈は写真9-39、回旋は写真9-40，9-41のように、子どもをあぐら座位にしてブロックしながら上半身を操作するとやりやすくなります。側弯がある子どもの場合、側屈では大腿部で、回旋では手で側弯の凸の部位をブロックすることが可能です。

写真9-35　膝関節のストレッチ②

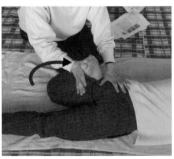

写真9-36　腹臥位でのストレッチ①

### あぐら座位が難しい場合

あぐら座位が難しい子どもも少なくありません。その場合、写真9-42のように教師の両膝の上に腹臥位にさせ、凸部位をお腹でブロックし、脚を広げながら子どもの凹部位を広げていきます。

### 腹臥位が難しい場合

腹臥位が難しい子どもの場合、回旋運動を取り入れましょう。写真9-43のように仰

臥位から膝を立て、片手で肩をブロックし、もう一方の手で膝を倒していきます。この時、膝にアプローチするのではなく、骨盤全体に手のひらを当て、骨盤を回旋させていくことが大切です。膝だけを倒すと、上になった方の脚の股関節が脱臼しやすくなるため、注意が必要です。このような回旋運動は四肢まひのある子どもは自分自身ではできない動きなので、日常的に教師が行ってあげたいストレッチです。

写真 9-37　腹臥位でのストレッチ②

### 手や指

　手を使わない、または使えない子どもは、指を握りこんでいることが多いと思います。手首のストレッチは、掌屈（写真 9-44）と背屈（写真 9-45）へ、無理のない範囲で動かします。また、前腕の動きには、回外と回内の動きも取り入れましょう。

　手を握り込んでいる場合は、写真 9-46 のように親指の付け根をもみながら、手を広げていきます。手が開いてきたら、写真 9-47 のように指の根っこで、手のひらに近い箇所をもんであげましょう。ここには指の一番下になる関節（MP 関節）があります。もし指が伸びてきたら、一本一本の指を「これが〇〇指だね」などと言葉掛けしながら触っていくことが大切です。指がなかなか開かない場合は、写真 9-48 のように手首を軽く掌屈にしてみてください。人差し指や中指が少し開いてくると思います。その時に、手の中に丸いもの（巻いたタオルなど）を入れることで、拘縮を防止できます。

　最も大切なことは、必ず言葉掛けし、子どもに指を開

写真 9-38　体幹の動き

写真 9-39　体幹の側屈

写真 9-40　体幹の回旋①　　写真 9-41　体幹の回旋②　　写真 9-42　側弯防止

第9章　ストレッチ

写真9-43　体幹の回旋③

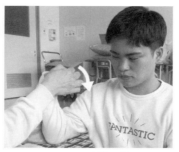
図9-44　手首の掌屈

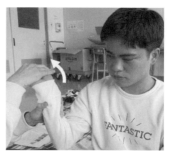
図9-45　手首の背屈

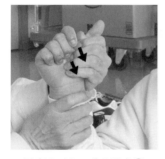
写真9-46　手の開き①

写真9-47　手の開き②

写真9-48　手の開き③

くことを意識させることです。指示が通らない子どもでも、ストレッチの始まりの意識付けや教師の確認行為になります。指が動かないのは、靭帯が固くなったり、腱がくっついたりしているためなので、強い力で動かすと指を痛めることもあります。無理のない範囲で行ってください。

### 足の指

　歩行や立位を行っていない子どもは、感覚を入れた経験がとても少ないため、足底や足の指の動きも悪くなります。それをストレッチで補います。足の指が開かない子どもは、写真9-49のような動きで足底のストレッチを行います。また、その逆の動き（写真9-50）もやってみてください。足の指が開かない場合は、足の指の間を押しながらほぐすと少し開きが出てくるかもしれません。もし指が開く場合は、足の指の間に教師の指を入れて行うとさらに効果的です。また、五本指ソックスは、大変ですが履く動作自体が日常のストレッチになっています。

写真9-49　足の指のストレッチ①

写真9-50　足の指のストレッチ②

181

## 2 姿勢でのストレッチ

　姿勢でのストレッチと聞いてもピンとこない人もいるかもしれませんが、この方法は学校教育の大きな強みの一つといえます。特に、側弯防止のストレッチは学校の教育活動全体の自立活動としてよく行われています。

　このストレッチの最大の利点は、重力を活用するため、教師は子どもと他の学習活動に取り組みながら、ストレッチも行える点です。つまり、子どもは他の学習に取り組みながらストレッチも行うことができ、多くの時間をストレッチに費やすことが可能です。もちろん、デメリットもあります。例えば、ストレッチが可能な身体の部位が限られていることや、子どもの状態が表情や発声などでは把握できますが、身体を介してはわからないため、力の微調整によるフィードバックが難しいことです。

　側弯予防には、姿勢でのストレッチがよく取り入れられます。側弯の凸側を下にするか、凹側を下にするかは子どもによります。自分で訴えられる子どもには、どちらが楽か聞いてみましょう。特に、凸側を下にした場合は一点支持になるため、その箇所への圧力が強くなり痛みを感じることがあります。その場合は、写真9-51のように頭部と骨盤部を高くして、凸部の負担を和らげましょう。凹側を下にする場合は、姿勢を作るときに腋下や骨盤を引っ張りながら凹部を広げていきます。

写真9-51　側弯予防（凸側下の場合）

　重複学級では、基本的に子ども3人を2人の教師で担当しています。そのため、一対一と一対二対応を組み合わせたり、3人を2人の教師で指導したりしています。このような状況で役立つのが、姿勢でのストレッチです。残りの一人は姿勢でのストレッチを取り入れることで学級全員の学習が成立します。

　この姿勢でのストレッチを効果的に活用できるかどうかが、重複学級を担当する教師の重要な専門性の一つです。よく、一対一で指導されているとき、残りの子どもが意味もなく寝かされている場面を見かけます。子どもが登校してから帰宅するまでの学校生活を時系列にして、どこで、どの子どもに、どのような姿勢でのストレッチを行うことが可能か検討してみるとよいでしょう。これにより、複数の子どもを限られた教師の人数で対応することが可能になります。

　この考え方は、ストレッチに限らず、姿勢変換にも通用可能です。普段、仰臥位が多い子どもには、腹臥位や側臥位を取らせるだけでも健康の保持に有効です。さらに、子どもによっては、姿勢でのストレッチと学習活動を同時に行うことも可能になります。例えば、プローンボードや立位台に立ってもらい、それらに付属しているテーブルで学習するパターンはよく見かける光景です。これは、下肢や股関節のストレッチ及び骨の

第9章　ストレッチ

形成の促進を行いながら、同時にテーブル上で学習を行うことを可能にします。また、写真9-52のように腹臥位の姿勢でタブレットを操作する場面も同様に考えられます。この場合、腹臥位の姿勢になることで股関節の屈曲を防止し、股関節を伸ばすストレッチを行っています。もちろん、ストレッチと同時にタブレットでの学習も可能になります。

　このように、人の手で他動的に行うストレッチを重力に変えた方法が姿勢でのストレッチです。この姿勢でのストレッチは、「自立活動の時間における指導」で行うよりも、「学校の教育活動全体を通じて行う自立活動の指導」の中で有効に取り入れることが重要です。学級の環境と子どもの実態を照らし合わせて、いつ、どこで、何を用いて、どのような姿勢でのストレッチが子どもに有効かをもう一度考えてみましょう。多くの姿勢でのストレッチが可能になると思います。このストレッチを有効に活用しながら学習活動を行うことが、学校教育の強さの一つであることは間違いありません。

写真9-52　腹臥位でのストレッチ

## 3　装具によるストレッチ

　装具によるストレッチとしてよく用いられているものに、短下肢装具があります。尖足になっている足首に短下肢装具（写真9-53）をつけることで、ふくらはぎのストレッチになります。また、スワッシュ（写真9-54）は股関節装具で、股関節を外転位にストレッチします。もちろん、体幹装具もあり、写真9-55のような動的側弯防止体幹装具（プレーリーくん）は、側弯の防止に活用されます。これらの装具によるストレッチは、装具の種類と子どもの状態により違いはありますが、一日の多くの時間をかけることが可

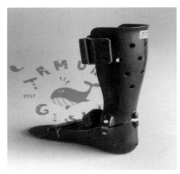

写真9-53　短下肢装具[8]

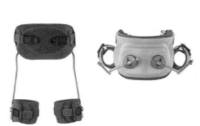

写真9-54　スワッシュ[9]

写真9-55　プレーリーくん[10]

183

能です。

　短下肢装具を装着する場合の注意点として、装着して活動を行った後、写真9-56の部位をチェックしましょう。過度な締めつけや圧がかかりすぎていないか、赤くなっている部位がないかの確認を必ず行ってください。

　もし、赤みがひどい場合には、家庭や病院、または装具業者に相談する必要があります。このようなチェックは、短下肢装具に限らず、他の装具でも必要です。

写真9-56　チェック部位

**引用・参考文献**
1 ）日本リハビリテーション医学会　監：脳性麻痺リハビリテーションガイドライン．医学書院，2009．
2 ）上杉　雅之　監：イラストでわかる小児理学療法学演習．医歯薬出版，2018．
3 ）ジョイリハ　https://joyreha.co.jp/blogcategory/%E3%83%92%E3%83%BC%E3%83%88%E3%82%B7%E3%83%A7%E3%83%83%E3%82%AF/
4 ）uFit　　https://ufit.co.jp/blogs/training/inner-muscle
5 ）阪田整形外科リハビリクリニック
　　https://www.sakataseikei.com/2018/12/25/2752/
6 ）石井　直方　監，岡田　隆　著：プロが教える骨と関節のしくみ・はたらきパーフェクト事典．ナツメ社，2013．
7 ）リハビリTV　　https://www.youtube.com/watch?v=TsspFaSd4lA
8 ）田村義肢製作所　https://www.po-tamura.com/users/child_kashi
9 ）田沢製作所　　www.tazawa.co.jp/marketing/2023/04/post-ac95.html
10）株式会社　プレーリーファクトリー　https://www.prairie-

# 第10章

## 摂食・嚥下指導
### （理論編）

# 1 摂食・嚥下について

　学生の方にはあまり馴染みがないかもしれませんが、肢体不自由教育において「摂食指導」は非常に重要な役割を果たしています。障害が軽度の子どもたちは、上肢を使って問題なく食事や嚥下ができることもあります。しかし、多くの肢体不自由児は、食事に関して何らかの問題を抱えています。特別支援学校の教員であれば、このことを日々実感していることでしょう。

　この肢体不自由児における摂食指導については、大きく以下の2点に分けられます。

・**上肢にまひがあり、箸やスプーンなどの食具をうまく使えない子どもへの指導**
　　これは、自分で食べること、つまり自食を目指す指導です。
・**摂食や嚥下自体に問題があり、誤嚥の可能性がある子どもへの指導**
　　この指導は危険性が高くなります。

　摂食・嚥下指導の難しさは、他の学習内容と異なり、「今日は調子が悪そうだから、食べるのをやめましょう」と簡単に言えない点にあります。食べることは健康維持に直結するため、調子が悪くても、よほどのことがない限り、全く食べさせないわけにはいきません。

　重複学級では、一対一や一対二で食べさせることができるかもしれません。知的障害などの単一障害のクラスを担当している教員は、その割合で担当できるなら難しくないと思うかもしれませんが、摂食・嚥下指導はそう簡単ではありません。

　上肢のまひの場合、自分で食べる動作（自食）を身体支援を通じて教えることが可能ですが、摂食・嚥下指導では口腔内の動作が関わるため、直接的に支援することが難しくなります。舌で食物を左右に動かしたり、噛んだり、飲み込む動きは、舌や喉を直接触りながら教える

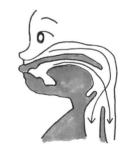

図10-1　食物と呼吸の経路[1]

ことはできません。さらに、摂食・嚥下指導は、食物が気管に入る危険性も高く、非常に危険な学習内容になります。

　大学の講義では理論を学んでも、実技は学ばないことが多いでしょう。子どもを対象とした実技の学習は難しいですが、学生同士でペアを組み、お互いに食べさせ合うことは可能です。次の第11章では、その実技の内容を中心に記載しています。ぜひ、摂食の難しさや危険性を体感してください。

　まず、摂食・嚥下指導における危険性について説明します。図10-1を見てください。この図からわかるように、鼻呼吸の経路と食物を飲み込む経路が喉の部分で交差してい

ます。つまり、食物が気管に入ったり、吸気が食道に入ったりすることは何ら不思議なことではないのです。

さらに、口呼吸の習慣があると、食べながら息を吸ったり吐いたりするため、食物が吸気と一緒に気管に入る可能性が高くなります。気管に入った食物は肺に入り、誤嚥性肺炎を引き起こすことがあります。また、大きな食物が気管に入ると窒息の危険も出てきます。このように、摂食・嚥下指導は非常に危険な学習内容であることは間違いありません。

## 2 摂食・嚥下指導の基礎・基本

まず、人が食物をどのように胃に送るかを理解しましょう。図10-2に示されているように、食物は唇で捕食します。実際に食物を口に入れるのはこの過程から始まりますが、実はそれ以前から摂食活動は始まっています。私たちは、食べる物によって口の形を自然に変えています。例えば、小さなピーナッツを食べるときと、おにぎりをほおばるときでは、口の形が異なります。このように、口に食物を入れる前から、食物を認知し、無意識に準備をしています。この過程を「認知期」といいます。

多くの場合、私たちは見て食物を判断します。そのため、教師は子どもに今から食べ

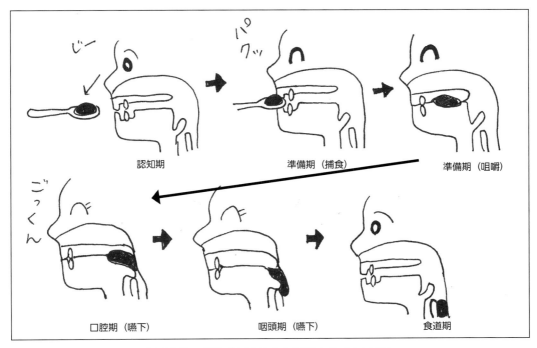

図10-2 摂食嚥下の流れと口腔内のメカニズム
※文献2)のP4～5を筆者が一部改変

るものを確認させ、口元に持っていきます。では、視覚に障害がある子どもにはどうすればよいでしょうか。この場合、言葉掛けをしたり食物を鼻の近くに持っていったりして、今から食物が口に入ることを伝えます。視覚が難しい場合は、聴覚や嗅覚に訴えかけることが重要です。もちろん、食物を近づける前に身体を触って、触覚や固有覚に訴えることもあります。

　図10-2のような「認知 → 捕食 → 咀嚼 → 嚥下」の流れと口腔内のメカニズムをよく理解してください。この流れがわかると、摂食・嚥下指導に対する興味関心が高まり、姿勢やオーラルコントロール（P209 参照）についても納得しながら取り組めると思います。

　もう一つ重要なことは、摂食機能の発達段階と食形態の関係（表10-1）を理解することです。この表に示されている摂食機能の発達は一般的な流れであり、子どもによっては必ずしもこの通りに発達しないこともあります。しかし、口腔内の発達の基本的な流れを理解したうえで、それぞれの子どもに適した柔軟な支援や食形態を提供することが

表 10-1　摂食の発達段階と食形態の関係

| 発達段階 | 哺乳期 | 離乳初期 | 離乳中期 | 離乳後期 | 離乳完了期 |
|---|---|---|---|---|---|
| 口唇機能 | ほとんど動かない。または半開き | 口唇を閉鎖する動きが出る | 上下口唇がしっかりと閉じ、口唇の左右同時に伸縮する動きが出る | 上下口唇がしっかりと閉じ、口唇の片側に伸縮する動きや上口唇と下口唇がねじれながら動く | 上下口唇がしっかりと閉じ、口唇の片側に伸縮する動きや上口唇と下口唇がねじれながら動く |
| 舌機能 | 吸啜反射の動き | 舌の前後の動きがある | 舌の前後の動きに上下の動きが加わる | 舌の前後、上下の動きのほか、左右の動きが出てくる | 舌の前後、上下の動きのほか、左右の動きがある |
| イメージ | | ゴックン | モグモグ | カミカミ | カミカミ |
| 異常動作 | 過敏、拒食、原始反射の残存など | 逆嚥下、むせ、流涎、過開口、スプーン噛みなど | 丸呑み、舌突出、食塊形成不全など | 丸呑み、口唇閉鎖不全など | 丸呑み、犬食い、流し込みなど |
| 摂食機能の指導 | 脱感作、呼吸状態や姿勢などの支援 | 平スプーンを使い、口唇を閉じるように指導する | スプーンを使い、口唇が閉じてくるのを待つ | 指でつぶせるかたさの食物を前歯でかじりとらせる | 手づかみ食べや食具食べを獲得するように支援する |
| 食形態の目安 | 母乳、育児用ミルク | ペースト食 | 押しつぶし食 | やわらか食 | 普通食 |
| 調理形態 | 母乳、育児用ミルク | 粒がなく滑らかで水分と粘度があるもの　　ヨーグルト程度 | 舌で押しつぶせるかたさで形のあるもの　　豆腐程度 | 歯や歯茎でつぶせる程度で噛み切れるかたさのもの　　バナナ程度 | 歯でつぶせたり、噛み切れるかたさのもの　　ミートボール程度 |

鹿児島県立鹿児島養護学校版を筆者が一部改変

重要です。この表は知的障害児や発達障害児にも活用できるため、特別支援学校における摂食・嚥下指導の基本として理解してください。

## 3 肢体不自由児の摂食・嚥下障害の原因

肢体不自由児の摂食・嚥下障害には、知的障害児ではあまり見られない原因が存在します。以下にその内容を示します。

### ア 解剖学的異常

これは知的障害児にも見られることがありますが、主に肢体不自由児に多く見られます。先天的な解剖学的異常として、口蓋裂（口蓋が閉じていないため、口腔内の陰圧が難しく鼻腔内への逆流が起こる）や小顎症（下顎の運動が難しい）などがあります。

図10-3 舌突出

### イ 過敏

過敏は知的障害児の摂食指導でも問題になります。口腔内の過敏が強い場合、ざらざらした食物を嫌がることで好き嫌いが生じることがあります。口腔周辺の過敏では、オーラルコントロールなどの食事指導が難しくなるため、脱感作が必要です。

図10-4 咬反射

### ウ 異常動作の出現

舌突出（図10-3）、咬反射（図10-4）、過開口（図10-5）、丸呑み（図10-6）、逆嚥下（図10-7）などが見られることがあります。以下にその異常動作の原因と対処法を述べていきます。

舌突出は知的障害児にも見られますが、肢体不自由児の舌突出とは原因が異なる場合が多く、ここでは、舌が口腔から出てくる状態を舌突出と定義します。舌突出の原因には主に以下の7つが考えられます。

① 嫌いなものを食べたくない意思表示
② 自己刺激的な動き
③ 巨舌のため舌が口腔外へ出やすい
④ 異常パターンの嚥下動作
⑤ 不随運動や協調運動の障害
⑥ 意思伝達のサインとしての活用

図10-5 過開口

図10-6 丸呑み

⑦　誤学習による舌の動き

①の嫌いなものが原因となる舌突出は、知的障害児にも見られます。知的障害児の場合、嫌いなものに対してパニックを起こしたり、食具を投げたりするなど、他の嫌がる動作も見られるため、原因がわかりやすいですが、肢体不自由の障害が重度な子どもの場合は、嫌がる動きがはっきりしないため、舌突出が嫌いな食べ物によるものかどうかわかりにくいことがあります。それでも、肢体不自由児の舌突出の原因の一つとして、嫌いな食べ物を考慮することが重要です。

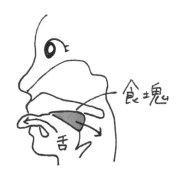

図10-7　逆嚥下

②の場合の舌突出は、食べていない時にも行われています。一人の時や食事と関係ない時間にもやっている場合には、自己刺激と考えていいでしょう。

③の症状は、ダウン症の子どもによく見られます。巨舌で有名な疾患としてはベックウィズ・ヴィーデマン症候群があります[3]。

④の場合は、ほぼ肢体不自由児にしか見られないと思います。これは、逆嚥下ともいわれる誤った嚥下動作になります。図10-7のように、舌を口から突き出すことで舌根部を開き、食塊を落とし込む嚥下方法です。

⑤の場合も、肢体不自由児にしか見られません。脳性まひのアテトーゼ型の場合には、不随意運動として見られることがあります。

⑥の場合も、肢体不自由児に限られると思います。イエス・ノーのサインや舌スイッチを使用する際にも、舌を出すことがあります。

⑦は、舌を出すことで食物を舌にのせてもらえるという誤学習になります。これは、大きく口を開けることで食物を入れてもらえる誤学習と同じです。

①～⑦の対処法は、原因が様々であるため、それぞれ異なります。

①の場合には、一つのコミュニケーションの方法なので、対象児の摂食指導を長く行っているとわかってくると思います。この場合には、許容することも大切だと思います。

②の場合には、子どもが舌を突き出す自己刺激の代わりに、教師が頻繁に別の刺激を与えることが必要です。例えば、手遊び歌などの外からの刺激を頻繁に与えてください。

③の場合には、舌の形態的な問題もあるため、過度な注意は避けた方が良いでしょう。ただし、毎日朝の会の時間などに舌の運動を取り入れると、ある程度の効果が期待できるかもしれません。

④の場合には、オーラルコントロールで口唇閉鎖をしっかり行います。この場合の口唇閉鎖の目的は、口唇での捕食ではなく、嚥下までの舌の動きのコントロールになります。そのため、口唇閉鎖は嚥下を確認するまで続けることが重要です。また、頭部を少し前傾に屈曲に保持することで舌突出が軽減されることもあります。

⑤の場合には、全身の筋緊張の亢進や暑さなどの環境要因がある可能性があります。まずは、筋緊張が緩む姿勢を心掛けましょう。また、座位保持椅子などに熱がこもっていないかチェックすることも必要です。熱がこもりやすい子どもの場合には、座位保持椅子の背面に熱抜きファンを取り付けることも有効です。

⑥の場合には、もし他のコミュニケーションのサインに変更できる場合は、別の方法を導入することも検討してみてください。

⑦の場合には、誤学習なので、家庭と連携を図り、舌を口腔内に入れてから摂食させるようにします。

咬反射（図 10-4）は、スプーンなどを噛み込む原始反射ですが、この原始反射が残っている子どもは、ほとんどが重度の肢体不自由児です。もちろん、知的障害児でもスプーンや歯ブラシを噛むことがありますが、これは反射ではなく、「嫌だ」というコミュニケーションと捉えるべきでしょう。咬反射には、ガムラビング（P217 参照）が最も効果的です。また、スプーンの素材を変えるだけで効果が見られる場合もあります。

過開口とは、図 10-5 のように、食物が近づいたときに必要以上に口が大きく開いたままになる状態です。この状態では、捕食が困難になります。この動作は通常、重度の障害を有する子どもに見られますが、子どもによっては、小さい頃から大きく口を開けて食物を入れてもらう習慣、つまり誤学習のパターンが形成されている場合があります。この誤学習のケースは、知的障害児でもたまに見かけます。過開口が見られる子どもは、ほとんどの場合、自分で食べることができません。しかし、自分で食べることができる子どもでも、大きく口を開けてスプーンを回し、口の中に食物を落として食べることがあります。これは、口唇を使って食物を捕らえる習慣が身についていないために起こります。このような子どもには、普段から口唇を使う動作をさせ、そのたびに称賛してください。例えば、一時的に自食を中止し、教師が食べさせてみましょう。この場合、食物を子どもの口に入れ、子どもが口唇で捕食するまで待つことが重要です。家庭と連携することで、誤った習慣はすぐに改善されることが多いようです。一方、肢体不自由児の過開口に対する通常の支援方法は、まず口唇を閉じさせ、その後オーラルコントロールを使って適切な口の開きにし、食物を捕らえさせることが基本となります。

丸呑みは、知的障害児にも多く見られます。丸呑みの要因として、子どもの実態に合っていない食形態を与えられている場合が多く、最初は口から押し出していたかもしれません。それを注意されているうちに、丸呑みの動作に移行していった可能性があります。また、時間内に食べ終わるためや嫌いなものを味わいたくなくて丸呑みしている場合も考えられます。特に、口腔内が未発達な子どもに自食を早く導入すると、丸呑みになる場合が少なくありません。しかし、丸呑みすることで早くこぼさずに食べられるため、称賛されることもあり、子どもの誤学習を引き起こしている場面にも遭遇します。もちろん、肢体不自由児の場合にも、同様に口腔内の発達に食形態が合っていないことが大きな理由になります。例えば、口腔内が咀嚼まで達していない段階の子どもに対し、噛

まないといけない食形態を与えると、舌で押し返すか、丸呑みするかになるはずです。
　対処方法として、知的障害児の場合には、噛む回数を数えてあげることで改善することもあります。教師が付けるようなら、自食を一旦やめて、舌の手前側に食物を置いてあげるなどして、咀嚼する習慣をつけることが大切です。また、あえて子どもが好きな食物を活用し、噛んで味わう喜びを引き出してみましょう。肢体不自由児の場合には、口腔内の発達段階が咀嚼可能な段階なのかを確認し、難しいようなら食形態を口腔内の発達段階に合わせてあげてください。丸呑みは言葉掛けだけでは治りにくいので、しばらくは教師が付いて指導することが必要です。
　逆嚥下についてはP190 の④を参照してください。

### エ　運動性障害

　運動性障害は知的障害児には見られません。脳性まひのアテトーゼ型の子どもや重症心身障害児の中には、不随意運動や筋緊張の亢進のため、捕食や嚥下のタイミングのずれる子どもや、摂食・嚥下の動きが難しい子どももいます。特にアテトーゼ型の子どもの場合、精神の状態も口腔機能の働きに影響することがあるので、リラックスした雰囲気を保ち、過度なプレッシャーを与えないようにすることが大切です。また、姿勢は口腔機能の働きに大きな影響を及ぼします。自食できない子どもの場合、少し後傾の姿勢で体幹に負担をかけないようにし、ゆったりした状態で食べさせることが重要になります。

### オ　二次的な口腔形態の異常

　知的障害児ではあまり見られません。図10-8 のように前歯が閉まらなくなる開咬、図10-9 のように口蓋が奥深くなる高口蓋、図10-10 のように前歯が口外へ突出する前突などの口腔形態の異常が、摂食・嚥下を難しくします。

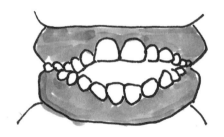

図10-8　開咬[1]

### カ　呼吸障害

　P186 でも述べましたが、摂食と呼吸は経路として重なる部位があるために、お互いに深く影響しあっています。まず、口唇を閉鎖しながら食べるためには、鼻呼吸が必要です。口呼吸では口を開けなければいけません。開口しながらの嚥下が難しいことは、実際にやってみるとよくわかります。また、鼻呼吸の重要性を体感するためには、鼻をつまんだ状態で食べてみると実感できると思います。さらに、シーソー呼吸（P312 参照）や陥没呼吸（P312

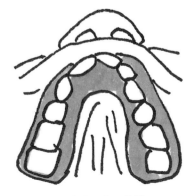

図10-9　高口蓋[1]

参照）などが見られる呼吸状態の悪い子どもの場合、吸気時に努力して息を吸うために食道内が陰圧になりやすく、そのことが胃食道逆流の引き金になることがあります。

### キ　胃食道逆流症

胃食道逆流症とは、胃の内容物が食道へ逆流する病気の総称です。この症状は、呼吸障害や側弯、食道裂孔ヘルニア（P312参照）など、様々な原因で起こります。私たちでも胃食道

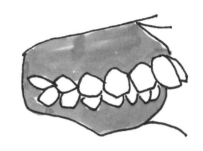

図10-10　前突[1]

逆流症にはなりますが、その場合には、胸やけや呑酸（どんさん：P312参照）などの症状が見られます。一方、障害の重い子どもの場合には、胃食道逆流症は非常に危険な疾患となります。もし嘔吐物が大量に口まで戻ってきた時に、姿勢変換などの対応ができない子どもの場合には、窒息の危険性をもたらします。このように、私たちの胃食道逆流症とは危険性のレベルに大きな差があることを理解しておくことが重要です。もちろん、胃ろうや経鼻経管栄養などの医療的ケアが必要な子どもでもこのような危険性はなくなりません。特に、経口摂取を行っていない子どもの場合、口腔まで戻ってきたものを誤嚥してしまうことが容易に想定できます。さらに、胃酸を含んだ逆流物を誤嚥することで、肺に対して大きなダメージがかかり、誤嚥性肺炎を発症する原因となります。このように、障害の重度な子どもにとって、胃食道逆流症はかなり危険な病気であることは間違いありません。

### ク　反射の異常

原始反射の残存や、逆に必要な反射の低下が考えられます。例えば、原始反射としては咬反射（P189参照）がよく見られます。逆に、咳嗽反射（がいそうはんしゃ：咳）が低下して、誤嚥してもむせがなく、誤嚥に気づかない場合もあります。この状態をサイレントアスピレーション（P312参照）または不顕性誤嚥（ふけんせいごえん）ともいいます。もちろん、嚥下反射（P312参照）機能の低下も誤嚥の大きな要因になります。

### ケ　加齢による摂食・嚥下機能の低下

成長とともに摂食・嚥下機能が向上すると考えられがちですが、必ずしもそうではありません。例えば、ハイハイしていた子どもが歩き始めるのは1歳前後によく見られる粗大運動です。しかし、すべての子どもがこのように成長するわけではありません。脳性まひ児の場合、7歳以降は粗大運動の発達がほぼ止まることがわかっています。

また、摂食・嚥下機能についても、図10-11からわかるように、成長とともに後頸部が長くなるため、食物が気管に入る危険性が高くなります。さらに、側弯などの身体の変形が始まると、摂食・嚥下機能が低下し、小さい頃には口から食べていた子どもが経鼻経管栄養や胃ろうが必要となることも珍しくありません。

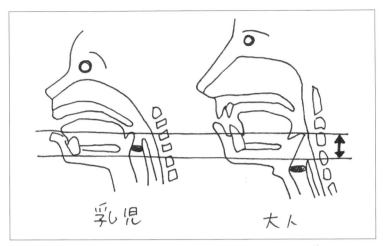
図 10-11　成長に伴う咽頭・喉頭の位置の変化[4]

### コ　環境や支援の在り方

　姿勢や食形態、食具、介助方法が、子どもの摂食・嚥下に大きな影響を与えることは、先生方は理解されているので、気を付けられていると思います。しかし、意外と見落としがちなのは環境設定です。知的障害児の場合、気になる背景や受け入れられない音があると、離席したり入室しなかったりして、意思を伝えることができます。子どものそうした様子から、教師はその理由や対策について話し合い、支援方法を考えます。しかし、肢体不自由児の場合、その状況を教師に伝える手段がないことがあります。極端な話、どんなに給食室に入りたくなくても、車椅子や座位保持椅子で教師と一緒に入ることになるでしょう。例えば、給食室ではてんかん発作を誘発する音の発生源が意外と少なくありません。また、視覚刺激も多く、食事に集中できない場合もあります。不適切な要因の具体例を表10-2に示しました。当てはまることがないか考えてみてください。これ以外にも、子どもによって摂食・嚥下の妨げとなる要因がいろいろ考えられると思

表 10-2　要因と不適切な具体例[5]

| 要　因 | 不　適　切　な　具　体　例 |
|---|---|
| 環　境 | 給食室でのてんかん発作を誘発する聴覚刺激<br>給食室での子どもや教師の動きによる視覚刺激　など |
| 姿　勢 | 体が反り返っている<br>顔が上を向いている<br>体が左右にねじれている<br>嚥下力に適した体の傾きになっていない　など |
| 食形態 | 食物の硬さや大きさなどの食形態が子どもの実態に適切ではない |
| 食　具 | スプーンやコップの形状、素材が合わない　など |
| 介助方法 | 適切な口腔のコントロールができていない<br>一口量や摂食のスピードが適切でない<br>スプーンやコップの扱い方が適切でない　など |

います。常に、子どもの状態を教師が詳細に観察しておくことが重要です。

## 4 誤嚥の発症のメカニズム

　食道に入るはずの食物が気管に入ってしまうことを誤嚥といいます。誤嚥のイメージとして、飲み込むときに気管に入ることを思い浮かべるかもしれませんが、実はそれだけではありません。図10-12は誤嚥発生のタイミングを示しています。このように、嚥下前や嚥下後でも誤嚥は発生します。嚥下前の誤嚥は、嚥下反射が起こる前に食物が気管に流れ込む状態です。食道の手前には、図10-13のように梨状窩（りじょうか）というくぼみがあり、食物は喉頭蓋（こうとうがい）という気管の蓋で左右に分かれ、左右の梨状窩を通り、そこから食道に入ります。嚥下力が弱い子どもの場合、この梨状窩や図10-13のような喉頭蓋の凹みである喉頭蓋谷（こうとうがいこく）に食物や水分が残り、これが気管に入ることが嚥下後の誤嚥になります。一方、嚥下中の誤嚥は、喉頭蓋の閉鎖がうまくいかなかったり、タイミングがずれたりすることで起こります。

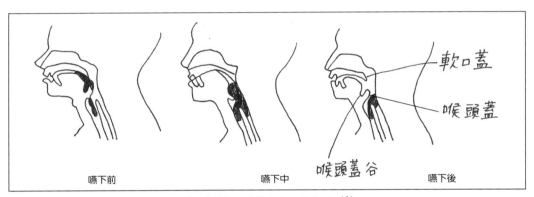

図10-12　誤嚥の3つのタイプ[6]

## 5 誤嚥の臨床像

　咳やむせている子どもを見ると、もしかして誤嚥しているのではないかと疑います。しかし、誤嚥はそれだけでわかるのでしょうか。P193にも書きましたが、咳嗽反射や咽頭反射（P312参照）が弱い子どもの場合、むせないこともあり、サイレントアスピレーションの症状を呈していることがあります。そのため、咳やむせ＝誤嚥とは限らないので注意が必要です。
　では、誤嚥はむせや咳以外にどのような臨床像に注目する必要があるのでしょうか。表10-3にまとめました。以下に、その内容について説明します。

ア 食事中のむせや咳は最もわかりやすい反応です。しかし、誤嚥していてもむせや咳が出ないサイレントアスピレーションの場合もあるので、他の症状も頭に入れておくことが重要です。

イ、ウ 食べることや飲むことを嫌がる場合には、好き嫌いではなく、子ども自身が危険を察知し、拒んでいることもあります。

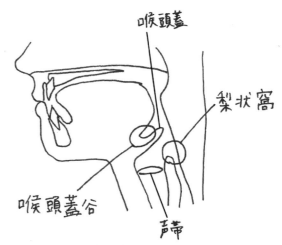

図10-13 喉頭蓋から声帯までの位置関係

エ 誤嚥により身体の緊張が亢進したり、逆に摂食時の緊張で誤嚥が引き起こされたりすることもあります。

オ、カ 食事中に顔色が優れないと思ったら、パルスオキシメーターを活用し、酸素飽和度を測ってみましょう。平常時と比較して値がどの程度変動しているか確認してください。大人の場合には、3%以上の低下の場合は誤嚥を疑いますが、子どもの場合には、値を保護者や主治医に連絡することが重要です。また、脈拍が高くなることもあります。これもパルスオキシメーターで測定が可能です。さらに、頸部聴診法も有効な方法です。図10-14の位置に聴診器を当てて嚥下音を確認する方法ですが、自分一人だけの判断ではなく、写真10-1のような専用のマイクとスピーカーを活用し、みんなで嚥下音を確認することが可能です。

キ 食事中や食後に見られる喘鳴は誤嚥を示すサインです。食事中や食後の「ゼロゼロ」という喘鳴は、喉に食物や水分、唾液が残っている状態を示します。一方、嚥下後の「ヒューヒュー」という喘鳴は、誤嚥によって気管支が攣縮（P313参照）し、狭くなっている可能性があります。いずれにせよ、食事前に喘鳴が見られない子どもが食後に喘鳴を示す場合、誤嚥が疑われます。

ク 発熱は食事中の臨床像ではないため見過ごされがちですが、特に定期的な発熱は注意が必要です。誤嚥性肺炎に至らなくても、誤嚥によって身体が炎症を起こしている可能性があります。また、食事中にむせや咳が見られなくても、サイレントアスピレーションが起こっている可能性があるため、定

表10-3 誤嚥の臨床的な症状[5]

| | |
|---|---|
| ア | 咳き込み・むせ |
| イ | 食べることを嫌がる |
| ウ | 水を飲むことを嫌がる |
| エ | 筋緊張の亢進 |
| オ | 顔色不良 |
| カ | $SPO_2$（酸素飽和度）の低下 |
| キ | 喘鳴（食事中・食後） |
| ク | 定期的な発熱 |
| ケ | CRP（炎症反応）の上昇 |

第 10 章　摂食・嚥下指導（理論編）

　　期的な発熱がある場合は、一度病院を受診することが必要です。
　ケ　誤嚥を心配する症状が見られたら、保護者や主治医と連携を図り、病院で CRP
　　検査（P313 参照）、レントゲンや CT スキャン、VF（嚥下造影検査：P313 参照）
　　などを実施してもらい、誤嚥かどうかの判断をしてもらいましょう。

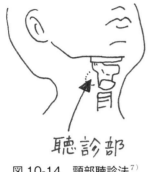

図 10-14　頸部聴診法[7]

写真 10-1　頸部聴診法のマイクとスピーカー

## 6　摂食・嚥下障害への支援の考え方と直接訓練

　摂食・嚥下指導として、学校で可能なアプローチは、大別すると、姿勢のコントロール、食形態、口腔のコントロールの 3 つになると思います。その 3 つについて、以下に詳しく述べていきます。

### （1）姿勢のコントロール

　一般的に摂食に適した姿勢として、図 10-15 の左側の姿勢が推奨されています。このように、上体を後傾し、頸を軽く曲げた姿勢が摂食に最適な理由を説明します。頸が反った場合には、気道確保の姿勢になり、さらに頸の前面が伸びきることで食物の嚥下がしにくくなります。座位保持椅子のヘッドレストを活用する場合には注意が必要です。ヘッドレストを前方に倒し、頸を曲げたつもりでも、図 10-16 の左側のように肩が前方に出てしまうことがあり、その場合には頸は前屈していないことになります。その時には、保護者や業者と連携を図り、肩ベルトをつけてもらってください。このベルトを活用することで、肩の前方への突出を防げます（図 10-16 右側）。次に、図 10-15 では身体が床面に対して後傾しています。この姿勢の効果はどのような点でしょうか。仮に、床面に対して垂直に上体を起こした場合どうなるのかを考えてみましょう。この場合、食物を喉に送るのに重力を活用できません。子どもによっては、頭部を支えられなかったり、姿勢が崩れたりすることもあります。つまり、上体を垂直にすることは姿勢を保持する力が必要になり、そのことで緊張が強くなることも考えられます。しかし、全ての子ど

197

もが図10-15の左側の姿勢が適切であるわけではありません。子どもによっては、頸を少し後ろに反った姿勢の方が、甲状軟骨（P313参照）がスムーズに上がりやすい場合もあります。そのような場合には、ある程度注意しながら許容することも必要でしょう。また、上体の後傾は、障害が重度な子どもの場合には必要ですが、舌の動きに問題のない子どもの場合には、口に入ってくる食物を視覚的に確認できなかったり、重力のために食物が一気に喉へ流れ込み、誤嚥の可能性を高めたりするかもしれません。つまり、子どもの障害の状態により、適切な姿勢も変化します。そこが難しい点で、すべての子どもに適切な万能の姿勢は存在しません。一般的には、障害が重度な子どもほど、身体への負担や舌で食物を喉に送れないことを考慮すると、床面に対する上体の角度は後傾になる場合が多くなります。しかし、この姿勢は、食物の確認や喉への食物の移行スピードなどの問題があり、受動的な摂食となるために、摂食・嚥下機能が発達していかないという短所もあります。表10-4に上体の垂直位と後傾位の長所と短所をまとめてあります。それを参考にして、担当の子どもの姿勢を調整してください。

良い姿勢　　　　　　　　　悪い姿勢

図10-15　摂食の姿勢[2]

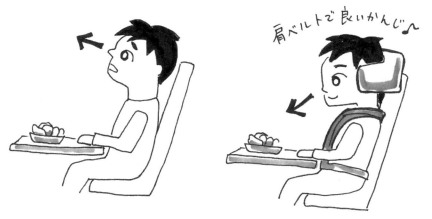

図10-16　肩ベルトの活用

第 10 章　摂食・嚥下指導（理論編）

表 10-4　垂直位と後傾位の長所と短所[5]

| | 垂　直　位 | 後　傾　位 |
|---|---|---|
| 長所 | 摂食・嚥下力が育成される<br>食物を視覚的に確認できる<br>自然な流れで摂食・嚥下ができる<br>能動的に食物を摂取できる | 頭部が安定し、姿勢が崩れにくい<br>喉まで食物を送り込みやすい<br>重力を活用し、食道に食物を落とすことができる<br>食道と気管の位置関係から誤嚥しにくい |
| 短所 | 体に負担がかかり、筋緊張が亢進する場合がある<br>頭部が不安定で姿勢が崩れやすい<br>喉まで食物を送り込みにくい<br>重力を使って食道に食物を落とせない | 食物が視覚的に確認しにくい<br>一気に、食物が喉に入り込む危険性がある<br>受動的な摂食になる<br>摂食・嚥下力が育成されない |

## （2）食形態

　私たちは自由に舌を動かせるため、食形態が誤嚥防止の大きな要因になることをあまり実感できないかもしれません。しかし、舌の動きが前後や上下で制限されている子どもの場合、食形態は非常に重要な要因となります。つまり、子どもの口腔機能に適した食形態を提供することが、誤嚥防止につながります。もちろん、食形態が子どもに適していない場合、誤嚥の危険性が高くなるだけでなく、例えば、食物をうまく処理できずに口の中に残ったり、丸呑みの習慣がついたりします。表 10-1（P188）を参考にして、子どもの摂食能力と食形態を適切に合わせてください。

## （3）口腔に対するコントロール

　誤嚥防止の対策の 3 つ目として、口腔に対する直接のコントロールがあります。摂食時に口腔を直接コントロールすることをオーラルコントロールといいます。このオーラルコントロールを行うことで、過開口、舌突出などの異常動作の抑制や口唇閉鎖を促すことも可能となり、誤嚥の危険性を低下させることができます。この詳しい内容は、次の 11 章の実践で体感してください。

# 7　自食

　子どもによっては、自分自身で食具を使って食べられるかもしれません。自食は自立のための重要な ADL（日常生活動作）の一つです。この動作には、上肢の巧緻性や可動性が重要です。また、自食は自立のための大きな部分を占めるだけでなく、子どもの手指の運動機能を伸ばすことが期待できます。好きなものを食べる動作は、上肢の巧緻性や目と手の協調動作を自然に促し、子どものやる気を引き出す学習内容として非常に効果的です。

　もちろん、注意点もあります。特に気を付けなければならないのは、どうしても支援

199

が必要な子どもと比較して、自食の可能性がある子どもでは、食事中の事故についてあまり想定していない場合が少なくないことです。しかし、特別支援学校の知的障害児や小学生でも、食事の場面では危険性があることを考えると、どんな子どもにも危険はつきものです。まず、安全・安心が第一です。その点だけは忘れないようにしましょう。

支援を受けている状態から自食への移行を考える際、発達の段階を考慮すると、最初は手づかみ食べから始めることが基本です。手づかみ食べは、目と手の協応性の発達、食物を触ることでの触覚を中心とした感覚の発達、それと共に食物への興味関心の向上、また、難しくない動作なので成功経験を得やすいなどのメリットが多く、食具への移行がスムーズになるとされています。しかし、これはあくまでも発達に遅れのない子どもを対象にした見解です。

例えば、学校では手づかみ食べを導入しているが、家庭では食具を使わせている。また、自閉傾向のある子どもでは、手づかみ食べから食具への移行がスムーズにいかないことも想定できます。そう考えると、すべての子どもに手づかみ食べを推奨することは疑問が残ります。子どもの状態像や特性、年齢を考慮に入れて、手づかみ食べの導入を検討することが重要です。

ここでは、手づかみ食べを省き、スプーンを使うことから説明します。最初に、子どもにスプーンを持つ習慣をつけることから始めます。それとともに、子どもの姿勢を垂直位に起こし、可能であれば前傾させることが適切です。最初は、子どもの手にスプーンを持たせ、一緒に口に運ぶ動作を行います。

ここからは、通常の椅子やカットアウトテーブルを活用した自食の進め方について述べていきます。

## （1）自食支援のポイント
### ① 骨盤が前にずれる

骨盤が前にずれる子どもの場合、椅子の座面に市販されている滑り止めマットなどを敷いてみましょう。もちろん、足底がきちんと床に接していることが重要で、座面の高さを調整したり、足のせ台を活用したりします。また、カットアウトテーブルを通常より高く設定すると、身体の前面を保持することが可能です。さらに、写真10-2のような携帯用の内転防止パット（レインボーシート）は、骨盤のずれを防ぐための有効な姿勢補助具になります。

### ② 身体が崩れ斜めになる

体幹と椅子の隙間にクッションやタオルを入れて調整していきます。

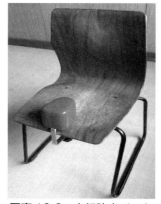

写真 10-2　内転防止パット

### ③ 上肢の活用がうまくいかない

　最も大切なことはテーブルの高さです。上肢の操作に適したテーブルの高さは、肘の高さが基本です。この高さに調整することで、肘を支点とした上肢の動きを引き出せます。時々、肘をつかないで食べるように指導している場面を見ますが、上肢にまひがある子どもの場合、テーブルに肘をつくことで動作が安定します。上肢が後ろに引き込まれる子どもは、肘が引かれないように机に肘受け（図10-17参照）をつけることで止まる場合があります。角材などと面ファスナーを活用すればすぐに作ることが可能です。また、図10-18のように、肘だけを高くして、食器の上端と肘を同じ高さにすることで食物はすくいやすくなります。一般的には、食器が動かないように滑り止めシリコンマットを活用している場合が多いと思いますが同じような働きとして、写真10-3のように皿の底に吸盤のついた特殊皿（EDISON mama）の活用も考えてもいいかもしれません。また、最近は、写真10-4のような食べこぼしポケット付きのシリコンマット（スマートスタート）もネットで販売されています。

　上肢や手指がまひによりうまく動かない場合には、様々な自助具（P311参照）を活用すると非常に有効です。これらの自助具は目的に応じて使い分けることが重要です。例えば、写真10-5の特殊箸は小さな食物を挟むのに非常に機能的で失敗しにくいですが、通常の箸への移行には適していません。これは、リングに依存しすぎて親指と人差し指で箸を使う習慣が付いてしまうためです。実際に箸を使うとわかりますが、上の箸は中指、人差し指、親指で動かして使います。通常の箸に移行したい場合には、人差し指のリングを徐々に外

図10-17　肘受け[8]

図10-18　肘の高さ[8]

写真10-3　特殊皿

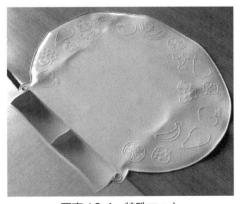

写真10-4　特殊マット

写真 10-5　特殊箸

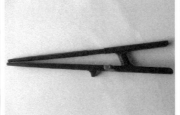
写真 10-6　特殊箸（リングなし）

写真 10-7　特殊スプーン

していきましょう（写真 10-6）。

　また、スプーンは手首の可動域が狭い場合、写真 10-7 のように柄を自由な角度に曲げられるスプーンを試してみると良いかもしれません。手が回内握りの場合、最初は太いグリップが使いやすく、回内握りが安定してきたら、回内握りと三指握りの中間に位置する T 字スプーンへ移行してみましょう（写真 10-8）。さらに、回外への動きが可能な子どもの場合、三指握りへ移行するために、写真 10-9 のようにスプーンにピストル型の取っ手を付けたものが適しています。この取っ手は、ネットで買える「おゆまる」（写真 10-10）や「プラフレンド」（写真 10-11）で簡単に作製可能です。どちらも約 60°C 以上のお湯で様々な形に成形でき、そのまま置いておくと固まります。ただし、食器の加熱消毒を行っている場合には使用できないので注意してください。また、握りが弱い、手に震えがある子どもの場合、写真 10-12 のようなカフでスプーンを固定すると上手く使えると思います。

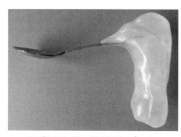
写真 10-8　T 字スプーン

写真 10-9　ピストル型スプーン

写真 10-10　おゆまる

写真 10-11　プラフレンド

写真 10-12　カフの活用

第 10 章　摂食・嚥下指導（理論編）

## （2）スプーンの握り方

　スプーンの握り方の発達は、手掌回内握り、手指回内握り、静的三指握り、動的三指握りへと進んでいきます。ただし、これはあくまでも手指にまひがない場合であり、発達が途中で止まる子どもも少なくありません。動きの特徴などは、表 10-5 を参照してください。

表 10-5　スプーンの握り方の発達 [9]

| | 手掌回内握り | 手指回内握り | 静的三指握り | 動的三指握り |
|---|---|---|---|---|
| 動きの特徴 | 手とスプーンは一緒に動く。そのため、手首の動きは見られない。肩と肘の動きですくう。 | 手掌回内握りから親指と人差し指が伸びる。前腕と手首ですくう。 | 手首が返り、鉛筆を持つような握りになる。しかし、指ではなくまだ手首ですくう。 | 手首の動きとともに指の動きが出てくるため、すくう量の調節がうまくいく。 |
| 写真 | | | | |

#### 引用・参考文献

1 ）田村正徳 監，梶原厚子 編：在宅医療が必要な子どものための図解ケアテキストＱ＆Ａ．メディカ出版 ,2017.

2 ）田角　勝，向井美惠 編：小児の摂食嚥下リハビリテーション．医歯薬出版 ,2006.

3 ）難病情報センター　　https://www.nanbyou.or.jp/entry/2404

4 ）日本小児神経学会社会活動委員会 編：医療的ケア研修テキスト．クリエイツかもがわ，2006.

5 ）松元泰英：かゆいところに手が届く重度重複障害児教育．ジアース教育新社 ,2022.

6 ）尾本和彦，小沢　浩 編：小児の摂食嚥下障害と食事支援．医歯薬出版 ,2019.

7 ）倉田慶子　樋口和郎　麻生幸三郎　編：ケアの基本がわかる重症心身障害児の看護．へるす出版 ,2016.

8 ）佐々木清子：子どもに合わせた食事の姿勢の工夫．日本肢体不自由児協会 編：摂食障害―指導援助の実際―．3-46,2010.

9 ）松元泰英：目からウロコの重度重複障害児教育．ジアース教育新社 ,2018.

# 摂食・嚥下指導
## （実践編）

# 1 摂食・嚥下について

　第10章で、摂食・嚥下指導の理論について学びました。そこで、この第11章では、その学んだことを実際に実践してみましょう。もちろん、子どもの実態は皆違うので、実際にはこの章で実践したようにはいかないかもしれません。しかし、一度実践しておくと、子どもと接するときに少しは余裕を持って臨めると思います。

写真 11-1 準備する物

　まず、摂食指導の難しさと要点を体感してもらいます。

### 実践 Time

実技 A…摂食体験
　準備するもの
　・かっぱえびせん
　・水
　・コップ
　・ヨーグルト
　・焼きかまぼこ（100円ショップ等で売っているおつまみ）刻んで使用
　・シリコン手袋（使用した方が衛生的）
　・スプーン
　・ハンカチ、ティッシュ
　　一セットが写真11-1です。

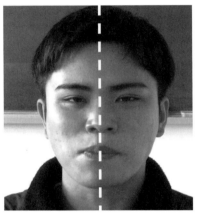

写真 11-2 咀嚼の動き

① 同性同士でペアを組み、対面になります。
② 咀嚼の確認（1）

相手にえびせんを食べてもらい、その時の口や顔の動きを観察してください。同じように自分も食べて観察してもらいましょう。

何か気付いたことがありますか？

　→　口の動きが写真11-2のように非対称的に動いていたと思います。これが咀嚼です。口腔内に入った食物を左右どちらかの臼歯に移動させて噛むために、非対称的な動きとなります。

③　咀嚼の確認（2）

えびせんを折って小さくし、それを相手の口の中に入れます。入れる場所は舌の手前です。奥に入れすぎると危険なので注意してください。

この時、音に注目します。「ガリ、ガリ」といった音がしたと思います。この方法は、咀嚼ができているかどうかを調べるためによく使われます。子どもの場合には、えびせんせより小さなサッポロポテトの大きさが適切でしょう。咀嚼ができないことがわかっている子どもには、危険なので実施しないでください。

→　咀嚼できている：「ガリ、ガリ」という音がしたら、咀嚼できています。口の中に入ったえびせんを舌で臼歯に置き、咀嚼しています。

→　咀嚼できていない：ほとんど音がしない。この場合には、舌と口蓋でつぶしていると考えられます。子どもによっては、舌で押し返す場合もあります。つまり、舌の側方への動きができていません。

④　口唇閉鎖の必要性（1）

嚥下するときには口唇を閉じる必要性を体感します。

→　えびせんを数本食べ、口を開けた状態でのみ込んでください。
　　できましたか？

→　嚥下には口唇閉鎖が必要なことがわかったのではないでしょうか。つまり、口唇閉鎖は捕食だけの役割ではなかったことが理解できたと思います。

⑤　口唇閉鎖の必要性（2）

スプーンでヨーグルトをすくい、食べてみましょう。

→　無意識に口唇を使っていたと思います。

今度は、片手で口唇を使えないようにブロックして食べてみましょう。

→　どうですか、捕食には口唇が必要なことがわかったと思います。

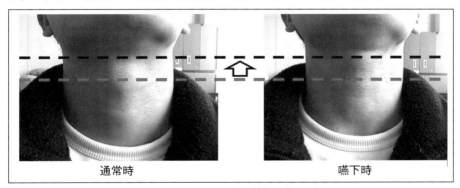

写真 11-3　のど仏（甲状軟骨）の動き

⑥　鼻呼吸の必要性

→　片手で完全に鼻をつまんで、えびせんを数本食べて嚥下まで実施してください。

→　意外と難しかったのではないでしょうか？　鼻呼吸が重要なことがわかったと思います。

⑦ 嚥下するときに甲状軟骨（のど仏）が上がることの体感

→ えびせんを食べ、片手でのど仏を触りながらのみ込んでください。のど仏が上がることがわかったと思います。写真 11-3 の左側の写真は通常時ののど仏の位置です。右側が嚥下時の位置です。上がっていることがわかると思います。飲み込んでいるかどうかの確認は、この部位の動きで確認します。

対面で相手ののど仏の上がり方も見てください。

⑧ 水を飲ます難しさと飲まされる恐怖の体感

対面の相手に水を飲ませます。この場合にはどんな方法でもかまいませんが、飲まされる人は自分からは飲みに行かないようにしましょう。あくまでも、飲まされる設定になります。役割を交代してやってみてください。

→ どうですか。飲ます側はかなり難しく、一方、飲まされる側は怖かったのではないでしょうか？

子どもに水を飲ませることは、かなり危険なことであることがわかったと思います。どうしても水を自主的に飲まない子どもに対しては、重力を活用して飲ませます。そのため、一気に喉まで流れ込むので、口腔内の準備が間に合いません。また、水は液体のため、口の中に広がり、食塊を形成することが難しい食物になります。

⑨ 食物を奥に入れるとどうなるかの体験

えびせんを少し砕いたものをスプーンで舌の奥の方へ入れて、食べてみましょう。

→ どのように食べましたか？

→ 一度、前の方へえびせんを戻してきたのではないでしょうか。

食物が口からよくこぼれる子どもに食べさせるときに、食物がこぼれないように、ついつい舌の奥に食物を入れようとしていませんか。この体験でわかったと思いますが、舌の奥へ食物を置いても、一度は前に戻して食べます。そのままのみ込んでいる場合には、丸呑みを学習していることになります。

⑩ 舌の動きが難しい場合（1）

舌の動きが左右に動かない状態、つまり、舌の動きを前後か上下の動きに限定してヨーグルトを食べてみましょう。

→ 舌と口蓋でつぶしながら、食べられたと思います。

⑪ 舌の動きが難しい場合（2）

舌の動きは⑩と同様で、食物をヨーグルトから、刻んだ焼きかまぼこに変え、食べてください。

→ 嚥下がうまくできなかったのではないでしょうか。

→ 刻んであるからといって、食べられるようにはならないことが分かったと思います。

⑫ 舌の動きが難しい場合（3）

舌の動きは同様で、刻んだ焼きかまぼことヨーグルトを混ぜ合わせて食べてみてくだ

第11章　摂食・嚥下指導（実践編）

さい。

　　→　ヨーグルトだけのみ込み、焼きかまぼこは舌に残ったのではないでしょうか。

　　→　刻んだものにヨーグルト状のものを混ぜ合わせても、一緒に嚥下されないことが
　　　　わかったと思います。

　　→　形態の違うものは口の中で分離されてしまいます。

　これまでの実技は、ペアを組んで相手に食べさせると、楽しく学習できると思います。
私たちは普段意識しませんが、摂食・嚥下の活動では口腔内をとても上手に使いながら
食べていることを理解できたのではないでしょうか。

# 2　直接訓練

　ここからは、直接訓練について説明していきます。直接訓練とは、食物を使い、実際
に食べさせながら摂食指導を行うことです。一方、食物を使わずに摂食訓練をすること
を間接訓練といいます。これについては後半で紹介します。

　摂食・嚥下が上手にできない子どもの場合、食べさせる時に口腔の動きをなるべく正
常に近づけるように調整する必要があります。その基本となるのがオーラルコントロー
ルです。

## （1）オーラルコントロールの目的

　摂食時に口唇や顎などをコントロールすることで誤嚥を防ぎ、安全な食事を促しなが
ら摂食・嚥下力を高める方法です。そのため、この指導では一対一での対応が必須です。
オーラルコントロールの目的は以下の通りです。

　　ア　過開口、舌突出、咬反射などの異常動作を抑制する

　　イ　下顎を安定させながら、口唇閉鎖を促す

　　ウ　頭部や下顎を安定させ、正常な摂食・嚥下動作を促す

　　エ　頭部と身体の位置関係を適切に保持する

　　オ　嚥下のタイミングを確認する

　それでは、ア～オまでの各動作の促し方について簡単に説明します。

### ア　過開口、舌突出、咬反射の抑制

　過開口と思われる動きが出たら、下顎をブロックします。舌突出の場合は、スプーン
で口腔内へ一旦舌を押し戻してください。スプーンの噛みこみ（咬反射）が見られる場
合は、まずスプーンの素材を変えてみましょう。それだけでも、咬反射が止まることも
あります。また、私の経験では、間接訓練のガムラビング（P217参照）は咬反射にか
なり効果があります。

209

### イ　下顎の安定と口唇閉鎖の促進

　下顎を安定させるだけで口唇閉鎖の動きが出てくる子どももいます。出てこない場合は、口唇を押さえることで捕食の動きを促します。口唇閉鎖は嚥下には必要不可欠な動作です。口唇閉鎖ができていない場合、前方に舌を突出しながら飲み込む逆嚥下を学習することもあるので注意が必要です。

### ウ　頭部と下顎の安定

　頭部や下顎の異常な動きは口腔内の動きに影響します。オーラルコントロールで、頭部や下顎を安定させることが正常な摂食・嚥下の動きを引き出すことにつながります。

### エ　頭部と身体の位置関係の保持

　頭部が必要以上に反ったり、左右に傾いたりしないように保持します。

### オ　嚥下のタイミングの確認

　のど仏が上がることを前から見て確認したり、横や後ろからのオーラルコントロールの場合は指で察知したりすることで、嚥下の確認が可能です。

　オーラルコントロールはこれらの目的を達成していれば、特に決められた姿勢はありません。しかし、一対一で摂食する場合には次の説明に出てくる4つの方法がやりやすいと思います。大事なことは、教師が無理な姿勢でオーラルコントロールを行わないことです。無理な姿勢で行うと、自分自身がきつくなることで、子どもの摂食・嚥下の動きを待つ余裕がなくなり、無意識に食事を急がせてしまう場合があります。そのことが子どもの摂食・嚥下のリズムやタイミングを崩し、結果として誤嚥を引き起こします。子どもの姿勢はもちろんですが、同様に教師の姿勢をきちんと作ることが重要です。

## （2）オーラルコントロールの具体的な方法

　実際に、押しつぶし食を用いて前方および側方からオーラルコントロールで摂食指導を行う方法を説明していきます。最初に、子どもに食物を確認させながらスプーンを口に近づけていきます。この時、食物を子どもに見せながら「○○だよ」と声を掛けます。この目的は、子どもに食物を認識させることが主ですが、それとともに自分自身の動作の確認にもなります。視覚的に把握が難しい子どもの場合には、鼻の近くに食物を持って行き、子どもの嗅覚に訴えることが有効です。また、スプーンで軽く口唇に刺激を与える場合もあります。子どもが口を開けたら、スプーンを口腔内に入れていきましょう。もし口が開かない場合には、写真11-4の前方介助1なら親指、前方介助2の場合には人差し指、写真11-5の側方介助1なら人差し指、側方介助2の場合は中指を使いながら、口を開けていきます。

　スプーンは舌の上に持って行きますが、あまり奥へは入れないように気を付けましょう。舌の上にスプーンのボール部がつくことで、食物が口腔内に入ってきたことを子どもは認知し、上唇を下ろしてきます。しかし、下りてこない子どもも多いと思います。この場合には、下顎を安定させ、少し頭部を前に傾けてみましょう。それでも口唇が下

りてこない場合には、前方介助1および前方介助2では親指、側方介助1の場合は親指、側方介助2の場合は人差し指を使い上唇を押さえていきます。唇が閉じたら、スプーンは水平に引き抜きます。口の中に入れるときも水平です。口腔内に入った押しつぶし食は、下顎や舌の上下運動でつぶされ、喉の方へ運ばれます。喉に運ばれた食物は、嚥下反射を誘発し食道へと流れていきます。

　実技で体感したように、嚥下時には必ず口唇閉鎖を行う必要があります。もちろん、捕食時も口唇閉鎖は必要となるので、オーラルコントロールの基本は口唇閉鎖といってもいいと思います。

> **前方からのコントロール**
> 　前方からのコントロールは、表情や口の様子を確認しながら摂食指導ができ、コミュニケーションを図りながら楽しく摂食指導することを可能とします。しかし、口唇閉鎖や過開口のブロックがやや弱いため、子どもの口の異常動作が強い場合には、側方介助の方が有効です。後頭部は、座位保持椅子のヘッドレストで支えます。介助1での捕食や嚥下時の口唇閉鎖は、下唇を支えている親指を上唇へ移行させて押さえます。その場合には下唇は支えず、下顎だけを中指で保持することになります。嚥下については前方からのど仏の動きを見て確認します。

写真11-4　オーラルコントロール（前方介助）

### 側方からのコントロール

側方からの支援は頭部や下顎の安定性に優れ、口唇閉鎖もスムーズに支援できると思います。しかし、子どもと教師とが目を合わせることがなく、食べさせるだけの摂食指導になりがちで、給食が子どもや教師にとって、楽しい時間とならない可能性があります。また、顔に過敏のある子どもの場合には、まず、過敏をとってからでないと難しいでしょう。後頭部は、教師の腕や胸で支えることになります。嚥下については、小指でのど仏の動きを確認します。

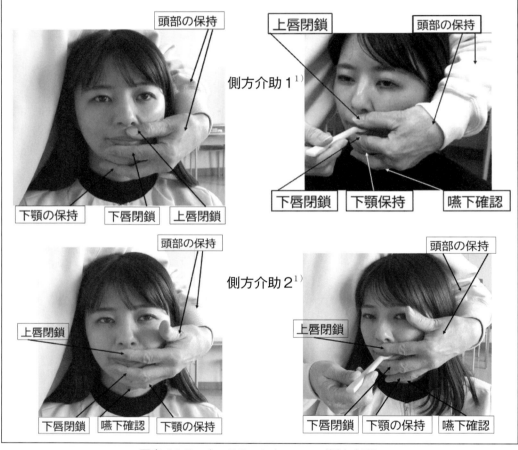

写真11-5　オーラルコントロール（側方介助）

## （3）異常動作への対応

子どもによっては、異常動作が見られます。その場合の対処法について以下に述べていきます。

- **舌突出**…スプーンで舌を押し込み、口腔内へ一旦舌を収めるようにします。緊張が強く、棒状の舌が突出してくる場合には、スプーンで舌を下方に押し、まず棒状の舌が平らになるようにして緊張を緩めます。舌が口から突出している状態では、舌の上に食物をのせてはいけません。この状態で食物をのせると、舌を出すことで食物がくるとい

う誤学習をしてしまう可能性があります。口腔内に舌が戻ったら、改めて食物をのせたスプーンを挿入し、口唇閉鎖を行いながらスプーンを抜いていきます。

- 咬反射…多くの場合、感覚の過敏が原因です。この場合、まずスプーンの素材を柔らかくて平らなものに変えてみましょう。これで咬反射が見られなくなる子どももいます。有効な方法として、ガムラビングがあります。この方法はかなり効果があるので、ぜひ日常的に取り組んでください。
- 過開口…食物を取り込むときに、必要以上に大きく口を開けてしまう状態です。過開口が出たら、いったん口を閉じ、改めて通常の口の大きさに開けて食物を取り込むようにさせます。
- 丸呑み…知的障害児によく見られる丸呑みは、摂食能力よりも高い段階の食物が与えられることで、口の中に詰め込み、結果的に丸呑みになる場合があります。対応策としては、一旦子どもの実態に合った適切な食形態にしてみてください。しかし、丸呑み自体が快感になり、やめられない場合も少なくありません。その場合、子どもだけでは習慣化された丸呑みを止めることは難しいので、できるだけ子どもと一対一の体制を取ることが必要です。また、完食や決められた時間内に食べ終わるために嫌いなものを丸呑みしていた状態が、全ての食物を丸呑みする習慣へ移行した場合もあります。その対策としては、自立活動などの時間に、好きな食物を活用し、味わうことを覚えてもらいます。キャラメルなどの噛むと味が出てくるものが有効です。また、普段の給食では、目の前には一口分だけの食物を提示し、きちんと嚥下を確認してから次の食物を提示していきます。知的に高い子どもの場合には、「○回、噛み噛みします」等の言葉掛けで咀嚼の習慣化を目指しましょう。

一方、肢体不自由児の場合には、摂食能力に食形態が合っていない場合と舌の奥に食物を入れることで、そのままのみ込むことが習慣になっていることが考えられます。対応策としては、食形態を子どもの実態に合わせることと、食物はなるべく、舌の手前に置くことが必要です。肢体不自由児の場合、咀嚼する必要のない食形態を食べていることも多く、その場合、そのまま嚥下しても、丸呑みとは言いません。そのため、丸呑みが問題になるのは、知的障害児が多くなります。

- 舌の運動が見られない場合…舌の動きが少ないため、舌と口蓋の接地面が作りにくい子どもがいます。そのため、十分に口腔内で処理を受けていない食物が喉へ移行されてしまいます。この場合、オーラルコントロールで頭部や下顎を安定させながら、バンゲード法の舌訓練（写真11-16）のように、下顎から舌を押し上げるように刺激してみてください。また、普段の摂食指導の時に、時々スプーンで舌を刺激してみましょう。味は強めの方が舌

写真11-6　舌接触補助床

の動きは出現しやすいはずです。口腔ケア時にも、歯ブラシで舌に刺激を与えましょう。日頃の様々な刺激の積み重ねで舌の動きを引き出していきます。それでも舌の動きが見られない場合には、歯科医院で写真11-6のような舌接触補助床を作ってもらうことも一つの方法です。

**実践 Time**

実技B…オーラルコントロール

オーラルコントロールの前方介助や側方介助を同性同士でペアになり、実際にやってみましょう。この時、ヨーグルトやスプーンを活用しながら実践してみると、わかりやすいと思います。また、オーラルコントロールを受けた感想を相手に伝え合うことも重要です。

## 3 間接訓練について

間接訓練は、食物を使わない指導のため、直接訓練と違い、誤嚥の心配がありません。間接訓練でよく実施される内容は、表11-1のようになります。以下に詳しく述べていきます。

表11-1 間接訓練の内容

脱感作
鼻呼吸訓練
バンゲード法
ガムラビング

### （1）脱感作

口腔周辺に過敏を持っている子どもの場合、オーラルコントロールをなかなか受け入れてくれません。そうならないよう、子どもの過敏は普段から取り除いておくことが必要です。過敏は体の中心に近いほど強い場合が一般的で、図11-1のように、①手 → ②腕 → ③肩周り → ④首 → ⑤顔 → ⑥口腔周囲の順で過敏を取り除いていきましょう。

やり方の基本は、写真11-7のように、過敏の箇所を手のひらで包み込みながら、肌にしっかりと押し当てます。子どもによっては嫌がりますが、手をずらさないようにしてください。拒否がなくなるまで圧をかけ続けます。手をずらしたり、ふわっと優しく触ったりすると、逆に触刺激が強く入り、子どもの拒否も激しくなります。

手や腕などの過敏は、手遊び歌などの導入により、楽しく取り除くことが可能です。顔や口腔周辺も、普段から遊びや楽しい活動を通して、子どもの抵抗感を和らげ

図11-1 脱感作の順序

写真11-7 脱感作

第 11 章　摂食・嚥下指導（実践編）

### （2）　鼻呼吸

　鼻呼吸の必要性については、意外と軽視されがちです。これは、アレルギー性鼻炎や副鼻腔炎などが、てんかんや肺炎とは違い、命に直結する病気ではないためでしょう。しかし、実践でわかったように、鼻が詰まることで摂食・嚥下が難しくなることは間違いありません。もち

図 11-2　鼻呼吸の確認

ろん、口唇閉鎖もままなりません。また、口呼吸では、鼻呼吸と比較して雑菌や乾燥した空気が直接喉や気管に入るため、呼吸器官を痛めやすくなります。このようなことについて、保護者と折を見て話し、耳鼻咽喉科での検診を勧めてみましょう。摂食・嚥下機能の獲得に支障があることを伝えると、治療してもらえることも少なくありません。

　鼻呼吸の指導方法は、まず鼻が通っているかどうかを、図 11-2 のように口を閉じて、鼻にティッシュペーパーなどをあてることで調べることが可能です。鼻が通っていることが確認できたら、下顎を押さえながら口唇を閉じてみましょう。この口唇を閉じた状態を少しずつ長くしていきます。このやり方は脱感作と同様なので、二つの目標を一緒に行なっていることになりますが、子どもが嫌がる場合には、鼻呼吸ができていないのか、過敏の影響なのかをきちんと把握し、それぞれに応じた対応を実施してください。

### （3）　バンゲード法

　子どもの口唇や舌に直接刺激を与え、口腔器官の動きを誘発する方法の中で、最も一般的なものがバンゲード法です。この方法は、一日数回、口唇、頬、舌の部位に対して、縮める、伸ばすなどの刺激を与え、口腔器官を刺激する方法になります。基本的には、口唇訓練、頬訓練、舌訓練の順に実施しますが、子どもの実態により、必要な部位だけの訓練でかまいません。口唇訓練はア〜オの順で行います。

　注意点として、子どもに実施する前に、自分の身体で実際に試しながら、適切な力加減を確認しましょう。子どもが痛がったり、嫌がったりする場合には、効果は期待できません。もしかすると、皮膚だけをつまんでいるかもしれませんので、確認してみてください。

#### ①　口唇訓練

　ア　上唇と下唇をそれぞれ 3 等分（小さい子どもの場合は 2 等分）して、親指と人差し指で 2〜3 秒間つまみます（写真 11-8）。この時、厚めにつまむようにしてください。

　イ　上唇と下唇をそれぞれ 2 等分し、唇と歯肉の間に人差し指を入れ、口の外から親指で軽くはさむようにして、外側に膨らませます（写真 11-9）。この場合、上唇と下唇ともに左右で 2 か所になります。唇の真ん中には小帯という部位があるので、

写真 11-8　口唇をつまむ　　　　　　　写真 11-9　口唇を膨らませる

写真 11-10　口唇を縮める（上唇）　　　写真 11-11　口唇を縮める（下唇）

写真 11-12　口唇を伸ばす（上唇）　　　写真 11-13　口唇を伸ばす（下唇）

気を付けましょう。

ウ　人差し指を子どもの上唇にあて、唇が歯肉から離れないように、鼻の方へ押し上げます。下唇の場合も同様に、唇が歯肉から離れないように、下顎の方へ押し下げます。唇を2等分にするか3等分にするかは、子どもの口の大きさに合わせて柔軟に対応します。この時、口唇がめくれないように気を付けましょう（写真 11-10、11-11）。

第11章 摂食・嚥下指導（実践編）

エ 人差し指を子どもの上唇にあて、歯に向かって少し押さえながら、ゆっくりと下に引き伸ばします。下唇も同様に、歯に向かって少し押さえながら、ゆっくりと上に向かって引き伸ばします。この場合も、唇を2等分にするか3等分にするかは、子どもの口の大きさで決めてください（写真11-12、11-13）。

オ 写真11-14のように、下顎を軽く20～30回たたきます。

② 頬訓練

・膨らませる

口を閉じた状態で、口唇の間から、人差し指を挿入し、左右の頬の中央部をゆっくりと、人差し指と親指で挟みながら、膨らませるようにマッサージしていきます（写真11-15）。

③ 舌訓練

ア 口外法

写真11-16のように、下顎の喉の方の骨がなくなり柔らかい部位を10回ほど、人差し指か中指でまっすぐ上にゆっくり押し上げます。この時、子どもの顔は、やや下向きが適切です。自分の身体で実際に行い、力の加減や場所を確認してください。

イ 口内法

舌先をスプーンのボール部、または使い捨ての舌圧子を用い、舌が平たくなるように下へ押し込んでいきます。また、舌の側方に当て、反対側に押し込みます。この口内法と同じような方法として、ベロタッチ体操があります。

(4) 歯肉マッサージ（ガムラビング）

口腔内の感覚を高めるために行い、咬反射の抑制に特に効果があります。

写真11-17のように、歯肉を上下左右に分け、前歯のほうから臼歯の方へ、人差し指の腹で素早くこすります。この時、前から奥にはこすりますが、逆へはこすりません。各部位、10回ぐらいを目安にします。

写真11-14 下顎をたたく

写真11-15 頬訓練

写真11-16 舌訓練（口外法）

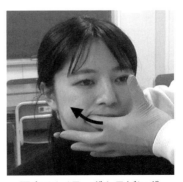

写真11-17 ガムラビング

**実演 Time**

実技 C…間接訓練

　間接訓練はぜひペア同士で実践してみてください。お互いの気持ちがわかります。皆さんの口腔内は常に活用しているため軟らかいですが、摂食が難しい子どもの場合には、硬い場合も少なくありません。そう考えると痛みや不快感をもっと強く感じている可能性があります。常に子どもの表情や動きに注意して行うことが必要です。

## 4 捕食・咀嚼の練習
（「自立活動の時間における指導」での直接訓練）

### （1）捕食の練習

　「自立活動の時間における指導」での直接訓練を紹介します。給食時間での指導との違いは、子どもが空腹な時間を見計らい、子どもの好きな食物や食形態を活用できるメリットがあります。

　まず、捕食について説明します。捕食は、食物の硬さや大きさなどを認識することで、口腔の次の動きを引き出します。そのため、正しい捕食の動きは非常に重要です。この動きは、基本的に子どもが自発的に口唇を下ろしてくる動きなので、待つ姿勢が大切です。家庭では、様々な事情により難しいかもしれませんが、学校でぜひ獲得したい動きです。

　まず、唇を下ろしてくる子どもの場合には、平らなスプーンに食物（子どもが好きな味でペースト食、プリンやヨーグルトなど）をのせ、口腔内へ挿入し、上唇が下りてくるまで待ちます。下りてきたら、スプーンをゆっくり写真 11-18 のように水平に引き抜きましょう。その繰り返しで、捕食の能力は確実に向上していきます。

　次に、動きが全く見られない場合には、下顎を固定しながら、少し頭部を前傾にして介助してみてください。それでも上唇が下りてこない場合には、オーラルコントロールの側方からの介助で上唇を下ろし、唇ではさんだスプーンを水平にゆっくり引き抜きます。

　捕食の動きを促すには、直接訓練だけでなく、バンゲード法の口唇訓練も併用すると効果が期待できます。しかし、子どもによっては、上唇を使っていないため硬くなっていて、なかなか食物を捉えることが難しい場合も少なくありません。その場合には、ストローで液体を吸う練習を試してみましょう。この時には、最初は舌の吸啜（きゅうてつ：P313 参照）様の動きを活用します。これについては賛否両論ありますが、口唇を全く使わないより、少しでも上唇

写真 11-18　捕食の様子

を活用する経験をさせた方が得策だと思います。ストローを口腔内へ挿入してみてください。危険なのであまり奥へは入れないように注意しながら、様子を見てください。吸啜様の動きが出てきたら、口唇閉鎖を促し、捕食の動きを引き出します。

## （2） 咀嚼の練習[2]

咀嚼を行うには、口腔内に入った食物を舌で臼歯へ運ぶ動きが必要です。そのため、舌の側方への動きが出ている場合と出ていない場合に分けて指導を行います。まず、舌の側方への動きがあるかどうかを調べる必要があります。この場合、P206の実技Aの③のようにしてください。この時、噛んでいる側の唇が引かれる様子や、噛んだ時の音で咀嚼を確認します。口の中へのえびせんの挿入が危険な子どもの場合には、写真11-19のように、臼歯にえびせんを置きながら、舌の動きを観察します。この時に、舌先の側方への動きが見られたら、側方への動きを持っていると考えて良いでしょう。このような方法で、舌の側方への動きを確認していきます。

### ① 舌の側方への動きが見られない場合

舌の側方への動きが見られない場合には、スナック菓子を持って臼歯（図11-3：第一小臼歯…糸切り歯の横の奥歯）にのせ、噛む練習を行う必要があります。安全性の面から、噛んだ後にすぐふやけるスナック菓子の先端部をほんの少しだけ、噛めるように入れてください。また、写真11-20のように果物やチョコ、キャラメルなどをお茶パックで包み、臼歯で噛ませる場合もあります。お茶パックはガーゼと違い、果物やお菓子を入れやすく、使い捨てなので、衛生的で活用しやすいと思います。果物やチョコの場合、子どもがお茶パックを噛むことで、すぐに味が染み出てきて、口の中に広がり、舌の側方への動きと咀嚼運動の誘発へとつながります。しかし、このような経験だけでは、舌の側方への動きは誘発されないことが多いと思います。そのため、毎日の給食の前にはバンゲード法の舌訓練の口内法（P217参照）を行い、併せて給食後の口腔ケアでは歯ブラシを使って舌に側方への刺激を与えることを組み合わせることが重要です。

### ② 舌の側方への動きがある場合

この場合には、口の前からスナック菓子を入れてみましょう。前歯は最も感覚の鋭い部位です。前歯

写真11-19　舌の側方への動き[2]

図11-3　咀嚼の練習[3]

写真11-20　お茶パック[2]

で噛むことで、食物の硬さなどの特性を理解し、舌の側方運動で臼歯に運ぶことにつながります。次第に、舌の動きがスムーズになってきたら、ビスケットやウエハースなどの大きさや固さの違うものを体験させてみましょう。その場合には、口の中に大きなかけらが残らないように気を付けてください。

舌の側方の動きが安定してきたら、噛んだものをまとめる食塊形成の力を付けていきます。この力の育成には口唇閉鎖が大きく影響します。オーラルコントロールにより、口唇閉鎖を行い、噛んでばらけた食材を認識させ、食塊形成を促していきます。また、前歯で弾性のあるものを噛み切るには、舌の側方運動と繰り返し噛む動作が身に付いてからでないと、丸呑みになる可能性があるので注意が必要です。

写真 11-21　嚥下促進の方法[2]

### ③　嚥下の促進の方法

子どもの中には、口の中に食物をため込み、なかなか嚥下しない子どももいると思います。このような子どもには、嚥下を促す訓練を行いましょう。よく実施される方法として、子どもが好きなキャンディーなどを細かく砕き、水に溶かして薄くし、子どもの下唇の内側に貼り付ける方法が

写真 11-22　化粧水入れ

あります。しばらくすると、キャンディーの味が口の中に広がり、唾液が分泌され始めます。その唾液を子どもが嚥下できるように、口唇閉鎖を行いながら嚥下を促していきます。

同様に、食物を使わずに歯肉マッサージで出てきた唾液を子どもに嚥下させる場合もあります。このときに行われる歯肉マッサージは、咬反射を止めるために実施するガムラビング（P217）でかまいません。また、直接訓練の場合には、子どもの好きな味のヨーグルト状のものを活用すると、嚥下の動きが引き出せるかもしれません。このような方法を活用しながら、嚥下を促していきます。

普段の給食において嚥下の動きが見られない場合には、写真11-21のように、のど仏の外側を親指と人差し指で、下から上に向かって5～6回さすってみてください。嚥下が誘発される場合もあります。

嚥下しない大きな理由としては、子どもの実態に味と形態が合っていない可能性が考えられます。もし可能なら、味や食形態を見直すことも必要かもしれません。さらに、きちんと嚥下ができているかどうかを確認する場合には、嚥下後の舌の上に残渣が残っていないかを確認してみましょう。もし、舌の上に残渣がある場合には、嚥下後でも喉などに食物が残っている可能性があると考えた方がいいでしょう。その場合には、食形態を合わせていくか、交互嚥下（喉に残った食物を微量の液体やゼリー状のものを活用

第 11 章　摂食・嚥下指導（実践編）

し、一緒に嚥下する方法）を実施することも一つの方法です。ただし、交互嚥下は液体の量が多いと危険なため、写真 11-22 のような化粧水入れを活用し、お茶や水を口の中に噴霧してください。

## 5　水分摂取と水分補給

### （1）水分摂取の介助

水分摂取が難しいことは、P206 の実技 A の⑧の実践でわかったと思います。なぜ水分の摂取が難しいのでしょうか。水の場合、喉までの移動スピードが速く、形態がまとまっていないことが大きな理由です。そのため、とろみがついていない水を摂取するには、摂食・嚥下機能が向上してからでないと危険が伴います。

① 水分補給

水分補給の場合、可能であれば経管栄養で行うことが最も安全です。しかし、水分補給に困っているのは、経口摂取しないといけないからだと思います。その場合、まず家庭でどのように水分を補給しているのかを確認してください。哺乳瓶の活用なども考えられます。また、とろみ調整剤を加えた水分をスプーンで食べさせることも一つの方法です。スプーンでなくても、注射器やスポイトなどでもかまいません。口唇閉鎖の観点からは、むしろ注射器やスポイトの方が簡単です。活用方法は、写真 11-23 のように、最初から口唇閉鎖をしておいて、口角から注射器を挿入し、水分をゆっくり入れます。この方法の場合、水分量が確実に測れる利点があります。注意点として、水分にとろみ調整剤を加える場合、調整剤の種類により粘性がすぐには上がらないことがあります。必ず、時間と粘性の関係を調べておくことが必要です。粘性が高すぎる場合、嚥下力が弱いと喉に残り、嚥下後の誤嚥を引き起こす危険性が出てきます。また、経口補水液である OS-1 ゼリータイプ（大塚製薬）などを使うことも、経費はかかりますが、対応策の一つになります。この

写真 11-23　注射器の活用[2]

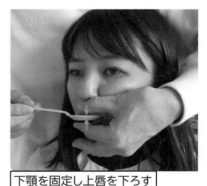

下顎を固定し上唇を下ろす

写真 11-24　水分摂取の練習

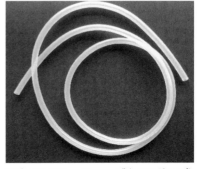

写真 11-25　チューブ（エアポンプ）

221

ような方法で、子どもに必要な水分を補給していきます。

②水分摂取

　しかし、水分補給だけを行っていても、水分摂取は上手にはなりません。そのため、水分摂取については別に練習する必要があります。水分摂取の練習方法としては、とろみのついた液体をスプーンで飲ませることが有効です。先述した OS-1 ゼリータイプでもかまいませんが、この場合水分摂取の練習なので、子どもが最も好きな味の液体が適切です。水分摂取時のスプーンは横向きで活用します。写真 11-24 のように、側方または後方から下顎を固定し、スプーンを下唇にのせ、上唇を下ろしていきながら水面に触れるように支援します。その後、スプーンを傾けて水分を入れていく動きを繰り返し行うことで、子どもの上唇を使った自発的な取り込みを促します。子どもの状態を見ながら、大きなスプーンやレンゲへ移行していきましょう。このような流れが一般的です。

　しかし、なかなか上唇を下ろして吸ってこない子どもも多いと思います。この場合にはストローの活用を試みてみましょう。通常はスプーンやコップで飲めるようになってからストローへ移行しますが、ストローからの導入でもかまいません。学校では、牛乳が好きな子どもの場合、紙パックの牛乳に柔らかいストロー（写真 11-25）を挿入し、写真 11-26 のように少し紙パックを押して、口腔内に牛乳を入れてあげましょう。牛乳は水と比較して粘性があるため、水より飲みやすいはずです。また、好きな子どもには動機づけになり、身体にも良いなどの利点があります。

写真 11-26　牛乳の飲む様子

図 11-4　ストローの位置[4]

写真 11-27　ストローボトル

写真 11-28　ラクレ コップでマグ RP

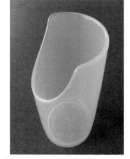
写真 11-29　カットアウトコップ

写真 11-30　形を変えられるコップ

ストローは、図11-4のように唇でくわえて飲むことが基本です。しかし、口唇閉鎖が難しい子どもの場合、適切なストローの使い方は難しいので、ストローを少し口の奥に入れる方法を活用します。この場合、安全に飲めていれば問題ありません。まずは、自分自身で液体を摂取できる体験が重要です。特に、ストローが使えるようになると、生活には大きな利用価値があります。使えるようになってから、少しずつストローを口腔内から抜いていきましょう。

その他、活用できるものとして、ストローボトル（写真11-27）やラクレ コップでマグRP（写真11-28）などがあります。これらは、押すことで液体が出てくるので便利です。ただし、ストローボトルの場合には、空気穴を内側からテープでふさがないとボトルを押しても液体は出てこないので注意が必要です。一口飲みが上手になったら、コップへ移行していきます。写真11-29のように水の位置がわかりやすく透明で、一部を切ったものがよく活用されています。また、100円ショップに売っている写真11-30のコップはおすすめです。このコップはたためるために携帯しやすく、底が小さくなっているため安全で、かつ柔らかい素材ということもあり、子どもの口形にコップの形を合わせることが可能です。図11-5からわかるように、底が小さい形状だと、水が一度に喉に流れ込まないので安全です。

図11-5　飲みやすいコップの形状[3]

## （2）水分補給と水分摂取の違い

よく、水分補給と水分摂取の練習が混同されることがあります。しかし、水分補給と水分摂取の練習は目的が違うので、方法も異なります。表11-2のように、水分補給は子どもが一日に必要となる水分量を補給するために行います。そのため、補給する方法は誤嚥しない安全な方法であればどのような方法でもかまいません。一方、水分摂取の練習は、あくまでも練習なので、水分摂取能力を高めるために行います。そのため、なるべく水分を使いながら、正しい方法で教えることが必要です。

表11-2　水分補給と水分摂取の違い[5]

|  | 水分補給 | 水分摂取の練習 |
| --- | --- | --- |
| 目　的 | 子どもが必要とする水分量の補給 | 水分摂取能力の向上 |
| 形　態 | とろみをつけた半固形食（経管栄養の場合を除く）が安全 | 最終的にはとろみなしの液体 |
| 方　法 | 半固形食をスプーンや注射器、スポイトなどを活用しての摂取<br>経管栄養が一番安全 | スプーン、レンゲ、コップ、ストローなどを活用しての摂取 |

**引用・参考文献**

1）尾本和彦：障害児の療育ハンドブック．日本肢体児不自由協会，2004.
2）尾本和彦，小沢　浩　編：小児摂食嚥下障害と食事支援．医歯薬出版，2019.
3）金子芳洋　監，尾本和彦　編：障害児者の摂食・嚥下・呼吸リハビリテーション－その基礎と実践－．医歯薬出版，2005.
4）田角　勝：トータルケアで進める子どもの摂食嚥下サポートガイド．診断と治療社，2019.
5）松元泰英：かゆいところに手が届く重度重複障害児教育．ジアース教育新社，2022.

# 第12章

# 自立活動
（基礎編）

「自立活動」は以前、「養護・訓練」と呼ばれており、昭和46年の学習指導要領の改訂により、盲学校、聾学校及び養護学校に設定された特別の指導領域です。この特別の指導領域は、当時は、児童または生徒の心身の障害の状態を改善し、または克服するために設けられています。その後、平成11年の学習指導要領の改訂により、「養護・訓練」から、自立を目指した主体的な学習活動を促進する教育活動であることを明確にするために、「自立活動」へと名称が改められました。

# 1 自立活動

## （1）自立活動とは

　自立活動は、特別支援教育の教育課程において中核となる学習内容です。これは、特別支援教育の目的からも明らかです。特別支援学校の目的は、第1章でも述べたように、学校教育法第72条に以下のように記されています。

> 　特別支援学校は，視覚障害者，聴覚障害者，知的障害者，肢体不自由者又は病弱者（身体虚弱者を含む。以下同じ。）に対して，幼稚園，小学校，中学校又は高等学校に準ずる教育を施すとともに，障害による学習上又は生活上の困難を克服し自立を図るために必要な知識技能を授けることを目的とする。

上記の目的を大きく分けると以下の2つになります。
・幼稚園、小学校、中学校または高等学校に準ずる教育を行うこと
・障害による学習上または生活上の困難を克服し、自立を図るために必要な知識技能を授けること

　この2つの内容のうち、2つ目の内容を達成するために設けられた教育内容が自立活

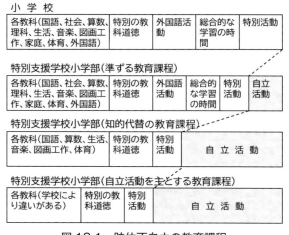

図12-1　肢体不自由の教育課程

動であることがわかります。つまり、特別支援学校の教育では、通常の学校の学習内容に自立活動が加えられることになるのです。肢体不自由教育の教育課程を大まかに分けると、図 12-1 のようになります。もちろん、子どもの実態により、当該学年の各教科等を中心とする教育課程（準ずる教育課程）、知的障害特別支援学校の各教科を中心とした教育課程（知的代替の教育課程）、学習内容の中心が自立活動となる場合の教育課程（自立活動を主とする教育課程）などに分けられます。

自立活動の指導で大切なことは、特設された「自立活動の時間における指導」だけではないということです。これは、「特別支援学校 幼稚部教育要領 小学部・中学部学習指導要領 平成 29 年 4 月告示」の第 1 章総則第 2 節小学部及び中学部における教育の基本と教育課程の役割 2 の（4）（P62）に以下のように記載されています[1]。

> （4） 学校における自立活動の指導は，障害による学習上又は生活上の困難を改善・克服し，自立し社会参加する資質を養うため，自立活動の時間はもとより，学校の教育活動全体を通じて適切に行うものとする・・・以下略。

図で示すと、図 12-2 のような関係になります。つまり、「自立活動」の指導は、「学校の教育活動全体を通じて行う自立活動」の中に、「自立活動の時間における指導」が含まれることになります。

図 12-2　自立活動の関係

### （2）自立活動の授業時数

「自立活動の時間における指導」の授業時数は、特別支援学校学習指導要領の第 1 章第 3 節 3（2）のオ（P66）に以下のように記載されています[1]。

> オ　小学部又は中学部の各学年の自立活動の時間に充てる授業時数は，児童又は生徒の障害の状態や特性及び心身の発達の段階等に応じて，適切に定めるものとする。

このように、自立活動の時間における指導には標準の時間数がないことがわかります。つまり、児童生徒の障害の状態や特性、心身の発達段階等に応じて適切な時間数を設定することができます。従前の「養護・訓練」の場合には、年間 105 時間が標準とされていました。しかし、近年の障害の重度化・重複化、多様化等により、児童生徒の障害の状態に応じて適切な授業時間数を設定することが可能となりました。そのため、課程により大きな違いがあります。準ずる教育課程では、各教科の時間数を確保する必要があるため、週 1～2 時間程度の設定が限度でしょう。一方、自立活動を主とする課程では、自立活動の指導時間がかなり多くを占めることになります。

### （3）自立活動の指導形態

　自立活動では、個別の指導計画を作成することが必要です。そのため、指導形態としては個別指導が基本になる場合が多いのですが、必ずしも個別指導でなければならないわけではありません。一人一人の指導目標を達成するには、集団での学習の方が適切な場合もあります。

　例えば、自立活動の内容に「人間関係の形成」の区分がありますが、これらの内容の基礎は個別指導で身に付けられても、最終的には集団での学習活動や社会生活で目標の達成をねらう必要があります。

### （4）自立活動の目標

　では、自立活動の目標はどのように述べられているのでしょうか。これは、「特別支援学校 幼稚部教育要領 小学部・中学部学習指導要領 平成29年4月告示」の第7章自立活動 第1目標（P199）に以下のように述べられています[1]。

> 　個々の児童又は生徒が自立を目指し，障害による学習上又は生活上の困難を主体的に改善・克服するために必要な知識，技能，態度及び習慣を養い，もって心身の調和的発達の基盤を培う。

　この目標には、気になる用語がいくつかあると思います。一つ目は「自立」という用語でしょう。「自立」とはどのような状態を指しているのでしょうか。広辞苑には、「他の援助や支配を受けず、自分の力で判断したり身を立てたりすること。ひとりだち」と述べられています。しかし、重度・重複の障害を有する子どもにとっては、一般的な自立とは異なる意味合いを持ちます。特別支援学校教育要領・学習指導要領解説 自立活動編（幼稚部・小学部・中学部）平成30年3月発行の第5章自立活動の目標（P49）には次のように記載されています[2]。

> 　ここでいう「自立」とは，児童生徒がそれぞれの障害の状態や発達の段階等に応じて，主体的に自己の力を可能な限り発揮し，よりよく生きていこうとすることを意味している。

　つまり、重度・重複の障害を有する子どもの場合には、支援を受けながらでも、自分自身の中でよりよく生きていくことを目指すことになります。

　また、「障害による学習上又は生活上の困難」とは、肢体不自由の障害を有する場合、学習上では指先のまひや不随意運動により文字が書けない、生活上では給食を自分で食べることができない、歩行が困難であるなど、様々な内容が考えられます。

　「知識・技能・態度及び習慣を養う」で注目すべき内容は、「習慣を養う」ということです。この習慣の育成を図るためには、多くの繰り返しの学習が必要です。つまり、毎日学校で繰り返される自立活動、特に「学校の教育活動全体を通じて適切に行う自立活

動」が最も有効に働くことになります。後でも述べますが、この点が自立活動と病院での訓練の大きな違いとなります。

「調和的発達の基盤を培う」の「調和的発達」とは、バランスの取れた全人的な発達を意味しています。つまり、個々の児童生徒は発達がかなり不均衡であることが想定されますが、その場合でも、遅れている面にだけ目を向けるのではなく、進んでいる側面に注目し伸ばすことで、遅れてる部分も一緒に伸びる可能性も出てくるということです。

## （5） 自立活動の内容

では、自立活動の内容はどのようなものでしょうか。自立活動は、昭和46年に「養護・訓練」として創設されました。当初は4つの柱と12項目で内容が示されていましたが、その後、何度も見直しが行われ、現在の6つの区分27項目の内容になりました。これは、近年の子どもの障害の重度・重複化、多様化に対応できるように、学習指導要領が改訂されるたびに、徐々に区分や項目が増えていき、現在の6つの区分、27項目に改められてきたという流れです。この区分とは、具体的な指導内容を観点別に分けたもので、「健康の保持」、「心理的な安定」、「人間関係の形成」、「環境の把握」、「身体の動き」、「コミュニケーション」の6つから成り立っています。それぞれの区分は3～5つの項目で構成されており、計27項目の内容となっています。その具体的な内容については、「特別支援学校幼稚部教育要領 小学部・中学部学習指導要領 平成29年4月告示」の第7章自立活動第2内容（P199～200）に図12-3のように記載されています。

しかし、学習指導要領に記載された内容を見てどう思われますか。あまりにも抽象的に述べられていると感じたのではないでしょうか。この内容だけで自立活動についての具体的なイメージを持つことは難しいと思います。自立活動の内容を理解するためには、「特別支援学校教育要領・学習指導要領解説 自立活動編（幼稚部・小学部・中学部）」の第6章自立活動の内容（P50～102）を一読しておくことが必要です。各項目について非常に具体的にわかりやすく記載されているので、具体的な自立活動のイメージが湧くと思います。

では、この自立活動の内容はどのように取り扱えばいいのでしょうか。まず、最初に感じることは、「たったこれだけ」とか「学年ごとに内容が変わらないの」といった疑問かもしれません。例えば、算数の内容で考えてみましょう。小学校2年生では「たし算の筆算やかけ算など」を習います。一方、小学校6年生では「小数や分数の計算など」を習うことになります。このように、学年により内容が異なりますし、すべての内容をすべての子どもに教える必要があります。しかし、自立活動の内容の場合には、小学部から高等部まで、ずっと同じ内容です。つまり、小学部1年生と高等部3年生でも内容は同じなのです。何か不思議な感じがしますが、障害による児童生徒の学習上または生活上の困難がそれぞれ違うことを考慮すると、納得できます。つまり、障害による学習上または生活上の困難はそれぞれ違っても、幼稚部や小学部の低学年の早期から、一貫

1 健康の保持
 （1） 生活のリズムや生活習慣の形成に関すること
 （2） 病気の状態の理解と生活管理に関すること
 （3） 身体各部の状態の理解と養護に関すること
 （4） 障害の特性の理解と生活環境の調整に関すること
 （5） 健康状態の維持・改善に関すること

2 心理的な安定
 （1） 情緒の安定に関すること
 （2） 状況の理解と変化への対応に関すること
 （3） 障害による学習上又は生活上の困難を改善・克服する意欲に関すること

3 人間関係の形成
 （1） 他者とのかかわりの基礎に関すること
 （2） 他者の意図や感情の理解に関すること
 （3） 自己の理解と行動の調整に関すること
 （4） 集団への参加の基礎に関すること

4 環境の把握
 （1） 保有する感覚の活用に関すること
 （2） 感覚や認知の特性についての理解と対応に関すること
 （3） 感覚の補助及び代行手段の活用に関すること
 （4） 感覚を総合的に活用した周囲の状況についての把握と状況に応じた行動に関すること
 （5） 認知や行動の手掛かりとなる概念の形成に関すること

5 身体の動き
 （1） 姿勢と運動・動作の基本的技能に関すること
 （2） 姿勢保持と運動・動作の補助的手段の活用に関すること
 （3） 日常生活に必要な基本動作に関すること
 （4） 身体の移動能力に関すること
 （5） 作業に必要な動作と円滑な遂行に関すること

6 コミュニケーション
 （1） コミュニケーションの基礎的能力に関すること
 （2） 言語の受容と表出に関すること
 （3） 言語の形成と活用に関すること
 （4） コミュニケーション手段の選択と活用に関すること
 （5） 状況に応じたコミュニケーションに関すること

図 12-3 自立活動の内容 [1]

第12章　自立活動（基礎編）

した教育内容が重要であるということで、各学部や生活年齢による自立活動の内容に変化を設けていないということがいえるでしょう。また、障害による子どもの学習上または生活上の困難が違うことから、一人一人の子どもがすべての内容を同じように行う必要はありません。子どもの実態に応じて、27項目の内容から必要な項目だけを選択して行えばよいことになっています。つまり、一人一人の子どもの指導目標に応じて、27項目の自立活動の内容の中から必要な項目を選定し、相互に関連付けて具体的な指導内容を設定していきます。したがって、自立活動の指導内容は決まったものではなく、その子どもの教育的ニーズに応じて、担当者を中心として学校内の専門的な知識・技能を有する先生方や主治医、理学療法士（PT）・作業療法士（OT）・言語聴覚士（ST）などの外部専門家の意見などを参考にしながら決めていくことになります。

　こう考えると、誰一人として全く同じ内容になることはないでしょう。そのため、個々の児童生徒の指導目標やそれに応じた指導内容を定めた「個別の指導計画」の作成が義務化されているのです。

## 2　個別の指導計画

### （1）　個別の指導計画と個別の教育支援計画の関係

　ここからは個別の指導計画について説明します。これは簡単に言うと、教育課程を具体化したもので、具体的な教育場面における指導計画になります。これについては、全国共通の様式はなく、学校独自で作成されていますが、長野県のように、県によっては、統一された様式があります。

　この個別の指導計画と混同しやすいものとして、個別の教育支援計画があります。平成15年度から実施の障害者基本計画において、教育、医療、福祉、労働等の関係機関が連携・協力を図り、生涯にわたる継続的な支援体制を整え、それぞれの年代の人に適切な支援を行うため、個別の支援計画を作成することが示されています。この個別の支援計画のうち、幼児児童生徒に対して教育機関が中心となって作成するものを、個別の教育支援計画といいます。そのため、個別の指導計画は、この個別の教育支援計画を踏まえて作成する必要があります。

　また、個別の指導計画は、自立活動についてだけでなく、各教科等全般にわたる内容も作成する必要があります。つまり、二つの個別の指導計画を作成しなくてはなりません。なぜ一つにまとめないのでしょうか。それは、この二つの個別の指導計画において、指導目標や指導内容の設定などの手続きが大きく異なるためと考えられます。そのため、二つの個別の指導計画が存在することになります。特に、自立活動の指導については、子どもの実態や教育的なニーズが個々で異なるため、適切で精度の高い個別の指導計画の作成が必要不可欠です。

231

## （2）　個別の指導計画の変遷

　ここから、簡単に個別の指導計画の作成の義務化の流れを述べます。

　最初に、個別の指導計画は、自立活動の指導において作成が義務付けられました。これは、1999 年（平成 11 年）の「盲学校、聾学校及び養護学校学習指導要領」において、「養護・訓練」が「自立活動」へ移行されたときから始まりました。この学習指導要領の第 5 章「自立活動」第 3 節「指導計画の作成と内容の取扱い」の 1 には、次のように記載されています。

> 自立活動の指導に当たっては，個々の児童又は生徒の障害の状態や発達段階等の的確な把握に基づき，指導の目標及び指導内容を明確にし，個別の指導計画を作成するものとする。

　同時に、重複障害者の指導についても、個別の指導計画の作成が義務化されました。同じ学習指導要領の第 1 章「総則」第 2 節「教育課程の編成」第 7 項「指導計画の作成等に当たって配慮すべき事項」の（5）には、以下のように述べられています[3]。

> 重複障害者の指導に当たっては，個々の児童又は生徒の実態を的確に把握し，個別の指導計画を作成すること。

　その後、平成 21 年度特別支援学校 幼稚部教育要領 小学部・中学部学習指導要領 高等部学習指導要領の第 1 章「総則」第 2 節「教育課程の編成」第 4 項「指導計画の作成等に当たって配慮すべき事項」の（5）（P46）には、次のように記載されています。

> 各教科等の指導に当たっては，個々の児童又は生徒の実態を的確に把握し，個別の指導計画を作成すること。

　つまり、各教科等全般にわたる内容についても作成することになったのです[4]。

　さらに、今回の学習指導要領の改定では、小学校学習指導要領（平成 29 年告示）の第 1 章「総則」第 4「児童の発達の支援」2「特別な配慮を必要とする児童への指導」の（1）「障害のある児童などへの指導」のエ（P24 〜 25）には、以下のように記載されています。

> 障害のある児童などについては，家庭，地域及び医療や福祉，保健，労働等の業務を行う関係機関との連携を図り，長期的な視点で児童への教育的支援を行うために，個別の教育支援計画を作成し活用することに努めるとともに，各教科等の指導に当たって，個々の児童の実態を的確に把握し，個別の指導計画を作成し活用することに努めるものとする。特に，特別支援学級に在籍する児童や通級による指導を受ける児童については，個々の児童の実態を的確に把握し，個別の教育支援計画や個別の指導計画を作成し，効果的に活用するものとする。

第12章　自立活動（基礎編）

　つまり、障害のある児童などの各教科等の指導に当たっては、個別に指導計画を作成し活用することに努めること、つまり作成が努力義務になりました。また、特別支援学級に在籍する児童や通級による指導を受ける児童については、個別の指導計画を作成し、効果的に活用することが義務化されています[5]。

## （3）　自立活動の個別の指導計画の作成に関して

　ここからは、自立活動の個別の指導計画の作成について述べていきます。

　今回の学習指導要領の第7章「第3節　個別の指導計画の作成と内容の取扱い」の1（P200）において、以下のように記載されています[1]。

> 自立活動の指導に当たっては，個々の児童又は生徒の障害の状態や特性及び心身の発達の段階等の的確な把握に基づき，指導すべき課題を明確にすることによって，指導目標及び指導内容を設定し，個別の指導計画を作成するものとする。その際，第2に示す内容の中からそれぞれに必要とする項目を選定し，それらを相互に関連付け，具体的に指導内容を設定するものとする。

　このように、自立活動の指導には個別の指導計画の作成が義務化されています。その流れは、図12-4のようになります。

> ① 実態把握　→　② 指導すべき課題の抽出　→　③ 指導目標の設定　→　④ 指導内容の設定　→　⑤ 指導計画の作成　→　⑥ 自立活動の指導の実際　→　⑦ 評価と改善

図12-4　個別の指導計画の作成の流れ

　次に、作成に当たって配慮すべき事項として、今回の学習指導要領の第7章「第3節　個別の指導計画の作成と内容の取扱い」（P200 ～ 201）において図12-5のように示されています。

233

2　個別の指導計画の作成に当たっては、次の事項に配慮するものとする。
⑴　個々の児童又は生徒について，障害の状態，発達や経験の程度，興味・関心，生活や学習環境などの実態を的確に把握すること。
⑵　児童又は生徒の実態把握に基づいて得られた指導すべき課題相互の関連を検討すること。その際，これまでの学習状況や将来の可能性を見通しながら，長期的及び短期的な観点から指導目標を設定し，それらを達成するために必要な指導内容を段階的に取り上げること。
⑶　具体的な指導内容を設定する際には，以下の点を考慮すること。
　ア　児童又は生徒が，興味をもって主体的に取り組み，成就感を味わうとともに自己を肯定的に捉えることができるような指導内容を取り上げること。
　イ　児童又は生徒が，障害による学習上又は生活上の困難を改善・克服しようとする意欲を高めることができるような指導内容を重点的に取り上げること。
　ウ　個々の児童又は生徒が，発達の遅れている側面を補うために，発達の進んでいる側面を更に伸ばすような指導内容を取り上げること。
　エ　個々の児童又は生徒が，活動しやすいように自ら環境を整えたり，必要に応じて周囲の人に支援を求めたりすることができるような指導内容を計画的に取り上げること。
　オ　個々の児童又は生徒に対し，自己選択・自己決定する機会を設けることによって，思考・判断・表現する力を高めることができるような指導内容を取り上げること。
　カ　個々の児童又は生徒が，自立活動における学習の意味を将来の自立や社会参加に必要な資質・能力との関係において理解し，取り組めるような指導内容を取り上げること。
⑷　児童又は生徒の学習状況や結果を適切に評価し，個別の指導計画や具体的な指導の改善に生かすよう努めること。
⑸　各教科，道徳科，外国語活動，総合的な学習の時間及び特別活動の指導と密接な関連を保つようにし，計画的，組織的に指導が行われるようにするものとする。
3　個々の児童又は生徒の実態に応じた具体的な指導方法を創意工夫し，意欲的な活動を促すようにするものとする。
4　重複障害者のうち自立活動を主として指導を行うものについては，全人的な発達を促すために必要な基本的な指導内容を，個々の児童又は生徒の実態に応じて設定し，系統的な指導が展開できるようにするものとする。その際，個々の児童又は生徒の人間として調和のとれた育成を目指すように努めるものとする。
5　自立活動の指導は，専門的な知識や技能を有する教師を中心として，全教師の協力の下に効果的に行われるようにするものとする。
6　児童又は生徒の障害の状態等により，必要に応じて，専門の医師及びその他の専門家の指導・助言を求めるなどして，適切な指導ができるようにするものとする。
7　自立活動の指導の成果が進学先等でも生かされるように，個別の教育支援計画等を活用して関係機関等との連携を図るものとする。

図 12-5　個別の指導計画の作成の配慮すべき事項[1]

　また、今回の特別支援学校教育要領・学習指導要領解説「自立活動編（幼稚部・小学部・中学部）」の第7章（P128 ～ 171）には、この図 12-4 の内容をそれぞれの障害の種類・程度や状態等に分け、より具体的に示してあります。特に、P32 ～ 35、P140 ～ 143 は、肢体不自由児の個別の指導計画について書かれているので、その内容を参考にしながら、個別の指導計画を作成してみましょう[2]。

## （4）　個別の指導計画の作成の実際

　ここからは、個別の指導計画の作成について、学習指導要領解説　自立活動編をもと

にしながら簡単に説明をしていきます。

① **実態把握**

実態把握としては、大きく分けると2つに分かれます。

一つ目は、情報の収集になります。学習指導要領解説には以下のように書かれています[2]。

> 障害の状態，発達や経験の程度，興味・関心，学習や生活の中で見られる長所やよさ，課題等について情報収集

次は、収集した情報を以下の3つの観点から整理する段階になります。

・自立活動の区分から
・学習上又は生活上の困難や、これまでの学習状況の視点から
・○○年後の姿の観点から

13章で、詳しく述べますが、情報の収集で最も大切なことの一つとして、障害の状態だけでなく、何の疾患なのかは、とても大切なことになります。というのは、○○年後の姿に結びつくからです。また、長所やよさとともに、何が最も好きなのかの把握は欠かせません。これにより、自立活動の指導の幅が格段に広がります。

② **指導すべき課題の整理**

現在の学習上または生活上の課題を抽出し、長期的な視点を加味しながら、必要となる中心的な課題を整理します。ここで重要なのは、課題の重要度や優先順位です。また、その中心課題については、家庭との共通理解が不可欠です。障害が重度・重複している肢体不自由児の場合、課題が多く、中心的な課題を抽出することが難しいため、家庭での課題についても意見を吸い上げる必要があります。家庭で課題と認識されていないことは、家庭の協力を得にくく、課題が解決しても保護者の喜びや学校に対する評価はあまり期待できません。この家庭の学校に対する評価は非常に重要です。評価が高いと、それだけ家庭の協力を得やすくなります。「今日は午前中、病院の訓練に連れて行きました。疲れていると思うので、午後は家庭で休ませます」という連絡があることがあります。これは決して悪いことではありませんが、学校での一日が病院の訓練よりも効果があると考えている家庭からは、おそらくそのような連絡は入らないと思います。

③ **指導目標の設定**

指導目標の設定には、必ず長期的な視点を基にしながら、短期的な目標を設定する必要があります。この場合、どの程度が長期的で、または短期的かが問題になります。しかし、これはねらう指導目標や年齢、子どもの疾患、知的レベル、家庭での協力体制も関係してきます。確実にいえることは、単一の知的障害児の指導目標よりも、スパンを長く取る必要があるということです。なぜなら、知的障害児の場合は、多くの場合、できないのではなく、しない、またはしたくないという実態からのスタートになるため、強い強化子などの提示や適切な支援により、短期間でできるようになることも少なくあ

りません。しかし、肢体不自由児の場合、できない状態からのスタートが多く、支援の手立てを変えてもすぐにできるようになることは珍しいケースです。長期間にわたる動作の学習の積み重ねが必要です。これが、知的障害児との大きな違いです。

④ 指導内容の設定

設定した指導目標を達成するために、6つの区分27項目の中から必要な項目を選定し、相互に関連付けて具体的な指導内容を設定します。ここで重要なのは、子どもの興味関心を高め、主体性を引き出す指導内容にすることです。そのためには、①の実態把握で記載したように、子どもが最も好きなことを把握しておくことが重要です。子どもの主体性は、学習の成果に大きな影響を与えることは間違いありません。また、先ほどの図12-5の（3）ア〜カには指導内容を設定する際に考慮する点が記載されています。必ず参考にしてください。

⑤ 指導計画の作成

特別支援学校の現場では、実際に作成された個別の指導計画が実践されていないことがあります。つまり、作成するための個別の指導計画だけで終わっているのです。この原因はどこにあるのでしょうか。様々な原因がありますが、「三間」をしっかり決めていないことが大きいと思われます。「三間」とは、人間（誰が）、空間（場所）、時間（いつ）のことです。

⑥ 自立活動の指導の実際

身体の動きに関しては、最初は限定された環境で多くの回数を実施することが、実際の指導で注意すべき点です。この時の環境要因は非常に重要で、まひのある子どもの場合、少しでも環境が変わると動作が成立しないことが少なくありません。そのため、指導目標は評価できる具体的な内容が必須ですが、それとともに、どの場所で行うとできるのかという具体的な環境要因も記載しておく必要があります。

⑦ 評価と改善

評価については、図12-5の（4）に述べられているように、評価を通して指導の在り方を見直したり、環境要因を変容させたりすることが重要です。しかし、肢体不自由教育を実践すると、この評価が非常に難しいことを痛感します。何が難しいのでしょうか。肢体不自由児の場合、知的障害児の行動の変化とは異なり、指導の成果が短期間では現れません。つまり、PDCA（計画‐実践‐評価‐改善）サイクルをどの程度の期間で行えばよいのかわからない場合が多いのです。長期間をかけて繰り返し指導すると達成可能な目標なのか、それとも目標自体が難しすぎるのかの判断をいつ行うべきかがわかりにくく、そのため、指導内容を改善すべきか、継続して実践すべきか、または指導方法を変えるべきかの判断も難しくなります。

実際の評価は、自立活動の時間における指導の評価を中心に、学校の教育活動全体を通じて行う自立活動を評価していきます。図12-5の5に記載されているように、自立活動の評価の場合、専門的な知識や技能、経験を有する教師、できれば多くの教師との

第12章 自立活動（基礎編）

連携を図りながら実施すると確実性が高まります。さらに、図12-5の6に示されているように、定期的に外部専門家の指導・助言、評価を求めることも重要です。これらの評価は、子どもの教育的ニーズに応じた自立活動の適切な指導につながるだけでなく、自分自身の専門性を高めることにもなります。

# 3 個別の教育支援計画

## （1） 個別の教育支援計画とは

2003年（平成15年）から実施された障害者基本計画には、「障害のある子どもの発達段階に応じて、関係機関が適切な役割分担の下に、一人一人のニーズに対応して適切な支援を行う計画（個別の支援計画）を策定して効果的な支援を行う」と記載されています。これに伴い、同年に文部科学省は「今後の特別支援教育の在り方について（最終報告）」で、障害のある幼児・児童・生徒の多様なニーズに適切に対応する仕組みの一つとして、「個別の教育支援計画」というツールの策定を提示しました。

個別の支援計画のうち、福祉、医療、労働などと連携を図り、教育機関が中心となり、長期的に教育的な支援を計画したものが「個別の教育支援計画」となります。この支援計画の目的は、障害のある子どもの自立に向けて、長期的な視点で乳幼児期から学校卒業後まで、一貫した適切な支援を行うことです。

近年、障害のある子どもは学校だけで過ごすことが少なく、複数の放課後等デイサービスや病院を利用することがほとんどです。そのため、子どもの利用している福祉機関や医療機関との共通理解や連携が必須です。学校としては、夏休みに福祉施設や病院での訓練の見学に行ったり、逆に関係機関から学校への訪問があったりして、連携を図る場合もあります。このようなことから、個別の教育支援計画は、障害のある子どもが教育、福祉、医療、労働等に円滑につながるツールとなります。

さらに、この個別の教育支援計画は、保護者の承諾を得て、関係機関との連携協力を図りながら作成し、活用することが必要です。これにより、子どもに関係する様々な立場の人が共通理解を図りながら、一貫した教育を行うことが可能になります。

要約すると、個別の教育支援計画の大きな働きとしては、以下の2点が中心になります。

・子どもと関係する機関（家庭、教育、福祉、医療、労働等）をつなぐツール
・生涯にわたる支援という視点で、情報、実践、評価を記録していくツール

## （2）個別の教育支援計画の対象者

特別支援学校、特別支援学級、通級による指導を受けている子どもの場合には個別の教育支援計画作成の義務が、一方、通常の学級に在籍する障害のある子どもの場合、作

237

成し活用に努める努力義務があります。

## （3）個別の教育支援計画の作成プロセス

　学校に関わる箇所だけ図12-6にまとめてみました。

| 時　期 | 作　成　内　容 |
|---|---|
| 入学時 | ・教育委員会から引き継いだ資料及び認定こども園・幼稚園・保育所が作成した個別の教育支援計画を参考にし、一貫性のある教育ができる内容にする。<br>・本人、保護者、医療や福祉などの関係機関の意見を取り入れ、長期的な視点で、今後の方針や方向性に共通理解を得ながら、作成することが重要となる。<br>・作成後は、内容について本人及び保護者の了承を得る。<br>・必要に応じて、新しい情報を追加し、常に最新の状態を保つ。 |
| 各学期末 | ・教育的ニーズと合理的配慮を含む必要な支援の内容が適切であるか、適宜確認していく。<br>・目標や支援の適切性について、医療や福祉などの関係機関との連携を図り、評価を行う。<br>・改善すべき点がある場合には、適宜、赤の二重線で訂正前の内容をわかるようにし、訂正した期日も記載する。 |
| 学年末 | ・本年度の具体的な支援内容等の入力を行う。<br>・改善した内容や加えた内容については、その理由を次年度担当者に説明し、確実に引き継ぐ。<br>・確実に次年度へ引き継ぐために、資料だけではなく、次年度担当者と直接の引継ぎ会を実施する。 |

図12-6　個別の教育支援計画の作成プロセス（学校関係）

　また、以下の点が注意点として挙げられます。
・計画の作成作業においては、保護者の積極的な参画を促し、計画の内容について保護者の意見を十分に反映させることが重要です。
・個別の教育支援計画については、個人情報の保護が確保されることが不可欠で、その管理や使用の具体的なあり方について十分に検討する必要があります。
　これらのステップを踏むことで、計画が次年度へスムーズに引き継がれ、継続的な支援を行うことが可能となります。

第12章　自立活動（基礎編）

## （４）実際の形式について

実際の個別の教育支援計画の一例を図 12-7 に示しました。

| 学校名 | ○○特別支援学校 | | 作成者名 | | △△×× | | 作成日 | | ×年□月▽日 |
|---|---|---|---|---|---|---|---|---|---|
| フリガナ | | | 性　別 | 学部 | | 学年 | | 生　年　月　日 | |
| 氏名 | | | | | | | | | |
| 住所 | 〒 | | | | 保護者氏名 | | | | |
| | | | | | 緊急連絡先 | | TEL | | |
| | | | | | | | メール | | |

| 疾患名 | 脳性まひ（PVL） | | | |
|---|---|---|---|---|
| 障害の状態 | 痙直型で両まひ、緊張が強く、脚がクロスになりやすい。右脚は脱臼、左脚は亜脱臼。食事は経口摂取であるが、むせが時々見られる。右凸の側弯（20度） | | | |

| 医療機関等の相談記録 | 年齢及び相談日 | 相談内容 | | 相談機関名 |
|---|---|---|---|---|
| | ４歳<br>（○年×月▽日） | 脚のクロスに対して、緊張を緩める薬だけの対応にするか、手術をするかを相談する。 | | △△病院 |
| | 備考　　※今現在は、ミオナール服用中 | | | |

| 心理検査記録等 | 検査種類 | 検査者名 | 検査結果 | | 検査日 |
|---|---|---|---|---|---|
| | 遠城寺式乳幼児分析的発達検査 | ○○ | 移動運動　　　手の運動　　　基本的習慣<br>対人関係　　　発語　　　言語理解 | | |
| | 特記事項　　ＰＶＬ（脳室周囲白質軟化症）のため、運動能力と比較し知的レベルは高い。 | | | | |

| 手帳 | 身体障害者手帳▽種×級 | 認定日 |
|---|---|---|

**本人・保護者の願い**

| 本人 | 将来は、パソコンを使う仕事をしたい。 |
|---|---|
| 保護者 | 将来的には、就労継続支援Ａ型事業などで働くことを希望している。 |

**子どもの実態（好きなことや好きな物、得意なこと、頑張っていること、苦手なこと）**

毎日、少しずつ、キーボードで文字の入力を練習している。

**支援の目標**

本児が練習している文字入力を活かしつつ、音声入力と併用しながら、パソコンの操作に慣れていく。

**合理的配慮について**

教科等の授業において、緊張が強い場合には、ベッドに横になりながら、授業を受ける。授業時間と休憩時間の柔軟な変更を行う。

**関係者機関での支援**

| | 支援機関・支援者 | 支援内容 |
|---|---|---|
| 家庭生活 | 主に母親 | 毎日20分間、簡単な姿勢変換とパソコン入力の支援をしている。 |
| 医療 | ××病院<br>PT、OT、ST | PT：主に全身のストレッチと座位の安定　　　OT：上肢の活用動作<br>ST：音声入力が活用できる明瞭な発声の練習 |
| 福祉 | ××（放課後等デイサービス） | 姿勢変換の練習が中心 |

**評価及び今後の取り組み**

本児が最も得意としている情報機器（パソコン、タブレット等）を活用しながら、授業を組み立てている。今後も、体の状態を維持し、手指の巧緻性と発音の向上を目指していきたい。

| 担任 | ○○　□□ | 印 | 保護者氏名 | ××　▽▽ | 印 |
|---|---|---|---|---|---|

図 12-7　個別の教育支援計画の事例

**引用・参考文献**

1）文部科学省：特別支援学校　幼稚部教育要領　小学部・中学部学習指導要領. 海文堂出版，2018.

2）文部科学省：特別支援学校教育要領・学習指導要領解説 自立活動編（幼稚部・小学部・中学部). 開隆堂，2018.

3）文部科学省：盲学校、聾学校及び養護学校学習指導要領. 文部科学省，1999.　https://www.mext.go.jp/a_menu/shotou/cs/1320718.htm

4）文部科学省：特別支援学校　幼稚部教育要領　小学部・中学部学習指導要領　高等部学習指導要領. 文部科学省,2009.

5）文部科学省：小学校　学習指導要領（平成29年告示). 東洋館出版社，2018.

# 第13章

# 自立活動
# （応用編）

自立活動の基礎編で、学習指導要領や学習指導要領解説 自立活動編に述べてあることがおおよそ理解できたのではないでしょうか。しかし、特別支援学校現場では、子どもたちの障害の重度・重複化・多様化のため、自立活動の指導がうまくいかない、または何をどのように行えばよいかわからないなど、様々な困難が現場の先生方から挙げられています。その中で、先生方が最も頭を痛めていることは、子どもに適切な個別の指導計画を作成することではないでしょうか。そこで、この章では、指導目標と指導内容の設定についての考え方を、より詳しく述べてみました。

## 1　肢体不自由児と自立活動の現状

　特別支援学校に在籍する肢体不自由児の障害は、重度・重複化・多様化が進んでいます。第1章のデータからもわかるように、多くの在籍者が重複障害を有し、特別支援学校に在籍する医療的ケア児の数は全国で8,565人（令和5年度 特別支援教育に関する調査の結果：文部科学省HP）となっています[1]。平成22年度の調査結果では5,243人だったことを考えると、かなり増加していることがわかります。もちろん、医療的ケア児が必ずしも重度の障害を有するわけではありませんが、一般的には障害が重い場合が多いと思います。このような傾向は、周産期医療の発達や高齢出産の増加等が原因とされているため、今後も障害の重度・重複化・多様化はさらに進むことが予想され、それに伴い、自立活動の指導の重要性と困難性も増加することになるでしょう。

## 2　自立活動の課題

　これまで肢体不自由児と接したことがない学生の方や、知的障害児の指導が中心で接点が少ない先生方は、肢体不自由児への自立活動の難しさをあまりイメージできないかもしれません。しかし、実際に肢体不自由児を指導すると、多くの困難に直面することになります。自立活動の指導に当たっては、必ず個別の指導計画を作成する必要がありますが、子どもの実態に応じた適切な個別の指導計画の作成が、自立活動で最も難しい内容の一つといえます。

第13章 自立活動（応用編）

## 3 個別の指導計画

　個別の指導計画の作成については、学習指導要領解説 自立活動編（平成30年3月発行）の第7章「自立活動の個別の指導計画の作成と内容の取扱い」（P103 〜 126）に詳しく書かれています。また、P31には、以下の障害の実態把握から具体的な指導内容を設定するまでの例が紹介されています。

　肢体不自由（脳性まひ）と重度の知的障害

　聴覚障害　　視覚障害　　知的障害　　肢体不自由　　病弱　　言語障害

　自閉症　　　学習障害　　注意欠陥多動性障害

　高機能自閉症（アスペルガー症候群を含む）　　盲ろう

　一障害当たり4ページにわたり記載されており、各障害別の個別の指導計画の作成の流れがわかります[2]。

　例えば、肢体不自由教育の場合には、P32 〜 35、140 〜 143を熟読しておくことが大切です。ただし、ここには個別の指導計画の作成の手順や考え方が懇切丁寧に記載されていますが、必ずしも個別の指導計画の様式を示しているわけではありません。

　個別の指導計画の様式については、学習指導要領のP200 〜 201の第3　個別の指導計画の作成と内容の取扱い1に、以下のように記載してあります[3]。

---

　1　自立活動の指導に当たっては，個々の児童又は生徒の障害の状態や特性及び心身の発達の段階等の的確な把握に基づき，指導すべき課題を明確にすることによって，指導目標及び指導内容を設定し，個別の指導計画を作成するものとする。その際，第2に示す内容の中からそれぞれに必要とする項目を選定し，それらを相互に関連付け，具体的に指導内容を設定するものとする。

---

この内容から、次のことがわかります。

・自立活動の指導に当たっては、個別の指導計画を作成する必要がある。

・的確な実態把握から指導すべき課題を明らかにし、指導目標および指導内容を設定することが重要。

・自立活動の内容を相互に関連付け、具体的な指導内容を設定することが求められる。

　個別の指導計画は作成が義務付けられていますが、作成自体が目的ではありません。子どもの成長を促進し、困難を改善・克服するために活用することが目的です。自立活動の指導の場合、他の教科と異なり、指導内容が固定されていません。常に子どもの状態を把握しながら、PDCAサイクルで振り返り、決めていく必要があります。往々にして、個別の指導計画の作成自体に多大な労力を費やし、効果的に活用されていない場合も見られます。様式は、使いやすいシンプルなものがいいでしょう。

243

各学校の個別の指導計画は非常に詳細に書かれていますが、最も重要な「いつ、どこで、誰が」の項目が記載されていないことが少なくありません。これは、よく「三間（時間、空間、人間）」といわれますが、これを記載していないと、実際に指導が行われないこともあるのではないでしょうか。この3項目を必ず確認してください。

　特別支援学校の学習指導要領 P62 の第1章 総則 第2節2（4）には、自立活動の指導は「自立活動の時間はもとより、学校の教育活動全体を通じて適切に行うものとする」と記載されています[3]。しかし、多くの個別の指導計画には、自立活動の時間における指導についてのみの指導目標や指導内容が記載されているように思います。特別支援学校の強みである学校の教育活動全体を通じて行う指導内容の記載がないことが多いのです。その部分に関しても、「いつ、どこで、誰が」行うのかを記載しておく必要があると思います。


### （1）実態把握

　ここからは、自立活動を主とする課程で、重度・重複障害を有する子どもの個別の指導計画の具体的な作成について述べていきます。

　最初に児童生徒の実態把握を行う必要があります。

　この実態把握については、学習指導要領の P200 に以下のように記載されています[3]。

> 第7章　自立活動　第3　個別の指導計画の作成と内容の取扱い
> 2（1）　個々の児童又は生徒について，障害の状態，発達や経験の程度，興味・関心，生活や学習環境などの実態を的確に把握すること。

　このための必要な情報の内容や収集方法については、学習指導要領解説 自立活動編の第7章の2「（1）幼児児童生徒の実態把握」（P106 ～ 108）に詳しく述べられています。しかし、肢体不自由教育の経験が浅い担当者は、実際ここに記載されている内容を4月当初から実践することは難しいと思います。一方、P107 の下から3行目には、以下のように記載されています[2]。

> …前略，その時点で把握できた実態や収集できた情報に基づいて個別の指導計画を作成し，それに基づく指導を通して，実態把握を更に深化させ，個別の指導計画を修正していくという柔軟な対応も大切である。その際，当該学年よりも前の各学年までの個別の指導計画を参考にして，これまで何を目標に学んできたのか，学んで身に付いたこと，学んで身に付きつつあること，まだ学んでいないことなど，その学習の記録を引き継いで指導すべき課題の整理に生かしていく視点も大切である。…以下略。

　ここに記載されているように、4月はおそらくほとんどの学校において、前担当者からの引継ぎを中心に実態を確認し、これまでの学びの有効性などを通して、今年度の個

別の指導計画の骨子を作成していると思います。この時期は、引継ぎ内容に同意することが多いと思いますが、新しい気付きも少なくありません。

　話は前後しますが、実態把握は何のために行うのでしょうか。もちろん、子どもに応じた最適な指導や支援を行うためです。適切な実態把握を行うことで、子どもの強みや課題が明確になり、そこから指導目標が設定されます。指導目標には、将来の可能性を見据えた長期目標と、その長期目標を達成するための短期目標を設定する必要があります。つまり、長期目標に大きな誤りがあると、短期目標も有効なものにならないことは容易に想像できます。しかし、この長期目標の設定が肢体不自由教育で最も難しい内容であることは、現場の先生方は実感されていると思います。なぜ難しいのでしょうか。これは、学校教育法第72条に示されている「自立」が、重度・重複障害を有する肢体不自由児の場合には、明確でないことが大きな理由だと考えられます。知的障害やその他の障害の場合の「自立」は、一般的に「他からの影響や従属から離れ、独り立ちすること」と捉え、長期目標を設定することが可能です。ところが、重度・重複障害を有する肢体不自由児の場合の「自立」は、この捉え方が当てはまらないため、一体何を目指せばいいのかわからないということが大きな要因だと考えられます。

　では、このような子どもたちの将来の可能性はどのように捉えたらよいのでしょうか。これは、肢体不自由教育の経験が浅い先生方や学生の方にはかなり難しい内容になると思います。実際、私自身もまだ自信を持って長期目標を設定することができません。とはいえ、文献や経験から、以下に示す10の事項は、肢体不自由教育の自立活動の区分である「身体の動き」についての長期目標の設定には欠かせない内容になります。

## （2）長期目標の設定に欠かせない事項

　ここからは、長期目標設定に欠かせないと思われる10の事項を説明していきます。もちろん、これらの事項には、学習指導要領や学習指導要領解説 自立活動編に記載されている事柄と重なるものがありますが、改めてその重要性の根拠を述べていきます。

① 疾患名
② 意図的な動きの可能性
③ 変形や拘縮などの身体の全体像
④ コミュニケーション
⑤ 知的レベル
⑥ 好きなもの（強化子）
⑦ 家庭との連携
⑧ 難治性のてんかんの有無
⑨ 視覚支援の効果
⑩ 現在の年齢

① 疾患名

　これについてあまり重要事項として取り上げていない場合が少なくありません。しかし、疾患名は非常に重要です。例えば、現在では、学習障害（LD）と診断された子どもに対して、文字を書くことを一生懸命に教えることは少ないと思います。極端な例として、車椅子を活用しているデュシェンヌ型筋ジストロフィーの子どもを歩かせようとしないのと同じように考えてもらっていいかと思います。実際、疾患によりある程度の予後がわかるようになってきました。年齢にもよりますが、図13-1に示されているように、脳性まひ児の場合、7～8歳を過ぎると粗大運動はプラトー（停滞した状態）に達することがわかっています。むしろ、図13-2で示されているように、障害の重い子ども（Level Ⅲ～Ⅴ）の場合は、11歳以降は、粗大運動は低下する傾向があります。また、エビデンスはありませんが、脳炎後遺症や脳症などの中枢性の疾患を有し、意図的な動きが難しい子どもも同様の傾向があると思います。ただし、脳性まひの診断を

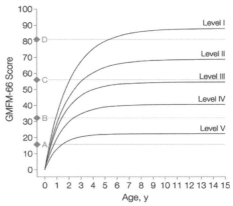

図13-1　脳性まひ児の粗大運動の経時的変化[4]

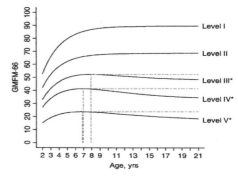

図13-2　脳性まひ児の粗大運動の安定性と低下[5]

受けていても意図的な動きが可能な場合には、粗大運動の発達も見込めます。このように、同じ状態像、例えば座位可能でも、疾患により長期目標は必然的に変わってくるはずです。図13-3に疾患に基づく粗大運動の大まかな経時的変化を示しました。この図の染色体異常は、ダウン症、18トリソミー、4p欠失症候群、5p欠失症候群など、特別支援学校でよく見られる代表的な疾患を示しています。また、特別支援学校には、非常に稀有な疾患の子どももいます。必ず、担当する子どもの疾患が進行性であるかどうかについてインターネットなどを活用して調べてみることが必要です。

② 意図的な動きの可能性

　これについては、①と重なる点がありますが、基本的には、意図的な動きがあるまたはできる子どもは、運動の発達が期待できます。しかし、子どもによっては、動きは持っているが機能的ではない動きが多く、両手足の協

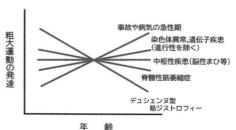

図13-3　主な疾患と粗大運動の関係

調性のない動作がほとんどを占める場合も見られます。つまり、物に手を伸ばす、体を支えるなどの機能的な動きがなかなか出現しません。自由に動く体の部位はあるが、なぜか、有効な動きに移行しない子どもの場合には、目標となる動きを絞り、日常生活の中でその動きを引き出す環境を設定してください。新しい動きの形成には、量、つまり回数と環境の設定、それとともに適切なフィードバックが非常に重要です。例えば、物を握ろうとしない子どもの場合には、近くに興味を引く物を置き、その物を握った時点で、子どもが好むと思われる刺激（触覚刺激、聴覚刺激、視覚刺激など）を必ずフィードバックしてあげることが大切です。もちろん、最初は子どもの手を支援しながら物を握らせるところから始めます。教師と一緒に握れたら、必ずフィードバックしてあげましょう。物を握れる手の機能を持つ子どもであれば、握れるようになるはずです。ただし、多くの時間が必要になることは間違いありません。

③ **変形や拘縮などの身体の全体像**

変形や拘縮などの身体の全体像は、目標設定に大きく影響してきます。例えば、脱臼している子どもには立位や歩行はさせませんし、変形の強い子どもの場合は、長時間の抗重力姿勢は取らせません。このように、学習活動に多くの制限が生じます。子どもによっては、手術を施行することもあり、その結果、長期目標が大きく変わってくることもあります。

④ **コミュニケーション**

教師と生徒の双方向の関係づくりがしっかりできていないと、なかなか発達を促すことはできません。もちろん、この場合のコミュニケーションは、言葉だけを指しているのではありません。例えば、発声、表情、視線など様々な要素が含まれます。簡単な例を示すと、痛いときには顔をしかめて表現してくれる子どもの場合、教師としてその表情を基準にストレッチを行うことが可能です。つまり、表情が変わらない場合にはストレッチを受け入れていると捉えることができます。視線が動く子どもには、実物や写真を提示し、しっかり見ている方を選択したと考えてもいいかもしれません。発声も、機嫌が良い時の発声や嫌な場面での発声など、異なる子どもも見られます。そのような子どもの場合、指導を快く受け入れているか、または嫌がっているのかがわかります。その様子を観察しながら PDCA サイクルを活用し、指導目標や指導内容を設定することが可能です。つまり、教師は自分のアプローチに対する子どもの反応を正確に捉えることで、より適切な指導につなげていけるのです。

⑤ **知的レベル**

知的レベルが高い場合には、自立活動の指導においても大きな効果があることは間違いありません。例えば、準ずる課程の子どもの場合、自立活動の時間における指導のコマを多く取ることは難しいかもしれません。その場合、自宅や寮での宿題として運動学習の内容を提示することが可能です。これにより、一日の運動量を確保できます。その上、ストレッチや新しい運動を取り入れる必要性を子どもに理解してもらうことで、取

り組んでもらいやすくなります。また、重度の知的障害でない子どもは、「いや」「楽しい」などを言葉や表情で伝えることも可能でしょう。教師の言語での指示は難しくても、動作や写真を提示することで動作を教えることができるかもしれません。さらには、より有効な強化子を確認できる可能性もあります。また、最も有効で大切な成就感や達成感、自己肯定感などが目標に近づくことで高まり、自立活動の指導の効果を大きくしてくれることは間違いありません。このように、知的レベルが高いことは、教師に適切な指導の可能性と子どもの主体性を向上させてくれるはずです。さらに、その子どもの動きを無駄のないものにしてくれます。例えば、バーを持って立っている動作は当たり前の動作のように感じますが、重度な知的障害を有する子どもの場合、その動作を何回も繰り返し学習し、習慣を獲得することで、初めて「バーを握ることで立つことが可能になる」と気付くことも少なくありません。対面での抱っこの場合も、知的に高い子どもは最初から手を教師の首に回してきますが、知的に難しい子どもの場合、何度も繰り返し学習することで首に手を回せるようになります。これはおんぶでも同様です。このように、知的レベルの高さは、環境に応じた身体の動きの向上に大きな影響を与えていることは間違いありません。このようなことから、長期目標の設定には知的レベルを考慮することが必要不可欠です。

### ⑥ 好きなもの（強化子）

　肢体不自由教育に限らず、特別支援教育では、最初に確認されることだと思います。好きなものを見つけられるかどうかが、教育効果に大きな影響を与えることは、先生方なら痛感されていることでしょう。これが見つからないと、指導目標の達成が難しくなります。肢体不自由児の場合には、揺れや回転などの固有覚や前庭覚の刺激が強化子になることが少なくありません。例えば、シーツブランコやトランポリンなどがその例です。しかし、これらの強化子は、いつでもどこでも活用することができる強化子ではありません。その場合には、すぐにフィードバックできる強化子に変えていくことが重要です。例えば、このような強化子の場合には、一緒に日常的に提示できる強化子（例えば、歌を歌ったり、変顔をしてあげたりなど）を組み合わせてください。そうすると、強化子が、日常ですぐにフィードバック可能な刺激へと変わる場合もあります。とにかく、はっきりとした強化子が見つけられるかどうかが、長期目標の設定に大きな影響を与えることは間違いありません。

### ⑦ 家庭との連携

　特別支援教育では、家庭との連携が非常に重要です。子どもたちは多くの時間を家庭と学校で過ごすため、学校だけでなく家庭での困難も克服する必要があります。家庭での困難を解決することで、学校と家庭の連携が深まっていくことは想像に難くありません。

第 13 章 自立活動（応用編）

　例えば、ある家庭では「学校に入学してから、自宅でこんなこともできるようになりました」と言われることがあります。また、別の家庭では「学校生活のおかげで、体力がつきました」との声が聞かれるかもしれません。保護者のこうした言葉は、先生方の意欲を高め、子どもへの指導をよりよくする助けになります。
　一方、家庭の協力が得られない場合、指導目標の達成は学校の指導だけで確立させることになります。これでは効率が悪いことは容易に想像できます。もちろん、先生方に対する称賛の言葉もないので、先生方の意欲が低下する可能性も出てきます。
　そのため、目標設定には家庭での困難を把握し、それを考慮に入れ、個別の指導計画を作成するとが重要です。
　このように、家庭との密な連携は、目標設定の大きな要素の一つになります。

⑧　難治性のてんかんの有無

　てんかんについては、学生の皆さんはピンとこないかもしれません。ウエスト症候群やレノックス・ガストー症候群、乳児重症ミオクロニーてんかん（ドラベ症候群）、脳症、脳炎後遺症などで難治性てんかんを子どもが有している場合、発達に大きな影響があります。さらに、てんかんを抑えるための抗てんかん薬の副反応も大きく、活動が低下する場合も見られます。処方された薬剤でてんかんが抑えられれば良いのです

が、止まらないことも少なくありません。子どもによっては、学習した内容が後退する場合もあります。さらに、難治性のてんかんを有する子どもの場合には、重度の知的障害を伴うことが少なくありません。このようなことから、長期目標の設定には難治性てんかんがあるかどうかが重要な要素となります。

⑨　視覚支援の効果

　現在、特別支援教育の現場にいる先生方であれば、視覚支援の重要性を実感していると思います。知的障害や自閉スペクトラム症の子どもたちに対して、写真、イラスト、ジェスチャーなどの視覚支援が大いに活用されています。肢体不自由教育でも視覚刺激は重要な要素です。知的障害や自閉スペクトラム症の子どもと同様に、理解を促進するために視覚支援を活用したり、強化子として視覚的な刺激を利用したりします。例えば、教師の大きなリアクションや光刺激が出るおもちゃなどを、子どもの強化子として活用することもあるでしょう。視覚支援の効果があるかどうかは、今後の指導目標の設定に大きく影響すると思います。

⑩　現在の年齢

　進行性の病気でない限り、低学年であればあるほど運動能力は向上していくと考えてよいでしょう。ただし、粗大運動に関しては、体重や身長、運動量や筋緊張の問題もあり、小学部までは向上しますが、中学部では生活に必要な粗大運動に限定して伸ばし、

高等部では現状維持を目指すことが多いでしょう。中枢性の疾患の場合には、体重の増加や身長の伸びにより、小学部ではできていた動作が高等部ではできなくなる場合も見られます。

　ここまで述べてきた①〜⑩の内容について確認しておくことが必要不可欠です。これらの内容は、長期目標の設定には欠かすことのできない事項になります。

## （3）具体的な目標設定について
　前担任との引継ぎで、前年度の目標についての設定理由やその評価などを聞くと思います。4月の初旬〜中旬は、引継ぎ通りに子どもが成長しているのかどうか、自分自身で評価してみる時期になります。大きくは下の①②のような2つの場合が考えられます。
　①　昨年度の目標を達成できている場合
　この場合に考えられる今年度の目標設定は、以下の3つが考えられます。
　・ボトムアップ的に、その上の目標を設定する。
　・その目標は達成され完成したので、全く別の目標を設定する。
　・設定された目標をより確実なものにするために、どんな環境でも、誰が支援しても可能なように、横の広がりを持たせていく。小学部高学年からはこの考え方がとても重要です。
　②　目標が達成できていない場合
　この場合には、以下のような対応が考えられます。
　・前年度の目標を継続する。
　・目標は同じままで、指導内容や支援の方法を変えてみる。
　・昨年度の目標は無理だと判断し、全く別の目標を設定する。
　多くはこのような流れで学期始めを迎えると思いますが、最も大切なことは、なぜその目標を設定したのかについてしっかり引継ぎを受けることです。肢体不自由児を担当している先生は、もう一度、実際に接した場合の子どもの実態、家庭の協力体制などを考慮に入れて、その目標でいいのかをペアとしっかり話し合ってみましょう。意外と、その目標が達成できても、子どもが学校や家庭で直面する様々な困難を改善・克服することにはつながらない場合も見られます。
　③　目標設定の重要視点
　子どもは、特殊な病気か体調がかなり悪くない限りは、成長しているはずです。身長は伸び、体重も増えていくことを常に考慮して、目標設定は行いましょう。
　目標設定で陥りやすい事例は、子ども自身でできる指導目標にこだわってしまうことです。もちろん、子ども自身で可能であれば、それに越したことはありません。しかし、もしかすると、一人では無理な目標なのかもしれません。その場合には、誰かと一緒に達成することも視野に入れることが必要です。

第13章　自立活動（応用編）

知的障害児の場合には、一般的には一人でできるということが重要で、自立につながっていきます。しかし、肢体不自由児の場合には、お母さんと一緒にとか、先生に支援をしてもらってとかの考えも考慮に入れることがとても重要です。この視点を取り入れないと、達成困難な目標を何年も設定し続けたり、達成できても有効性のない目標だったりします。

④　有効性とは

③で述べた有効性について説明します。この場合の有効性とは、子どもと一緒に暮らす人（家族、教師、施設の介助者など）が、少しでも子どもが頑張っていると感じられる内容と捉えてください。例えば、トイレでお尻を拭くときに、バーを持って立っている。おむつを替えるときに、脚の緊張を緩めるなど、基本的な生活動作を行う際に、子どもが協力してくれていることを実感できる内容になります。

よく、このような目標は、周りの人の手厚い支援があれば可能なため、子どもの目標としては適切ではないと否定されることもあります。しかし、子どもの頑張りが一緒に暮らす人に影響を与えることは、必ず子どもの生活にも返ってきます。例えば、外出先のトイレでバーを持って立っていてくれる子どもの場合には、お母さんに「子どもと一緒に外出しよう」という気持ちを起こさせることにつながります。つまり、子どもの頑張りは、周りの人を動かし、最終的には子ども自身の生活を豊かにすることに返ってきます。

このように、目標設定においては、周囲の人々との相互作用を考慮することも重要になるのです。

⑤　長期的目標と短期的目標の関係性

P244 の実態把握でも述べていますが、もう一度、長期的目標と短期的目標の関係性について述べておきます。長期的および短期的な観点については、特別支援学校教育要領・学習指導要領解説 自立活動編 P110 の 2 行目から以下のように述べられています[2]。

> …前略，幼稚部，小学部，中学部，高等部の各部の在学期間，学年等の長期的な観点に立った指導目標（ねらい）とともに，当面の短期的な観点に立った指導目標（ねらい）を定めることが，自立活動の指導の効果を高めるために必要である。

この場合、各学部、学年を長期的、当面を短期的としています。しかし、これからわかることは、これらの目標には明確な設定期間が決まっているわけではないということです。そのため、年度末の担当者間での引継ぎや共有は非常に重要です。長期目標の場合には、なぜその目標を設定したのか、また、短期目標は段階的に長期目標につながり、さらにはその長期目標に到達できるために、今年度は短期目標をどの程度クリアしたのかなどをきちんと説明したり、あるいは説明を受けたりしておくことが必要です。

### （4）指導の内容の設定について

指導内容の設定については、6つの区分の27項目から必要な項目を選定し、それらを相互に関連付けて具体的な指導内容を設定すると記載されています。しかし、この作業は経験の浅い教師にとって決して簡単ではありません。そこで、最初は指導目標を達成するために、最も有効と考えられる指導内容を設定し、その後その指導内容が自
立活動の27項目のどの項目を含んでいるか確認してみましょう。その作業を繰り返していくうちに、項目を相互に関連付けながら具体的な指導内容を設定することに習熟していきます。

#### ① 指導内容の考え方

ここからは、指導目標「教師の声掛けを受けて背もたれのない椅子で、床に足底をつけ、1分以上安定した座位を保つことができる」から指導内容がどのようなものになるのか示します。学習指導要領解説 自立活動編のP34を参考に、指導目標から具体的な指導内容を設定する段階を示しました。おおよそ図13-4のような内容になると思います。かなり煩雑で難しい内容ですが、このような個別の指導計画の作成過程を踏むことで、指導内容の区分についての偏りなどを確認することが可能になります。

ここで考えないといけないことは、図の③の具体的な指導内容を行うことが、指導目標の達成につながるのかということです。むしろ、指導目標となる行動目標を何度も繰り返して行う方が、目標を達成するには最も効果的だと思います。この指導目標「教師の声掛けを受けて背もたれのない椅子で、床に足底をつけ、1分以上安定した座位を保つことができる」の場合、極端に弱い内容（例えば、体幹筋のバランスが取れないなど）がはっきりしている時には、それを強化するための体幹筋へのアプローチが必要です。しかし、③の指導内容を行うよりも、直接指導目標を指導内容として繰り返し行う方が指導目標を習得しやすいのではないでしょうか。

よく、指導目標自体を指導内容として扱った方がよい場合にも、あえていくつかの指導内容を設定し、指導目標から乖離している学習内容を子どもに提示していることがあります。例えば、「トイレのバーをつかみ、身体を安定させてズボンの着脱ができる」のような指導目標の場合、一番よく活用するトイレで、今現在はいているズボンの上から、着脱する予定のズボンを重ね着し、着脱の学習内容を行うことが一番効率よく、指導目標を達成できるはずです。

実態把握でも述べましたが、特に脳性まひなどの中枢性疾患の場合には、ある年齢以上では、全体的な粗大運動の発達は見込めないことがわかっています。そのため、指導目標と具体的な指導内容は、同じ場所で同じ内容でないとうまくつながらないことが少なくありません。

第13章　自立活動（応用編）

| 指導目標を達成するために必要な項目の選定 | ① 「教師の声掛けを受けて背もたれのない椅子で、床に足底をつけ、１分以上安定した座位を保つことができる」の指導目標を達成するために必要な項目を選定する段階 | | | | | |
|---|---|---|---|---|---|---|
| | 健康の保持 | 心理的な安定 | 人間関係の形成 | 環境の把握 | 身体の動き | コミュニケーション |
| | | | （1）他者とのかかわりの基礎に関すること。 | （1）保有する感覚の活用に関すること。 | （1）姿勢と運動・動作の基本的技能に関すること。 | （1）コミュニケーションの基礎的能力に関すること。 |

② 　項目と項目を関連付ける際のポイント

＜教師の声掛けや体の傾きを感じ立て直すために＞…（人）（1）と（環）（1）と（身）（1）とを関連付けて設定した具体的な指導内容が、③アである。

＜足底で踏ん張りながら、安定した座位を保つために＞…（環）（1）と（身）（1）とを関連付けて設定した具体的な指導内容が、③イである。

＜教師の声掛けを理解するために＞…（人）（1）と（コ）（1）とを関連付けて設定した具体的な指導内容が、③ウである

| 選定した項目を関連付けて具体的な指導内容を設定 | ③ 　具体的な指導内容を設定する段階 | | |
|---|---|---|---|
| | ア　教師に体幹を支えてもらいながら、バランスボールに座り、体幹を立て直す。 | イ　立位台やブローンボードで、立位を行うことにより、足底へ刺激を入れながら、座位に必要な体幹筋に力を入れる。この場合、楽しく上肢の活用を図れるように、テーブルではタブレットなどを活用する。 | ウ　言葉や写真、動作などで、教師とのやり取りを行う。 |

図13-4　指導目標から指導内容へ

② 指導目標と指導内容の関係

　例えば、前述の目標「トイレのバーをつかみ、身体を安定させてズボンの着脱ができる」という内容の場合、まひのある子どもにとって、どこのトイレで、バーの高さや位置、バーの型、またズボンにはファスナーがあるのか、季節は薄着の夏か、厚着の冬かなどで、難易度の異なる動作になってしまいます。このように考えると、指導目標と指導内容には乖離が生じる場合も少なくありません。つまり、指導目標によっては、あえて指導内容
を設定する必要がない場合も出てきます。結局、一番効率の良い指導内容は、指導目標自体を何回も繰り返し行うことです。

　この考えについては異論があるかもしれません。しかし、私たちが新しい動きを学んだときのことを考えると、何も不思議なことではありません。例えば、「一輪車に乗ることができる」という目標に対して、どのような指導内容が考えられるでしょうか。もちろん、バランスを取る練習やこぐ練習をするかもしれません。しかし、最終的には、実際に一輪車に乗りながら、補助者に支えてもらう練習を何度も行い乗れるようになるのです。自転車に乗れるようになった時にも、実際に自転車で何度も転んで乗れるようになったと思います。これと同じように考えることが必要です。

　では、指導内容はなぜあるのでしょうか。もちろん、指導目標の基礎力を身に付けるということもありますが、多くの場合には、指導内容は子どもが楽しく主体的に、自立活動の時間や学校の教育活動全体で取り組むためにあると考えるべきでしょう。また、自立活動の目標は「…前略、もって心身の調和的発達の基盤を培う」となっています[3]。指導目標の達成のために、いくつかの指導内容を行うことで、子どもに調和的な発達を促す効果があると考えられます。しかし、時々、指導目標を達成するために設定した指導内容が、子どもが取り組みたくない内容になっている場合や指導目標と乖離した内容になっている場合があります。そういうことがないか個別の指導計画の内容を確認してみてください。

　身体の動きを中心とした指導目標の場合、それ自体が最も効率の良い指導内容となる場合もあるということを常に頭に入れておくことが必要です。

## （5） 評価と改善について

　目標設定と同様に、評価は非常に難しい作業です。自立活動は常にPDCAサイクルを実施しながら、子ども一人一人に最適な指導目標を設定することが重要です。そのた

めには、評価と改善が不可欠です。評価として、ただ「できた」、「できない」だけでなく、「途中まではできた」、「できそうだけどできない」、「少しだけ支援するとできる」など、様々な段階が考えられます。その評価の結果から次の指導目標を設定していきます。こう考えると簡単に感じるかもしれませんが、実はこの過程が非常に重要で、しかも難しいプロセスなのです。

どこが難しいのか、具体例を挙げてみましょう。例えば、膝立ちまでは可能で、歩けそうな子どもがいたとします。歩けそうなので、目標は「自力歩行ができる」と設定し、指導を行います。しかし、一年間指導を行っても歩けるようにはなりませんでした。この場合、その目標の設定自体が子どもの実態に適していないため、目標を変更すべきか、指導や支援方法を変えたら歩けるようになるのか、もしくは一年間ではなく二年間指導したら歩けるようになるのか、どう判断すればよいのでしょうか。

また、学期始めに短期目標として設定した指導目標の評価はいつ行うべきでしょうか。基本的には毎日評価すべきですが、それでは結果が出ないため、学期ごとに評価している場合が多いと思います。しかし、肢体不自由児の場合、知的障害児よりも評価の間隔は長くなるのが一般的です。この場合、どのくらいの間隔で評価すればよいのでしょうか。これらのことは、肢体不自由教育に精通した教師でもとても難しい内容になります。

この評価と改善を含めたPDCAサイクルには、経験豊かな教師や専門性を有した教師、外部専門家などの意見を聞くことが必要です。当然、子ども自身や家族の意見も重要視されなければなりません。

もちろん、評価と改善の内容には、学校生活だけでなく家庭生活の様子も含まれます。年度初めには家庭と連携して指導目標を設定しますが、年度途中では見落とされがちな情報もあります。例えば、家のリフォームやベッドの導入により、年度初めに設定した指導目標が家庭での生活において困難でなくなり、あまり意味を持たなくなることもあります。このような事態を防ぐためには、家庭との密な連携が必要不可欠です。

評価及び改善については、実態把握や目標設定の内容とかなり重複しますが、一般的には以下のように考えられます。

・何年も続けて指導を継続してきているが変容のない指導目標の場合には、指導目標自体を変更する。
・指導目標が達成できた場合、ボトムアップの考え方で次の指導目標を設定するより、様々な環境で活用できるように般化（ジェネラリゼーション）、つまり横への広がりを考えることも重要である。
・見落されている指導目標を取り入れる。小学部では、粗大運動を目標に設定することが中心になるが、意外と生活に必要な動作を教えていない場合が多い。例として、車椅子で座りなおす、抱っこ時に腕を回してくる、衣服の着脱時の協力など。
・粗大運動の場合は、子ども一人でできる必要があるのかどうか家庭と連携を図ることが重要である。介助者と二人でできることも非常に重要な指導目標になる。

・「身体の動き」の区分で考えると、小学部の低・中学年では粗大運動を中心に、成長するにつれて微細運動へ移行していくことが一般的な流れとなる。
・指導目標が、子どもの困難だけでなく、家族などの一緒に暮らす人の困難にも対応できているか再確認する。
・子ども（可能であれば）、家族、なるべく多くの教師、専門家の意見を参考にする。

その他、まだまだ多くのことが挙げられます。

最後に専門家の意見という内容が出てきましたが、これについては、学習指導要領第7章自立活動第3「個別の指導計画の作成と内容の取扱い」（P200 ～ 201）の6には、以下のように述べられています[3)]。

> 6　児童又は生徒の障害の状態等により，必要に応じて，専門の医師及びその他の専門家の指導・助言を求めるなどして，適切な指導ができるようにするものとする。

また、学習指導要領解説の自立活動編の P124 には以下のように述べられています。

> 専門の医師をはじめ，理学療法士，作業療法士，言語聴覚士，心理学や教育学の専門家等外部の各分野の専門家との連携協力をして，必要に応じて，指導・助言を求めたり，連絡を密にしたりすることなどを意味している。

しかし、専門の医師（おそらくは小児専門のリハビリドクターになると思いますが、全国各地にそう多くはいないと思います）、また、理学療法士、作業療法士、言語聴覚士等と記載してありますが、正直、外部専門家でも適切な評価は非常に難しい内容になります。実際、私が体験した事例では以下のようなことがありました。

担任から「この子は自力歩行できるようになると思いますか」という相談を受けました。私は、脚長差（脚の長さの差）が身体に対して大きすぎるので、「自力歩行までは難しいかも、手引き歩行が限界かも」と返しました。実はその子どもが通院している小児の病院のセラピストからも「この子は歩けるようにはなりませんよ」との回答だったそうです。しかし、担任はおそらく歩けるとの確信があったのでしょう。その後、一年間かけて、その子の自力歩行を引き出しました。成人式の時にもその子に会いましたが、普通に自力歩行を行っていました。これと同じような事例は他にも数多く経験しています。このように、専門的な知識や技能を有する教師やその他の専門家の指導・助言よりも、担任の指導が正しかったという事例は少なくありません。おそらく、学校で一日中接している子どもの姿は、担任をしていない教師や専門家には見えない部分があるのだと思います。

なぜこのような話を述べたかというと、専門家や多くの教師を交えた話し合いでは、担当者の意見があまり重要視されない場面に時々遭遇するからです。やはり子どもと最

第 13 章　自立活動（応用編）

も接している担任や家族を中心に、評価や改善は行われるべきでしょう。

**引用・参考文献**

1 ）文部科学省：令和 5 年度学校における医療的ケアに関する実態調査結果（概要）https://www.mext.go.jp/content/20240623-mxt_tokubetu01-000032436_2.pdf

2 ）文部科学省：特別支援学校教育要領・学習指導要領解説 自立活動編（幼稚部・小学部・中学部）. 開隆堂 ,2018.

3 ）文部科学省：特別支援学校　幼稚部教育要領　小学部・中学部学習指導要領. 海文堂出版, 2018.

4 ）Rosenbaum P, et al. Prognosis for gross motor function in cerebral palsy: creation of motor development curves. JAMA, 288(11) : 1357-1363, 2002.

5 ）Hanna S, et al. Stability and decline in gross motor function among children and youth　with cerebral palsy aged 2 to 21 years. Dev Med Child Neurol, 51(4)：295-302, 2009.

# 第14章

## コミュニケーションについて

特別支援教育において、コミュニケーション指導はその中核を成す重要な要素です。コミュニケーションは特別支援教育に限らず、人間や動物にとって必要不可欠なものであり、多くの教育者がその重要性を理解し、深く学んでいます。このコミュニケーションはよくキャッチボールに例えられ、他者とのやり取りとして認識されています。その手段としては、言語、身振り、表情などが挙げられます。

　例えば、聴覚障害者は手話や指文字を用いてコミュニケーションを図ることが多く、赤ちゃんは表情で意思を伝えようとします。このように、発信者によってコミュニケーション手段は多様で、発信者のコミュニケーション手段を受け手が理解していないと、うまくコミュニケーションは成りたちません。

コミュニケーション手段は障害の種類によって異なります。例えば、視覚障害者には文字での伝達が難しいため、音声や点字が使用されます。知的障害者には身振りや写真などの視覚支援が効果的です。

　また、コミュニケーションは言語活動（バーバルコミュニケーション）と非言語活動（ノンバーバルコミュニケーション）に大別されます。前者は話す、聞くといった言語的なやり取りを指し、後者はジェスチャーや表情などの非言語的なやり取りを指します。

　肢体不自由児の場合、コミュニケーションに困難を抱える子どもが少なくありません。その困難は大きく二つに分けられます。一つは、重度の知的障害により言葉の理解が難しい場合です。この場合、子どもの知的レベルに応じて、身振りや表情、具体物などの視覚支援を活用し、言葉の理解を促進する必要があります。この支援方法は、重度の知的障害児への支援方法と大差はないかもしれません。もう一つは、肢体不自由により表出が難しい場合です。特に、脳性まひのアテトーゼ型の場合、このタイプが多く見られます。この場合、拡大・代替コミュニケーション（AAC：Augmentative and Alternative Communication）（P313参照）を活用することが一般的になります。

## 1 コミュニケーションの発達段階

　一般的な発達の場合、1歳前後に初語が出てくることが多いのですが、もちろん個人差も大きく、10か月頃から言葉が出てくる場合もあれば、1歳の誕生日を過ぎてもなかなか話し始めない子どももいます。このコミュニケーションの発達段階については、鯨岡とベイツの考え方が有名です。まず、鯨岡の考え方を述べていきます。

## (1) 鯨岡の考え方
### ① 原初的コミュニケーション段階
　鯨岡はこの段階を「主として対面する二者のあいだにおいて、その心理的距離が近いときに、一方または双方が気持ちや感情の繋がりや共有を目指しつつ、関係を取り結ぼうとするさまざまな営み」と定義しています[1]。重度の知的障害を有する肢体不自由児の場合、この段階が中心となるでしょう。この段階では、子どもの意図がはっきりしない場合が多く、教師が子どもの気持ちを推察し、子どもに合わせるように関わることが求められます。そうすることで、子どもの積極的な表出を引き出し、教師の働きかけに子どもが少しずつ応じるようになります。つまり、この段階では、教師の役割が非常に重要です。教師は常に子どもの存在を受け入れ、関わり続けることが求められます。

図14-1 三項関係

### ② 前言語的コミュニケーション段階
　前言語的コミュニケーション段階とは、伝達手段としての言葉だけでなく、欲しい物などの伝達内容や保護者に伝えようとする伝達意図を含めて、原初的コミュニケーション段階よりも発達した段階を示します。具体的には、内言語がある程度育っているが、言葉はまだ出現していない段階です。この段階のコミュニケーション手段としては、表情、発声、身振り、手差し、指差しなどが見られます。この段階では、学校生活の様々な場面を活用し、適切な方法で子どもに働きかけることが可能です。具体的には、子どもの視線や手差しを見て「○○が欲しいんだね」などと声をかけることで、教師と子ども、子どもと対象物の二者関係だけでなく、教師と子どもと対象物という三項関係が成立し始めます。つまり、教師と子どもの二者関係に加え、対象物を介在した関係が成立するのです。また、この段階になると、子どもには教師の要求に対して反応するだけでなく、関わること自体が目的となる場面も出てきます。結果として、子どもの方から関わりを求めてくるようになります。

### ③ 言語的コミュニケーション段階
　この段階では、コミュニケーションの手段として音声言語や書字言語が出現します。単語、二語文、三語文などに発達していきます。この段階になると、教師は子どもの言葉や意図を理解し、自信をもって働きかけることが可能になります。また、子どもによっては構音障害を有している場合もあり、その場合には並行して構音指導を行うことが必要になるかもしれません。

## （2） ベイツの考え方

一方、ベイツは、前言語期から言葉が表出されるまでは３つの段階に分けています[2]。

・聞き手効果段階（誕生～10か月）：子どもの発声や表情、快・不快の情動の表出に対して、大人がそれを意図あるものと判断し、反応することでコミュニケーションが成立する段階。

・意図的伝達段階（10か月～１歳）：子どもが意図を持ち、要求の実現や注意を引くために、身振り、指差し、音声などで非言語的ではあるが、社会化された手段で伝える段階。

・命題伝達段階（１歳～１歳４か月）：これまでの身振り、指差しなどの伝達手段に代わり、言葉で伝達を始める段階。

コミュニケーションの発達段階の捉え方で両者に共通することは、誕生から初語が出現するまでの間に、受け手としての大人の行為が重要視されている点です。鯨岡の「原初的コミュニケーション段階」やベイツの「聞き手効果段階」では、初語以前のコミュニケーション段階において、受け手としての大人の行為が重要なポイントとなっています。これは、コミュニケーションが困難な重度の肢体不自由児に対する大人の行為や姿勢についても同様なことがいえるでしょう。

具体的には、教師は、子どもの実態を把握し、適切な目標設定を行います。そして、子どもの発声や表情などの表出に対する受け手としての行為を実践しながら、常に関わりを繰り返すことが重要になります。

また、これらの段階を支えるためには、表14-1の３つの反応や能力が必要だといわれています。

表 14-1　コミュニケーションの基礎となる反応や能力

| 反応や能力の種類 | 反応や能力の内容 |
|---|---|
| 定位反応 | 外からの刺激に対して、驚いたり泣いたりするのではなく、そちらの方向に注意を向けるような行動をとる反応 |
| 期待反応 | 「いないいないばぁ」遊びでは、「いないいない・・・」により「ばぁ」を予測して期待する。このように、先行事象に対して次の目的とする事象を期待できる反応 |
| 共同注意 | 大人と子どもが同じものに注意を向けること。大きく分けると、始発的共同注意と応答的共同注意に分けられる。<br>・始発的共同注意…子どもが自分から他者の注意を引きつけるために行う行動で、例えば、子どもが興味のある対象を指差したり、声を出して他者にその対象を見せようとする行動などになる。<br>・応答的共同注意…他者が示した対象に対して子どもが注意を向ける行動で、例えば、母親が指差した方向を子どもが見る、母親が見ているものを子どもが一緒に見るといった行動などになる。 |

第14章 コミュニケーションについて

# 2 自立活動とコミュニケーション

コミュニケーションは、特別支援教育の領域である「自立活動」において、6つの区分の1つで、下記のように、5つの項目から成り立っています。

---

（1） コミュニケーションの基礎的能力に関すること
（2） 言語の受容と表出に関すること
（3） 言語の形成と活用に関すること
（4） コミュニケーション手段の選択と活用に関すること
（5） 状況に応じたコミュニケーションに関すること

---

（1）～（5）までの項目について、学習指導要領解説 自立活動編を参考に解説していきます[3]。

この「コミュニケーション」では、場や相手に応じて円滑にコミュニケーションを図れるようにするための内容を示しています。

## （1） コミュニケーションの基礎的能力に関すること

コミュニケーションの基礎的能力とは、話し言葉はもちろん、表情や身振り、肢体不自由児の場合には機器を用いた意思のやりとりも含まれます。つまり、話し言葉にこだわらず、子どもにとって可能な手段を活用し、円滑なコミュニケーションを図ることが必要です。特に肢体不自由児の場合、実態が多様なため、その実態に応じて手段を変える必要があります。例えば、知的障害があり、上肢のまひが強く身振りができない子どもには、表情や発声、しぐさを注意深く観察することが重要です。一方、上肢の動きに制限がない子どもでは、絵カードや写真、身振りを活用することも考えられます。もちろん、話し言葉でコミュニケーションを図れる子どもも少なくありません。

## （2） 言語の受容と表出に関すること

言葉やイラスト、写真を活用し、相手の意図を理解したり、自分の考えを伝えたりすることです。どの手段で意思を表現しているのか、受け取る側はその手段を理解しておく必要があります。肢体不自由児の場合、理解言語や内言語はあるのに、まひによる構音障害で表出が難しいことがあります。この場合、発語機能の改善と共に、コミュニケーション機器などの代替手段を活用することが重要です。適切な代替手段を活用し、積極的な表出を促すことが大切になります。

## （3）言語の形成と活用に関すること

　言語の形成は、生活や遊びの中でのコミュニケーション活動を通じて始まります。相手の言葉や身振りを受容し、それを具体的な物や動作、現象と結びつけることで言語が形成されていき、形成された言語は、活用することでさらに多くの言語の形成を促進することになります。そのためには、言葉の活用ややりとりを楽しめる場面の設定が重要です。特に肢体不自由児の場合、具体的な体験や経験が不足しがちです。言語の概念形成と活用のために、多くの体験や経験を提供する工夫が必要になります。

## （4）コミュニケーション手段の選択と活用に関すること

　コミュニケーションの手段は、話し言葉だけでなく、表情、文字、身振り、サインなど多岐にわたります。肢体不自由児の場合、理解言語はあるが表出が難しい子どももいます。そのような子どもでは、動かせる身体の部位を見極めることが必要です。発声指導も重要ですが、目が動くなら透明文字盤や視線入力、手指が動くならスイッチを押すと音声が出る機器などを活用することで、意思を伝えることが可能になります。これらの手段により、周囲とのやりとりが円滑になり、コミュニケーション意欲が向上していきます。また、コミュニケーション手段の組み合わせも重要で、例えば、発声で注意を引き、その後視線で詳しい内容を伝えることも可能となります。つまり、本人の持つ可能性を最大限に活用することが大切です。

## （5）状況に応じたコミュニケーションに関すること

　円滑なコミュニケーションを成立させるためには、相手の状況や立場を適切に把握し、人間関係や距離感を理解することが重要です。肢体不自由児に限らず、目上の人や教師と話す場合と友人と話す場合、授業中と休み時間では、適切な言葉の使い方が異なります。その使い方を習得するためには、多くの状況を経験することが最も有効な手段です。しかし、肢体不自由児の場合、その経験が不足しがちで、その不足を補うために、学校の教育活動全体を通じて行う自立活動が重要になってきます。

## 3 言葉が表出されるまでの学校における具体的な働きかけ[4]

　学校現場で子どもと関わる際、コミュニケーションが図れないことが最も大きな問題の一つとなることは間違いありません。特に、重度の障害を有する子どもを担当している教師はその難しさを痛感していることでしょう。認知の発達や言語概念、新しい動きなど、どれをとってもコミュニケーションが図れないことには、なかなか獲得が難しいと感じている教師も多いのではないでしょうか。一方で、身体的に重度な障害がある子どもでも、意思疎通がうまく図れると、明らかに様々な面で成長を感じることができま

第14章　コミュニケーションについて

す。つまり、コミュニケーションは、その子どもの生きる力を育成するための基礎基本であることは間違いありません。

## （1）子どもに対する教師の姿勢や接し方

　肢体不自由児のコミュニケーションにおいて注意すべき点は、発声発語器官の運動障害だけでなく、言葉以前のコミュニケーションを示す動きや表情が出現しなかったり、出現しても微細で受け手から見逃されることがあるということです。聞き手効果段階では、受け手である教師の対応が大きな役割を果たすため、子どもの表情や発声、動きなどに対して、受け手である教師が明確な対応で子どもに返すことが重要です。しかし、子どもの動きや表情が出ない、または微細である場合には、受け手である教師の子どもの表出を受け止める能力が優れていないと、子どもへの対応が難しくなります。それでは、子どもの発信を受け止め、積極的な表出を引き出すには、具体的に受け手である教師にはどのような姿勢が必要なのでしょうか。具体的な姿勢として以下の8つのポイントを示します。

　　①肯定的に子どもの動きを考えたり、推測したりすること
　　②子どもの表出に対して一貫性のある明確な反応を返すこと
　　③子どもの反応や動きを十分に観察すること
　　④子どもの有効な受容器官を把握し、活用すること
　　⑤学校生活に覚醒水準を合わせること
　　⑥子どもが好きなものを把握すること
　　⑦可動域や随意運動が可能な箇所を把握すること
　　⑧自己刺激は無理に止めずに、活用できないか考えること

### ①　肯定的に子どもの動きを考えたり、推測したりすること

　重度の知的障害を有する肢体不自由児を担当している教師にとって最も重要なことの一つです。子どもの障害が重いほど、担任の役割は大きくなります。子どもを否定的に捉えることは、子どもの成長の可能性を摘み取ることにつながります。教師は常にアンテナを張り巡らし、子どもの微細な動きを観察することが必要です。また、教師側から子どもへの様々な問いかけや働きかけが重要であり、それが子どもの反応を引き出すことになります。子どもは家庭で過ごす時間が最も長いですが、様々な事情により、家庭で常に保護者と接しているわけではありません。むしろ、一対一に近い状態で子どもと接している時間は、保護者よりも担任の方が多い場合もあるかもしれません。つまり、最も子どものコミュニケーション能力を高める可能性を持っているのは担任と考えられます。

### ②　子どもの表出に対して一貫性のある明確な反応を返すこと

　赤ちゃんと母親の以下のような事例を一度は見たことがあると思います。

265

赤ちゃんはおむつを濡らし気持ちが悪くて泣く。

↓

お母さんは、いろいろ想定しながら、ミルクをあげたり、体温を測ったり、
おむつを替えたりする。

↓

その結果、おむつを替えると赤ちゃんが泣き止む。

↓

赤ちゃんが泣くと、お母さんがおむつを替える活動が繰り返される。

↓

次第に赤ちゃんは泣くと、お母さんがおむつを替えてくれることを理解し始める。

↓

最終的には、赤ちゃんは意図的におむつを替えてほしくて泣く。

　この事例で大切なことは、赤ちゃんに意図的な活動を出現させたのは、お母さんの行動だということです。お母さんが繰り返しおむつを替えてあげることで、赤ちゃんは意図的におむつを替えてほしいと泣くようになったのです。もしお母さんがおむつを替えてあげなければ、赤ちゃんの意図的な行動は生起しなかったでしょう。

　このことは重度の知的障害を有する肢体不自由児にも当てはまります。もしかすると、重度の知的障害を有する肢体不自由児は、最初は明確な意図を持って表出を行っていないかもしれません。しかし、教師は子どもの表出を自分に向けられた発信と捉え、必ず対応することが大切です。この対応の繰り返しが、子どものコミュニケーションの基盤を育てることになります。

　このようなことができるのは、学校や家庭しかありません。病院での訓練では、繰り返しの対応を行う時間は設定できません。この繰り返しの反応が教育の強さなのです。このような繰り返しにより、いつの間にか子どもは自分の発信に教師が何らかの反応を返してくれることに気付き、次第に無意識の表出から意図的な表出へと変わっていきます。また、同時に子どもは教師を意識できるようになります。

③　子どもの反応や動きを十分に観察すること

　重度の知的障害を有する肢体不自由児を担当する場合には、子どもの動きが意図的なのか、不随意なのかを識別する力をつけることが重要です。動きの理解については、常に対象児をきちんと観察し、記録を取っておくと、より正確に不随意の動きか、随意的なものなのか次第にわかってきます。このような観察を継続できるのも特別支援学校における教育の強さの一つです。

④　子どもの有効な受容器官を把握し、活用すること

　重度の知的障害を有する肢体不自由児の場合、視力がうまく使えないことや聴力はあるがどのように聞こえているのかわからないことなどが少なくありません。このような

場合、どのようなコミュニケーションが可能なのでしょうか。例えば、先天性盲ろうの子どもとのコミュニケーションには触覚を活用します。重度の子どもの場合、視覚や聴覚よりも、触覚、固有覚、前庭覚などの方が効果的な刺激になることが少なくありません。シーツブランコやトランポリンでの活動で笑顔が見られる場合、前庭覚への刺激が心地よかったと考えられます。また、複数の感覚を組み合わせて指導することも有効です。例えば、手遊び歌「一本橋こちょこちょ」は、聴覚や触覚、さらには視覚と固有覚への刺激を合わせたアプローチになります。この活動を音声なしで行ったり、逆に歌だけを聞かせたりして子どもの反応を観察すると、どの受容器官が最も働いているのかがわかってきます。

⑤ 学校生活に覚醒水準を合わせること

　重度の知的障害を有する肢体不自由児を担当していると、学校で長く寝ることが習慣になっている子どもを見かけることがあります。これでは学習活動を実施することが難しく、学校教育の効果は期待できません。もちろん、子どもによっては多くの睡眠時間を必要とする場合もあります。しかし、保護者から「自宅では寝ない」と言われた場合、睡眠と覚醒のリズムが崩れている可能性が考えられます。その場合、家庭と連携して学校生活での覚醒水準を高めることが重要です。家庭では睡眠を確保し、学校では覚醒水準を高めるよう努めましょう。もし、抗てんかん薬などが影響していることが想定できる場合には、学校だけでは解決できません。家庭や主治医との連携が必要になってきます。例えば、学校での覚醒の低さを病院に報告することで、睡眠作用の軽い薬に変更してもらえるかもしれません。また、家庭での早い時間での入眠習慣や、学校での適切な覚醒状態の維持について共通理解を図ることが解決策となるでしょう。

⑥ 子どもが好きなものを把握すること

　これは肢体不自由教育に限らず、特別支援教育の基本中の基本です。子どもの好きなものや活動を把握することが重要であることは痛感されていると思います。これがわかれば、子どもに対する学習内容、指導や支援方法は格段に広がります。ただ、重度の知的障害を有する肢体不自由児の場合、好きなものを見つけることが難しいことも事実です。これらの子どもは、前庭覚や固有覚を刺激するダイナミックな活動が好きな場合が多く、例えば、シーツブランコやトランポリンでの活動、さらにはバイブレーターの活用で笑顔が見られることもあります。その場合、トランポリンで揺れを提供した後、急に止めてみましょう。もし、その後発声や何らかの動きが見られるようなら、それは「やって」という催促と捉えることができます。その時は、同じ活動を繰り返しながら確認してみましょう。しかし、これらのダイナミックな活動は、人的パワーや教材教具の関係から、常時活用できない

ことがネックになります。このような場合、常に活用できる感覚と組み合わせて刺激を与えてみてください。例えば、トランポリンでの揺れと同時に決まった歌を歌うことで、トランポリンの活動を抜いても、歌が魅力的なものへと代わっていく場合もあります。

⑦ 可動域や随意運動が可能な箇所を把握すること

　随意的な動きが見られる身体の部位の近くに、AACのハイテクエイド（P313参照）のスイッチを設置して下さい。もし意図的な動きが見られない子どもの場合には、子どもの手を取り、一緒にスイッチを押してみましょう。もしかすると、子どもに新しい動きや変化が見られるかもしれません。全く反応がない子どもも多いと思いますが、しばらく続けてみてください。

　しばらく続けても新しい動きや変化が見られなかった場合、スイッチを押した後のフィードバックとしての視覚や聴覚、または触覚や固有覚への刺激が適切でなかったのかもしれません。その場合も諦めず、様々なフィードバックで試行錯誤を続けてみましょう。子どもは私たちの予想もしない刺激を好むことがあります。

　また、AACの導入前には、シンプルテクノロジー（P300参照）の活用も考えられます。もし随意的な動きが見られる身体の部位があるなら、そこにシンプルテクノロジーのスイッチを提示します。偶然触ったスイッチでおもちゃが動くなどの外界の変化が子どもの強化子となり、活動が続くかもしれません。活動が続くようなら、そこに教師が介入し、子ども、おもちゃ、教師の三項関係を成立させていきましょう。

⑧ 自己刺激は無理に止めずに、活用できないか考えること

　自己刺激は、外界との関係を築けない重度障害児が陥りやすい活動です。この活動の多くは自己の感情コントロールのために行われているため、無理に止めることは避けた方が良いでしょう。また、肢体不自由児にとって自己刺激の動きがあるということは、意図的な動きが可能であることを示しています。子どものこのような動きを自己刺激とネガティブに捉えるか、意図的な動きが可能であるとポジティブに捉えるかは、教師次第です。ぜひ、ポジティブに捉えてください。その動きを活用して、シンプルテクノロジーのスイッチを入力させるなどの方法に変えていくことが必要です。しかし、止めないと身体を傷つける自傷行為になっている自己刺激もあります。その場合には、以下のような方法を考えてみましょう。

・自己刺激よりも子どもの好きな刺激を与える
・自己刺激を行うことができないような対立する動きを教える
・自己刺激と同じ感覚を得ることのできる別の動きを教える
・自己刺激の動きで入力できるシンプルテクノロジーを活用する
・自己刺激を制止しながら、他の刺激（音楽等）を同時に与える

　簡単にはうまくいかないでしょうが、継続することで自傷行為が止まった事例もあり

ます。例えば、抜毛を繰り返していた子どもに赤ちゃん新聞（写真 14-1）を継続的に持たせたところ、抜毛が止まったこともありました。自己刺激を「動き」と捉えることで、子どもの実態を肯定的に見ることができます。その動きを活用できるように考えることが教師の重要な役割です。

## （2）コミュニケーションの基礎的能力を育てる内容とその支援の在り方[6)・7)]

コミュニケーションが図れない重度の知的障害を有する肢体不自由児に必要な能力として、「定位反応」「期待反応」「共同注意」が重要であることは述べましたが、ここでは、それらを含むコミュニケーションの基礎能力の促し方について述べていきます。まず必要なことは、子どもの反応が出やすい環境設定です。

写真 14-1　赤ちゃん新聞[5)]

### ① 環境設定と姿勢

最初に、子どもが安心して刺激を受け入れることができる環境設定が最も重要です。例えば、発作を引き起こしやすい音（金属音など）がする場所や、過剰な刺激がある環境は避ける必要があります。

また、肢体不自由児の場合、姿勢は非常に重要なポイントです。筋緊張が亢進しやすい姿勢（一般的には伸展位）では、随意的な動きや発声が出にくいことが容易に想定されます。

学校の場合、前からの働きかけには座位保持椅子やバギー、車椅子、またはクッションチェアを活用することが多いでしょう。横からの働きかけの場合、可能であれば子どもを抱っこしての床座位が最も子どもの変化を確認しやすいと思います。子どもの姿勢の基本は、接地面の広い安定した姿勢で、なおかつ緊張が緩みやすい屈曲位の姿勢になります。

### ② 認知能力

認知能力は、肢体不自由の障害がない子どもの場合、自らの探索行為や遊びとともに自然に育成されることが多いのですが、肢体不自由児の場合、その行為が難しいため、学校生活の中で意図的に認知を促す支援が必要です。認知能力とは、一般的には知能検査で測定できる能力を指し、記憶力、思考力、理解力など多岐にわたります。

これらの能力を伸ばすためには、実際に見る、聞く、触る、使うなどの実体験を積むことが重要です。自らの経験や探索が難しい肢体不自由児の場合、こちらからそれを体験できる場面を設定する必要があります。学校の教育活動全体を確認し、どの時間にどの場面で、どのような指導を行うことで子どもに実体験をさせられるのか、もう一度子どもの学校での一日の流れを確認してください。

### ③ 興味関心

障害の重い子どもほど、教師の呼びかけに対する反応がはっきりしません。そのため、教師側もいつの間にか言葉掛けなどの働きかけが減少し、それに伴って子どももますます反応が少なくなるという負の連鎖が形成される可能性があります。子どもの障害が重度であると、どう触って良いのかわからない、けがをさせてしまうのではないか、などの理由で触ることをためらい、極力避けている教師を見かけることがありますが、これは避けるべき行為です。

　毎日子どもに触れることで、子どもの身体の反応や変化を理解できるようになります。これは身体を媒介としたコミュニケーションと捉えるべきです。また、教師の触れるという活動が子どもの外界に対する興味関心を育てることは間違いありません。肢体不自由の障害がない子どもは自ら探索行動を行いますが、それが困難な子どもの場合、外界からの働きかけがないと外界への興味関心は徐々に薄れていきます。それを補うために、教師の子どもへの毎日の働きかけが必要不可欠になります。

④　感覚器官

　重度の知的障害を有する肢体不自由児の場合、コミュニケーションの手段が必ずしも聴覚優位とは限りません。視覚優位な子どもも多く、触覚や前庭覚、固有覚を盛んに働かせている場合もあります。触れる、揺らすなどの活動を常に学習に取り入れ、子どもの反応を観察しましょう。

⑤　定位反応

　定位反応とは、声に耳を傾けたり、人の顔に注目したりするなど、外部からの刺激に対して注目する反応です。この反応を形成するには、興味のある物や心地よい音、音のなるおもちゃ、わかりやすい言葉掛けなど、様々な外界からの刺激を与えます。結果として、子どもが注目した、気付いた、追視した、笑顔が出たなどの反応が見られたら、ぜひ褒めたり、一緒に喜んだりして、伝わったことを知らせてあげましょう。このように子どもの行動が周りの大人に伝わったことをフィードバックすることで、定位反応がしっかりと形成されていきます。

　もし、なかなか定位反応が出現しない場合には、毎回同じ単純な刺激ではなく、呼びかけや提示物を変えることで、定位反応を促すことも必要です。最近では、パソコンの画面上で視線入力を活用してゲームを行うこともありますが、これも最初は定位反応として見られる場合が多いと思います。

写真14-2　いないいないばあ！[8]

⑥　期待反応

　学校では、「いないいないばぁ」や手遊び歌の「一本橋こちょこちょ」などで期待反応を活用していることと思います。期待反応とは、目的とする物が目の前に現れる前や期待することが始まる前に、それを予測し期待する反応です。期待反応を引き出すには、

子どもの興味関心の高い絵本や好きな遊びを普段から把握しておくことが重要になってきます。

絵本では、『いないいないばぁあそび改訂版』（偕成社）や『とびだすえほん いないいないばあ！どうぶつ』（永岡書店）などが人気です。「一本橋こちょこちょ」などの手遊び歌は、聴覚や触覚、視覚、さらには固有覚にも刺激を与えながら期待反応を引き出します。もし、教師の表情の変化が好きな場合には「いないいないばぁ」が、いつでもどこでも使えます。

子どもの表出した反応を、教師は言語化しながら称賛しましょう。そうすることで、期待反応の確立や今後のイエス・ノーでの応答につながっていきます。

⑦ 共同注意

共同注意とは、大人と子どもが同じ対象に注意を向けることです。この共同注意により、興味や関心を共有することが可能となります。共同注意の育成方法としては、子どもの興味関心が高い物を活用し、子どもと一緒に見たりすることが効果的です。例えば、好きな絵本を子どもに提示し、子どもの視線や表情を受け止め、教師は子どもの表情と絵本を交互に見ながら絵本を読んであげるとよいでしょう。

共同注意が育成されると、本読みを途中でやめた場合、子どもからの視線や発声が見られるかもしれません。その場合の子どもの行為は教師への要求表現と捉えることができます。

⑧ イエス・ノーでの応答

コミュニケーションにおいて、イエス・ノーでの応答が重要であることは誰しも理解していると思います。この応答をどのように促進していけばよいのでしょうか。重度の知的障害を有する肢体不自由児の場合、言葉での表出が難しい子どもも少なくありません。言葉は出なくても発声が可能な子どももいれば、発声も難しい子どももいるでしょう。しかし、どの段階の子どもでも、イエス・ノーでの応答の確立は、コミュニケーションやその後のAACの活用の基礎基本となるため、しっかりと育てていきたい内容の一つです。

応答の引き出し方としては、子どもの興味関心の高いものを提示し、笑顔や発声が出ることを促します。その行動をイエスの応答として受け止め、イエスの応答が出たら、一緒に遊ぶことや好きなものを渡すことなどを強化子として提供しましょう。子どもにより、イエスの応答が視線、手差し、笑顔、発声など様々なケースが考えられます。イエス・ノーでの応答の始まりは、イエスの場合には笑顔などになることが多く、ノーの場合には反応がないことが一般的です。しかし、笑顔などの表情は周りの状況や感情に左右されやすいため、できれば笑顔と一緒に身体支援や模倣などを活用し、感情に左右

されないような身体の動き、例えばう
なずきなどに変えていくことが重要で
す。
　シンボル活用などの先を見据える
と、イエスの場合には○のシンボル、
ノーの場合には×のシンボルを使うこと

が適切になるでしょう。具体的には、好きなおもちゃで遊んだ後で「もう一回遊ぶ？」
と問いながら、○と×のカードを両方提示し、○を見たらもう一度遊んであげます。難
しい場合には、選択ではなく○のカードだけを見せて好きな遊びを行うことをしばらく
続けてください。その繰り返しで、○＝イエスの意味に気付かせてから、○×の選択に
入っても良いでしょう。
　一方、ノーの場合には、好きなもので遊んだ後にわざと違うものを提示します。その
時の子どもの反応がノーになります。その反応は発声や不機嫌な表情、無表情かもしれ
ません。その反応が見られたら、好きなものを提示して遊びましょう。また、もし嫌い
なものがわかっている場合には、あえて子どもに提示し、ノーの応答を引き出すことも
考えられます。しかし、イエスとノーを一緒に学習することは難しいため、まずはイエ
スの応答をきちんと定着させてからノーの応答を教える方が効果的です。
　イエス・ノーでの応答の確立のためには、普段から学校生活の中でイエス・ノーでの
応答が必要な多くの場面を設定することがとても重要です。子どもの登校時から下校
までの学校生活全体で、必要に応じた選択場面の設定が、イエス・ノーでの応答を確かな
ものにしてくれるでしょう。

⑨　目合わせ
　重度のコミュニケーション障害を有する子どもの場合、視線が合わないことが少なく
ありません。その場合、以下の方法を試してみてください。
　・好きな活動を行う…子どもの目の前で、子どもが好きな活動を行います。これによ
　　り、活動に子どもが視線を向けるようにします。
　・視線の誘導…活動をやめた際に、子どもが教師の目を見たら、活動を再開します。
　　このプロセスを繰り返します。
　・顔の近くで活動…最初は、教師の顔の近くで好きな活動を行います。顔の近くで活
　　動を行うことで、偶然目が合う場面を増やします。
　・目合わせの強化…偶然目が合うようになったら、活動を中止し、子どもを見ます。
　　子どもと目が合ったら、すぐに好きな活動を再開します。ハンドパペットや絵本な
　　どを活用すると効果的です。
　ポイントとしては、最初は子どもが意識して教師の目を見なくても、自然と目が合う
位置で子どもが好きな活動を行うことです。この活動を繰り返すことで、子どもに目が
合うことと活動のつながりを認識させます。もし子どもが視線を合わせるようになった

第14章 コミュニケーションについて

ら、教師の顔の位置から好きな活動を離していきます。それでも子どもが教師の目を見る様子が見られたら、目合わせが確立したと考えて良いでしょう。

また、目合わせだけでなく、発声で要求してくる子どももいるかもしれません。例えば、「一本橋こちょこちょ」をやりながら急に止めてみましょう。目を見たり、声を出したりする子どもがいたら、それは子どもの要求のサインと受け取って良いでしょう。

⑩ 指差し（手差し）

最初は子どもに手差しを教え、その後は上肢の実態に応じて指差しへ移行可能か判断します。

・手差しの導入…子どもが好きなおもちゃなどを手の届かないところに置きます。何らかの要求があったら、子どもの手を介助して伸ばしながら手差し動作を教えます。上肢にまひがない子どもでも、最初は手差しでかまいません。

・手差しの強化…子どもが手差しをできたら、すぐにおもちゃを渡します。要求が出ない場合は、手の届く位置におもちゃを置き、最初は手を取りおもちゃを渡して遊びます。少しずつおもちゃを手の届かない場所に移動させ、手差し動作を教えます。この場合の手差しは、要求の手差し（指差し）になります。

また、指差しにはいくつかの種類があるので、他の指差しも教えていきましょう。例えば、子どもの興味のある絵本やおもちゃを使い、絵本を見て「犬だよ」と指差したり、遊んでいるおもちゃを指差しながら「車だね」と話しかけたりします。これにより、要求の指差しだけでなく、応答の指差しなど、他の指差しの使い方を学んでいきます。

## 4 言語期以降の学校での働きかけ[4]

知的障害を有する肢体不自由児の場合、重度の知的障害を有する子どももいますが、知的障害が軽度の子どももいます。そのような子どもにはどのような学習内容が必要なのでしょうか。

言語期以降の子どもたちは、学校の教育活動全体での指導を通じて、言語能力が育成されていきます。しかし、その場合には、一日のスケジュールの中で、「いつ、どこで、何を、誰が」の視点を常に明確にしながら、継続的に学習内容を設定していくことが重要です。

子どもは物の用途を理解したり、人や物に名前があることに気付いたりして、教師や友達との関わりが積極的になっていきます。もちろん、言葉での表出が難しい子どもも多いですが、その場合には、ジェスチャー、視線、表情、イラスト、写真、ハイテクノロジー機器などを活用しながら、コミュニケーションを促していくことが大切です。

273

## 学校での言葉の理解を広げる活動

言葉の理解を広げる活動として、以下のような内容があります。

① 学校生活に応じた言葉掛けによる言葉の理解

② テレビやビデオの視聴を通した言葉の理解

③ 絵カードや具体物を用いての名称の理解

④ 理解している語彙を活用しての文の理解

⑤ 遊びなどの実体験を通しての言葉の理解

⑥ 絵カードや写真、ジェスチャーなどの視覚支援の活用

⑦ 朝の会や帰りの会を用いた言語や認知の育成

このような内容は「自立活動の時間における指導」だけでなく、学校教育全体の中で指導されることがほとんどです。もちろん、「自立活動の時間における指導」を活用し、絵本や絵カードなどで教えることも大切ですが、学校生活の具体的状況に合わせた言葉の繰り返しが、子どものコミュニケーション力を高めていくことになります。

### ① 学校生活に応じた言葉掛けによる言葉の理解

登校から下校まで、子どもは常に友達や先生の言葉を浴びながら生活しています。そのため、朝の「おはよう」から「さようなら」まで、一日中多くの言語を学びます。例えば、「行く」「来る」「食べる」「履く」「磨く」「書く」などの多くの動詞や、「えんぴつ」「ふでばこ」「けしごむ」などの文具、「連絡帳」「かばん」「歯ブラシ」「靴下」「帽子」などの日用品、「音楽室」「体育館」「校庭」「教室」などの場所を継続して学習していることになります。

知的障害児との違いは、多くの子どもが自分自身で興味関心のある場所に行けなかったり、好きなものに触れられなかったりすることです。そのため、経験不足になることは否めません。そこを補うことが教師の重要な役割となるでしょう。

### ② テレビやビデオの視聴を通した言葉の理解

ビデオ視聴は休み時間や国語、生活単元学習などで行われていると思います。ビデオ視聴の意義は、実体験ができない内容を見ることができる点にあります。実際にやって覚える言葉もありますが、見て覚える言葉も少なくありません。

### ③ 絵カードや具体物を用いての名称の理解

学校生活の中では、具体物の活用を通して言葉を覚えていくことが多いと思います。しかし、学校生活の中で教師が言った物を手に取るなどして言葉を覚えているように見えても、実際は一日の流れの中で使う物などをわかっているだけで、言葉を覚えているのかが不透明な場合も少なくありません。そのため、自立活動の時間における指導や国語などで、一度具体物や写真で確認することも必要です。特に、発声が難しい子どもの場合には、写真による理解は、AACの活用に必要な内容となります。

### ④ 理解している語彙を活用しての文の理解

学校では、教師が子どもの発言を先読みして学校生活が行われていることが少なくありません。例えば、子どもが「水」と言えば、教師は「○○さん、水が飲みたいのね」と言って水筒を渡します。つまり、単語だけでも学校生活は成り立ちます。この時、もし教師が「『水』をどうしたいの？」としつこく聞くと、おそらく子どもの発言が減ってくることが予想されるため、そのこと自体は悪いことではありません。

　しかし、こうしたこともあり、子どもは意外と二語文、三語文、助詞の使い方ができません。子どもの実態にもよりますが、複数の語彙がつながった文の学習を、自立活動の時間における指導や国語で実施することも必要です。例えば、国リハ式＜S-S法＞言語発達遅滞検査、公文のぶんカード、コロロメソッドで学ぶ動作のことば学習カードなどを使い、主語＋動詞の理解を図ることも大切です。また、大きさや色等の学習は、カード学習が効果的でしょう。

　⑤　遊びなどの実体験を通しての言葉の理解

　実際に遊びや体験を通して学ぶことも少なくありません。例えば、「熱い」「冷たい」「重い」「軽い」「痛い」「速い」「遅い」などは経験を積まなければわかりにくい言葉です。実際の経験が少ない肢体不自由児の場合、学校の教育活動全体で教えるだけでなく、自立活動の時間の指導などで教えることが必要になる場合もあります。

　⑥　絵カードや写真、ジェスチャーなどの視覚支援の活用

　絵カードや写真、ジェスチャーなどの視覚支援の活用は、肢体不自由児に限らず、自閉スペクトラム症（ASD）や知的障害児の支援でも広く行われています。特に肢体不自由児の場合、音声言語の発声が困難な場合があり、AACの活用が必要となることがあります。学校生活で日常的にカードや写真に慣れておくことは、AACの活用へのスムーズな移行を促進します。

　⑦　朝の会や帰りの会を用いた言語や認知の育成

　朝の会や帰りの会は、学校の教育活動全体の一環として重要な役割を果たします。朝の会は、「今日一日の学校・学級生活を見通すための会」であり、一日の予定や学習内容の確認、体調のチェックなどが主な学習活動です。特別支援学校では、通常の学校より朝の会や帰りの会に特に重きを置いており、週5回の学習活動がよほどのことがない限り、繰り返されます。そのため、この活動では、子どもたちの言語や認知能力の向上が期待できます。

　朝の会には、日時や天気の確認、呼名による応答、目標の発表など、言語や認知力を伸ばす様々な内容が含まれています。さらに、弁別学習、マッチング学習、必要な言葉の習得など、短時間で継続的に実施できる学習内容を取り入れてください。一年間の継続的な学習は大きな効果を子どもたちにもたらすことになります。

## 5 言葉の発達段階について

　言葉を学校生活で活用できるようになると、子どもの生活は広がり、さらにそのことが、言葉の獲得を加速させることになるでしょう。そこで、表14-2に言葉の発達段階と子どもの状態像を示しました。この表を活用して、現在の子どもの言葉の発達段階を確認しながら、次の目標を設定し、そこから適切な指導内容を考えてみてください。

表14-2　言葉の発達段階と子どもの状態像[6]

| 発達段階 | 子どもの状態像 |
| --- | --- |
| ①学校生活の状況を手掛かりとした簡単な言葉掛けの理解の段階 | 「行くよ」、「（連絡帳を）出して」などの学校生活の日常を理解できる。 |
| ②物や絵などの名称を理解できる段階 | いくつかの身近な文具や絵本の絵の中から名称を言うと選んだり指差したりできる。 |
| ③動作語が理解できる段階 | 食べる、洗う、飲むなどの身近な動きを表す言葉を理解できる。 |
| ④形容詞が理解できる段階 | 「大きい」「重い」「熱い」などの様子を表す言葉を理解できる。 |
| ⑤語のつながりが理解できる段階 | 「歯を　磨く」「かばんを　直す」のような２語連鎖、「○○君が　ごみを　捨てる」のような３語連鎖を理解できる。 |
| ⑥語順の法則が理解できる段階 | 「○○君が　コップを　洗う」と「コップが　○○君を　洗う」の文で、文のはじめにきた単語が動作主であることがわかり、２つの文の違いを理解できる。 |
| ⑦助詞の使い方が理解できる段階 | 「○○君が　コップを　洗う」と「コップを　○○君が　洗う」は、初めの単語が違っても、助詞「が」「を」に着目することで、２つの文が同じであることが理解できる。 |
| ⑧質問に対して応答ができる段階 | 「どうやって来たの」などの目の前の状況と関係ないことを聞かれても答えられる。 |

※新生児医療から療育支援へ　編集　鈴木康之　船橋満寿子　インターメディカ　P225を筆者が一部改変

## 6 肢体不自由児の構音指導について

　指示理解ができる子どもであれば、構音指導も可能です。肢体不自由児の場合、言語以前の問題が大きいため、構音指導に目が向かない場合が多いかもしれません。身体にまひがあるため、口腔内にもまひがあり、構音障害が生じるのは当然と思っていませんか。確かにそのような場合もありますが、少なくとも摂食・嚥下機能に問題のない子どもの場合には、構音指導を行う意味があると

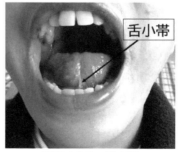

写真14-3　舌小帯

思います。摂食はプレスピーチとも呼ばれ、上手に摂食ができる子どもの場合には、構音障害があっても改善する可能性があります。

　構音指導は、聾学校や言葉の教室では行われていますが、意外と特別支援学校では行われていません。これは、知的障害があると構音指導が難しいこと、子どもと教師が一対一の場面を作りにくいこと、また構音指導の経験のある教師が少ないことなどが理由だと思われます。しかし、重複障害学級の場合には、子どもと教師が一対一になれる場面も少なくありません。また、構音指導は一度経験しておくと、今後さまざまな場面で活用することが可能です。

## （1）構音障害とは

　構音障害とは、言語理解には問題がないが、正確な発音や発話が難しい状態を示します。構音障害は、以下の4つの型に分類されます。

- **器質的構音障害**…音声器官の形態上の問題により、発音や発話に障害が生じる状態。
  例：口蓋裂、口唇裂、舌小帯（写真14-3）が短いなど。舌小帯短縮症の場合、舌を出した際に逆ハート形になります（図14-2）。
- **運動障害性構音障害**…音声器官の運動機能の問題により、発音や発話に障害が生じる状態。
  例：脳性まひ、脳血管障害など。
- **聴覚性構音障害**…聴覚からの情報が入りにくいことにより、発音や発話に障害が生じる状態。
  例：難聴など。
- **機能性構音障害**：明らかな病気や解剖学的な問題が見られないのに発音や発話に障害が生じる状態。
  例：音の置換、側音化構音など。

図14-2　舌小帯短縮症

　音の置換とは、出したい音が別の音になってしまう状態で、「さかな」の発音が「たかな」になる場合などを指します。側音化構音とは、発音時に息が口の中央からではなく側方の口角から出るため、音が歪む状態を指します。「き」「し」「ち」「り」などの「い」の段で見られやすく、成長しても残ることがあります。

　構音指導を行う場合、基本的な発音の発達順序を理解しておくことが重要です。発音の発達には個人差はありますが、おおよそ一定の順序があり、「サ」「ザ」行の音、「ラ」行の音、「ツ」は完成が遅く、4歳以降に完成するといわれています。その他の子音は4歳までに完成するのが一般的です。つまり、3歳児が、「さかな」を「ちゃかな」と言っていても、あまり気にすることはありません。

　また、発音の特徴として、音の並びや長さにより言えないこともあります。例えば、

子どもによっては、「とうもろこし」を「とうもころし」と言う場合があります。これは音位転換（おんいてんかん）と呼ばれる、発音が難しい音の並びを容易な方へ並び変える現象で、6歳位までは見られることがあるようです。「オタマジャクシ」を「オジャマタクシ」と言うのも同じ現象です。このような音位転換は、無理に言い直しをさせなくても自然に改善することがほとんどです。

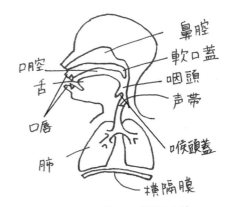

図14-3　発声・発語器官[9]

日常の学校生活においては、以下の3点に特に気を付けて、構音の基礎を育てていきます。

・呼吸しやすい適切な姿勢にする
・口腔周りや口腔内の感覚を育てる
・摂食指導で十分な咀嚼を促す

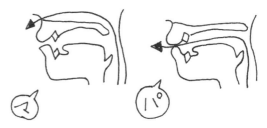

図14-4　音の作り方[10]

## （2）具体的な構音指導
### ① 音の作り方

音は、肺からの息が喉にある声帯を振動させて作られます。次に、音を作る器官（唇・舌・軟口蓋・声帯：図14-3）の形を変化させながら、声帯で作られた音を加工していき、様々な音にしていきます。例えば、「パパ」と発音する場合と「ママ」と発音する場合には、どのような違いがあるのでしょうか。「パパ」も「ママ」も同じように唇を閉じていますが、音の違いがあります。「パパ」では息が口だけを通り、「ママ」では口と鼻の両方を通ります。鼻をつまむと音が変わるので、実感できると思います。私たちは意識していませんが、軟口蓋の働きによって、息の通り道を変えることで「パパ」と「ママ」の違いを作っています（図14-4）。

写真14-4　舌圧子の活用①

### ② 発声の促し方

それでは、構音障害に対する指導方法を紹介していきます。まず、口形模倣などの構音指導が難しく、発語が全くない子どもの発声の促し方について説明します。こ

写真14-5　舌圧子の活用②

の場合には、子どもの好きな手遊び歌やダイナミックな遊びなどを活用してみましょう。好きな遊びのため、活動中に声が出ているかもしれません。その時には、繰り返しこの活動を行い、急に止めてみましょう。もし、何らかの違う発声があったら、それは遊びを続けてほしいという要求の発声かもしれません。その声が出たら、また活動を続けてください。これを何度も繰り返すことで、子どもが要求として声を意図的に出せるようになるかもしれません。

### ③ 口形模倣

次に、口形模倣が可能な子どもの場合の指導について述べていきます。この場合には、まず子どもと教師の顔が一緒に映る大きな鏡を使って口や舌の体操を行いましょう。大きな鏡で教師の口の動きを見せながら、子ども自身の口の動きも確認できるようにすることが大切です。

口の動きが可能な子どもの場合には、口を大きく開けたり、口をすぼめたり、口を左右に動かしてみましょう。舌の動きを出す場合には、舌を出したり、口の中に入れたり、舌先を鼻に近づけたり、逆に舌先を下顎へ下げたりしてみましょう。最後に、唇の周りを回してください。

次に、小児用舌圧子（通販で販売されています）を使用します。写真14-4のように、舌を押して平たくしたり、写真14-5のように片側から押しながら刺激を入れたりします。写真14-6のように、舌を丸めて舌圧子を押させることもよく行います。もし小児用舌圧子が大きい場合には、使い捨ての木製のマドラー（写真14-7）などを100円ショップで購入することも可能です。もちろん、スプーンなどを活用しても良いですが、使い捨ての方が衛生的かもしれません。

### ④ おもちゃの活用

おもちゃを活用した学習内容は、呼吸の調整と口唇の使い方を学習することが主な目的になるため、肢体不自由児にとって重要な学習内容になります。

様々なおもちゃがありますが、一般的には、笛、水笛、風船、紙風船、シャボン玉、羽毛、ティッシュペーパー、吹き戻し（ピロピロ：写真14-8）、吹きあげ（パイプ吹

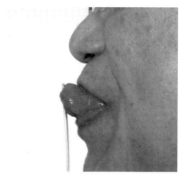

写真 14-6　舌圧子の活用③

写真 14-7　木製マドラー

写真 14-8　吹き戻し

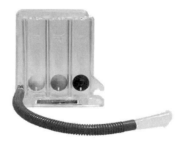

写真 14-9　トリフローⅡ[11]

きボール)、スポンジ、袋付きストローなどを活用します。吹き戻しや吹きあげ、シャボン玉などが好きな子どもが多いようです。また、肺機能を維持するために専門の機器（トリフローⅡ：PHILIPS）も販売されています（写真14-9）。この機器は、結果が視覚的にわかるので、知的に高い子どもには有効で、施設や病院でも使われています。しかし、呼気ではなく、吸気を持続しないといけないため、活用が難しく対象が限られてしまいます。

写真14-10　ミルク煎餅

このような呼吸調整の学習内容は習慣化することがとても大切です。学校生活のいつ、どこで行うのかを決めて実施を続けることで、呼吸機能の維持向上に効果が期待できます。また、机上で小さなスポンジやピンポン玉などを活用し、教師と吹き合うゲームや、袋付きストローで袋を飛ばし合う遊びなど、時間の自立活動の指導では、いろいろな活動が可能です。

⑤　食べ物の活用

ここから先は、食べ物を活用した訓練ですので、誤嚥のリスクがある子どもの場合には実施しないでください。食べ物を活用すると、それ自体が子どもにとって強化子となり、子どもは意欲的に活動を行うことが可能です。

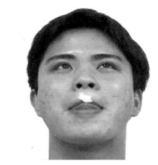

写真14-11　煎餅の活用①

ア　ミルクせんべいを使った舌の動きの誘発

最初に、舌の動きを誘発する方法としてミルクせんべいを使用します。この場合、寿宝製菓の「ミルク煎餅」（写真14-10）が最適です。このせんべいは非常に薄く、少し霧吹きで湿らせると、口腔内や口唇周りに適度にくっつきます。このせんべいを口唇周りに付け、舌で取ってもらいます（写真14-11）。また、せんべいを舌で破る（写真14-12）など、さまざまな活動が可能です。言葉の教室では、よくこのせんべいを口腔内の構音点に張り付かせる構音点法を用いて発音を教えています。ただし、せんべいが口腔内に張り付く感覚を嫌がる子どももいるため、その場合は無理をさせないようにしましょう。

写真14-12　煎餅の活用②

イ　ラムネを使った舌の平坦化

次に、舌を平らにするためには、口蓋と舌でラムネを挟んでつぶす活動も有効です。まず、舌を平たくして

写真14-13　やさいのラムネ

「べー」をさせ、その上にラムネをのせます。そのラムネを子どもに舌と口蓋でつぶしてもらいます。この活動には、安部製菓の「あべっ子ラムネ」や「やさいのラムネ」（写真14-13）が適しています。もし、子どもがラムネの味を受け入れない場合は、ボーロを同様に活用することも可能です。つぶしやすいボーロとしては、西村衛生ボーロ本舗の「はじめてのボーロ」（写真14-14）があります。

写真 14-14　はじめてのボーロ

これらの活動は、舌と口蓋でラムネやボーロをつぶす活動で、舌を平たくし、口蓋へ圧をかけることを目的としています。この時に、ラムネやボーロをただ子どもに与えるのではなく、子どもが「べー」をしてきたら、ラムネやボーロを舌にのせてあげましょう。つまり、舌を平たくして口外へ出し、ラムネやボーロをのせてもらうことも重要な学習内容になります。ただし、これらの活動はやりすぎると口蓋を痛める可能性があるため、数回にとどめてください。

　　ウ　チョコレートを使った舌の動きの訓練

舌を動かす活動として、100円ショップの使い捨ての紙皿にチョコホイップ（ヴェルデ）を数か所つけて、子どもになめ取らせます。（写真14-15）この時、「顔にはチョコがつかないように気を付けて」と言い、後で鏡で確認させると、より上手に舌で取ろうとする子どもの動きが見られます。このチョコホイップは、直接唇の周りに少しつけて舌で取るなどの活用も可能です。

写真 14-15　なめ取る活動

　　エ　笛ラムネを使った口唇の訓練

笛ラムネ（コリス株式会社）を活用し、鳴らす活動を行います（写真14-16）。一回鳴らしたら、口の中でひっくり返し、同じように口唇で挟んで鳴らします。回数を決めて行うと楽しく取り組めます。

写真 14-16　ラムネを鳴らす活動

⑥　**具体的な音の出し方**[12)・13)]

具体的な音の出し方について説明していきます。

　　ア　具体的な音の出し方について

音を教える順番として、通常は母音から子音への順が基本です。母音から教える理由は、ほとんどの音に母音が含まれているためで、教え方としては、口形模倣を基本とします。また、口腔内の場所を教えるには、先の細いマドラーで実際に指し示したり、前

281

述したミルクせんべいを構音点に貼ったりするとわかりやすくなります。母音は、「ア
オウエイ」の順で教えるのが基本です。この順番は、発音のしやすさと口の動きの自然
な流れに基づいています。「ア」が口を大きく開ける音で、最も発音がしやすく、次に、
口の開きを徐々に小さくしていくことで、「オ」→「ウ」へと発音が形成されます。次に、
「エ」→「イ」の音は、いずれも前舌母音（まえじたぼいん：舌の前部が硬口蓋に近づ
く位置で発音される母音）で、発音の難易度が「エ」から「イ」へ上がるためです。

### イ　母音の教え方

「ア」：この音は、閉じた口から自然に口を開けます。この時、舌は平らにし、下の歯
　　　茎についている必要があります。ついていない場合には、舌圧子などで軽く押
　　　さえてあげてください。教師が近くにあるものを「アッ」と言って指差し、そ
　　　の動作を子どもにまねてもらいながら遊びます。

「オ」：口形は丸く、両唇の間隔は口の大きさで異なりますが、大きい子どもで人差し
　　　指が入るくらい、小さい子どもで小指が入るくらいになります。そのため、指
　　　を口の中に入れて、それを唇で囲むことで口形を示す方法もあります。また、
　　　呼びかけの「オーイ、オーイ」を理解している場合には、呼びかけ合う遊びを
　　　すると口形を覚えやすくなります。

「ウ」：口形は丸く、両唇の間隔は大きな子どもで小指が入るくらい、小さな子どもだ
　　　とストローが入るくらいになります。子どもによっては「ポッキーを口に入れ
　　　るよ」と言って口形を作ることでも楽しめます。この場合、あまり唇を突き出
　　　さないように注意してください。また、舌の奥が持ち上がる必要があります。
　　　もし上がっていない場合には、舌の前を軽く押さえてあげると上がります。豚
　　　の絵を見せてまねっこ遊びをするのも一つの方法です。

「エ」：舌を下歯茎につけ、ストローを横にして両唇で軽くくわえます。そして、それ
　　　を静かに抜いて「エー」と発音させます。子どもによっては、ヤギの絵を見せ
　　　て「鳴き声は？」と質問したり、耳に手のひらをあてて聞こえないふりをしな
　　　がら「エッ、聞こえません」と言って遊ぶのも面白いです。

「イ」：両唇を軽く引き、口を少しだけ開きます。舌は先を下歯茎へ軽く押し付け、舌
　　　の奥は少し上がります。「前歯を見せて」と言って「イー」と言わせたりします。
　　　また、「エー」と言いながら前歯を見せ、口の開きを狭くしていくと「イー」
　　　に近づきます。「オーイ、オーイ」と呼び合ったり、チャンバラ遊びで「エイ、
　　　エイ」と言って遊ぶのもいいかもしれません。

### ウ　子音の教え方

　次に、子音を説明します。子音の順序は、通常「パ行」から始めますが、子どもの実
態に合わせ、発音しやすい音から取り組む方が子どもにとって継続しやすいと思います。

「パ行」：唇を閉じ、一気に息を吐きながら「パ」と発音させます。机の上のティッシュ
　　　　ペーパーや紙を「パ」と言って飛ばす遊びをしましょう。また、じゃんけんを

しながらパーを示し、「これは何？」と聞いて「パー」と言わせることもあります。口唇が使える子どもは、意外とすぐに覚える音です。「パー」が言えるようになったら、例えば「パイ」「パウ」「パエ」「パオ」と「パ」の音に素早く母音をつけると「パピプペポ」になります。

　「バ行」：パ行の後は通常、バ行音の指導に入ります。息を破裂させるように「ブ」を発音させ、その後に母音を続けてもらいます。「ブア」「ブイ」「ブウ」「ブエ」「ブオ」が自然と「バビブベボ」へ変換されます。「イナイイナイバァー」や「アカンベェー」、車を使って「ブッブー」、飛行機なら「ブーン、ブーン」と言いながら遊ぶことで覚えやすい言葉です。

　ここから先は、子どもの出しやすい音から教えていきます。

・タ行の音の出し方

　「タ・テ・ト」：唇を閉じて上歯茎裏に前舌をつけ、急に息を吐きながら「タ」と発音させます。机の上のティッシュペーパーや紙を飛ばす遊びを取り入れると効果的です。上歯茎裏の場所は、前述したミルク煎餅を小さく切って貼り付けるとわかりやすくなります。もちろん、チョコホイップでもかまいません。「タ」が言えるようになったら、「タエ」「タオ」と「タ」の音の後に素早く「エ」と「オ」をつけると、「テ」「ト」の音になります。

　「チ・ツ」：タ行の「チ」「ツ」の音は発音の仕方が異なります。「チ」の音は、上歯茎裏に舌先をつけ、息を上歯茎裏と舌の間からこすり出します。「チチチ」と言いながら紙に唾を飛ばして発音すると覚えやすくなります。口形は「イ」の形になります。「ツ」の場合は、口形を「ウ」にして同じような舌の動きで発音します。「チ」と「ツ」の音は難しいため、他の音が出せるようになってから取り組む方がいいかもしれません。

・マ行の音の出し方

　「マ行」：マ行は早期に獲得される発音です。これは、口唇を使うため視覚的にわかりやすいからです。唇を軽く閉じ、鼻から息を出しながら「ンー」と発音させます。「ンー」が言えるようになったら、その後に母音「ア・イ・ウ・エ・オ」をつけます。この時、舌は口の中でどこにも触れていないことに注意してください。

・ナ行の音の出し方

　「ナ行」：ナ行の音はマ行に似ていますが、唇はわずかに開き、舌先が上歯茎裏に付いています。ここがマ行との違いです。やり方はマ行と同じで、「ンー」と発音させながら、その後に母音「ア・イ・ウ・エ・オ」をつけます。運動性構音障害の子どもの場合、機能性構音障害の子どもと比べて効果があまり見られないことが多いため、その子どもが発声しやすい音を中心に発声を促進することが大切です。

発声の指導についてさらに詳しく知りたい場合は、以下の参考書籍を参照してください。
　　・『だれでもできる発音・発語指導』（柳生浩著　湘南出版社）
　　・『ことばのストレッチ体操』（ことばのストレッチ研究会編集　明治図書出版）
　また、このような構音指導は、摂食嚥下能力や呼吸機能の向上にもつながります。つまり、運動性構音障害を有している子どもにとって、構音指導は健康の保持にも寄与することを理解してください。

**引用・参考文献**

1）鯨岡　峻：原初的コミュニケーションの諸相. ミネルヴァ書房, 1997.
2）Bates E, et al. The acquisition of performatives prior to speech. Merrill-Palmer Quarterly, 21：205-226, 1975.
3）文部科学省：特別支援学校教育要領・学習指導要領解説　自立活動編（幼稚園・小学部・中学部）. 開隆堂, 2018.
4）松元泰英：かゆいところに手が届く重度重複障害児教育. ジアース教育新社, 2022.
5）People　https://www.people-kk.co.jp/toys/baby/akachanshinbun.html
6）鈴木康之, 舟橋満寿子 編：新生児医療から療育支援へ—すべてのいのちを育むために. インターメディカ, 2019.
7）鈴木康之, 舟橋満寿子 監, 八代博子 編：写真で分かる重症心身障害児（者）のケア. インターメディカ, 2015.
8）永岡書店　https://www.nagaokashoten.co.jp/book/9784522801871/
9）言語聴覚障害児・者社会活動支援の会　http://situgo.net/comment.htm
10）毛束真知子：絵でわかる言語障害 言葉のメカニズムから対応まで. Gakken, 2002.
11）PHILIPS https://www.philips.co.jp/healthcare/product/HCNOCTN405/triflo
12）柳生浩：だれでもできる発音・発語指導. 湘南出版, 1991.
13）ことばのストレッチ研究会：ことばのストレッチ体操. 明治図書 ,2004.

# 第15章

ICT について

# 1 肢体不自由児の困難について

　肢体不自由児の困難というと、最初に運動機能に対する困難が頭に浮かぶのではないでしょうか。例えば、下肢のまひで歩けない、上肢のまひで文字が書けない、体幹筋をうまく使えないために座れない、といった困難が想像できます。しかし、実際にはそれだけではありません。特別支援学校の先生方は、もっと広い視点でこれらの困難を理解しています。

　第1章のP22でも述べましたが、肢体不自由児の場合、運動機能だけの単一障害は少なく、多くの場合が重複障害です。その中でも、知的障害を併せ有することが少なくありません。そのため、動きの不自由に特化した支援だけでは、肢体不自由児の困難にうまく対応できないことが多いのです。

　つまり、以下のようなことになります

肢体不自由児の困難 ⊃ 運動機能の困難

　しかし、肢体不自由による、運動機能の困難が中核を占めることは間違いありません。それに対する支援として、アシスティブ・テクノロジー（AT：Assistive Technology）やICT（Information and Communication Technology）の活用があります。

# 2 AT（支援技術）について

　AT（支援技術）と言うと、なんとなくわかる感じはすると思いますが、具体的にはどのようなものを指すのでしょうか。まず、AT の定義について述べてみます。AT はアシスティブ・テクノロジーの略で、簡単に言うと、障害のある人々の日常や学習生活を支援する技術や機器の総称です。

　文部科学省は令和2年に「教育の情報化に関する手引 - 追補版 -」を発表しました。その中のP15には、「障害による物理的な操作上の困難や障壁（バリア）を、機器を工夫することによって支援しようという考え方がアクセシビリティであり、それを可能とするのがアシスティブ・テクノロジーである。これは障害のために実現できなかったこと（Disability）をできるように支援する（Assist）ということであり、そのための技術（Technology）を指している」と記載されています[1]。

　また、「肢体不自由のある児童生徒が車椅子を使用する場合、ただ単に座れれば良いわけではなく、体の状態に応じたクッションや座面の高さなどの調整が必要となる」とも記載されています。つまり、情報通信機器だけでなく、例えば、肢体不自由児の場合には、車椅子、クラッチ（杖）、歩行器、特殊皿、上肢の動きが困難な子どもでも入力

第15章　ICT について

できる外部スイッチなど、様々なものが含まれます。このように、ICT だけに限らず、障害のある人の生活を支えるすべての技術と捉えることができます。

# 3 ICT（情報通信技術）について

　ICT 機器の活用は、肢体不自由の有無に関わらず、今後迎える Society 5.0 時代（Society1.0：狩猟社会、Society2.0：農耕社会、Society3.0：工業社会、Society4.0：情報社会）を生きる子どもたちにとって必要不可欠です。日常生活の中で、IoT（Internet of Things：P314 参照）や AI（Artificial Intelligence：人工知能）を活用することが当たり前の時代になっていくでしょう。

　このような背景から、文部科学省は GIGA スクール構想を推進しました。この構想では、以下の 2 点が示されています。（文部科学省リーフレット「GIGA スクール構想の実現へ」[2] より）

・1 人 1 台端末と高速大容量の通信ネットワークを一体的に整備することで、特別な支援を必要とする子どもを含め、多様な子どもたちを誰一人取り残すことなく、公正に個別最適化され、資質・能力が一層確実に育成できる教育 ICT 環境を実現する

・これまでの我が国の教育実践と最先端の ICT のベストミックスを図ることにより、

| 観点 | A コミュニケーション支援 | | B 活動支援 | | | C 学習支援 | | |
|---|---|---|---|---|---|---|---|---|
| 項目 | A1 意思伝達支援 | A2 遠隔コミュニケーション支援 | B1 情報入手支援 | B2 機器操作支援 | B3 時間支援 | C1 教科学習支援 | C2 認知発達支援 | C3 社会生活支援 |
| 事例 | タブレット PC の文字入力機能を使った実践 | タブレット PC の文字入力機能を使った実践 | 教科書を読む際に、読み上げ音声で内容を理解 | タブレット PC で写真を撮る | 授業の流れを理解する | タブレット PC とアプリを利用した漢字学習支援 | タブレット PC などを使いながら個々の学習課題を支援した事例 | 自分の姿を振り返るモニタリング事例 |

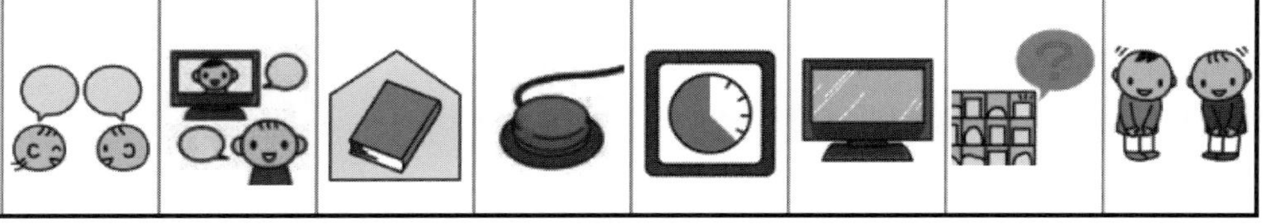

図 15-1　特別支援教育での活用事例の整理・検討

※出典　「文部科学省（2016）特別支援教育で ICT を活用しよう」[3] の図の一部を引用

教師・児童生徒の力を最大限に引き出す

もちろん、これは単に1人1台の情報端末を配布するだけではありません。GIGAスクール構想を具体的に進めるためには、子ども一人一人に適した学びを引き出すための適切な端末の活用が必要です。ただし、これはすべての場面でICTを活用しなければならないという意味ではありません。国立特別支援教育総合研究所では、図15-1のようにICT活用の事例を示しています。

この図から、特別支援教育では、大きく3つの観点でICT活用ができることがわかります。このA～Cについて、肢体不自由児での具体的な活用例を述べていきます。

A：コミュニケーション支援

アテトーゼ型脳性まひ児は、言語理解に問題がなくても構音障害を持つことがほとんどです。また、SMA（脊髄性筋萎縮症：P135参照）の子どもは知的レベルが正常でも気管切開を行っている場合があります。このような肢体不自由児のコミュニケーション支援には、タブレットPCや音声出力ソフト、視線入力などのICTが有効になります。

また、肢体不自由と知的障害が重複している子どもには、押すだけで音声が出るVOCA（Voice Output Communication Aid：音声出力型コミュニケーションエイド）を使い、スイッチと音声の因果関係を理解させることは、将来的に日常生活でのコミュニケーションに役立つと思います。これらのICT機器はシンプルで操作が簡単なため、微細な運動が困難な肢体不自由児でも活用できる場合が少なくありません。

最近では、肢体不自由児でも指先の動きに強いまひや不随意運動がない場合、発達障害児用に開発されたドロップトークやドロップタップなどを活用する場面も見られます。

B：活動支援

肢体不自由児は上肢の動きの難しさにより、学習や生活に困難をきたしている場合が少なくありません。この場合、活動支援としてどんなことができるでしょうか。

例えば、子どもの手指の動きに適応した入力スイッチ（ビッグスイッチや棒スイッチなど）とウゴきんぐ（パシフィックサプライ株式会社）を活用すると、ミキサーや扇風機などの家電製品を操作できます。これにより、知的障害のある肢体不自由児でも、スイッチを入れると家電製品が動くという因果関係に気付き、自分で家電を動かせたという達成感や成就感を感じることが可能となります。

もし、ジェリービーンスイッチのように手のひらサイズの押しボタン式スイッチを力強く押せる子どもであれ

写真15-1　まごの手式フットスイッチ

写真15-2　コンセント型フットスイッチ

第15章　ICTについて

ば、パナソニックのまごの手式フットスイッチ（写真15-1）やコンセント型フットスイッチ（写真15-2）も活用できます。これらのスイッチは、同じ機能でも2,000～3,000円で購入可能です。また、仙台高専の竹島は、スイッチ対応学習型赤外線リモコンという装置を開発しました。これは、テレビなどの赤外線リモコンの信号を学習・記憶させ、接続したスイッチで電源やチャンネル選択などができるようにしたものです。このような活動支援を行うことで、子どもの活動は格段に広がることになるはずです。

### C：学習支援

　学習にICTを導入する方法は、子どもの状態に応じて様々です。20年以上前には、SMAの子どもに対して担任と連携し、音声で作文を書いてもらったことがあります。その際に使用したソフトはドラゴンスピーチというものだったと記憶しています。また、パソコン上の本のページをめくるために、子どものまばたきを活用して授業を進めることもありました。

　現在は、Microsoft Wordでも音声入力が可能で、その活用例は数え切れません。近年では、視線を感知する視線入力装置が低価格で入手できるようになりました。例えば、2～3万円程度で購入できる「Tobii Eye Tracker 4C」によりWindowsの操作が可能です。しかし、残念ながら、ゲーム用に作られた「Tobii Eye Tracker 5」は、Windowsの視線制御のサポート対象外で使用できません[4]。しかし、ICTの導入は技術の進歩とともに進化しており、子どもたちの学習を支援する新しい方法が次々と登場しています。

　また、特別支援学校学習指導要領解説の各教科等編（小学部・中学部）の「第3章　視覚障害者、聴覚障害者、肢体不自由者又は病弱者である児童生徒に対する教育を行う特別支援学校の各教科」の第4の4（P14）には、以下のように具体的な活用例が述べられています[5]。

---

4　補助用具や補助的手段，コンピュータ等の活用（第2章第1節第1款の3の(4)）

> （4）児童の身体の動きや意思の表出の状態等に応じて，適切な補助具や補助的手段を工夫するとともに，コンピュータ等の情報機器などを有効に活用し，指導の効果を高めるようにすること。

　身体の動きや意思の表出の状態等により，歩行や筆記などが困難な児童生徒や，話し言葉が不自由な児童生徒などに対して，補助具や補助的手段を工夫するとともに，コンピュータ等の情報機器などを有効に活用して指導の効果を高めることが必要である。…略

---

　さらに、第5の4（P18）にも、以下のように具体的な活用例が述べられています[5]。

289

4　補助用具や補助的手段,コンピュータ等の活用(第2章第1節第1款の4の(4))

> (4) 児童の身体活動の制限や認知の特性,学習環境等に応じて,教材・教具や入力支援機器等の補助用具を工夫するとともに,コンピュータ等の情報機器などを有効に活用し,指導の効果を高めるようにすること。

　身体活動が制限されている児童生徒や,高次脳機能障害や小児がんの晩期合併症などにより認知上の特性がある児童生徒の指導に当たっては,実態に応じて教材・教具や入力支援機器等の補助用具を工夫し,例えば,運動・動作の障害がある児童生徒がスイッチや視線入力装置,音声出力会話補助装置などの入出力支援機器や電動車いす等の補助用具を活用したり,本を読むことが困難な児童生徒がタブレット端末等の拡大機能や読み上げ機能を使ったりして,学習が効果的に行えるようすることが重要である。…略

　つまり、運動や動作に障害がある子どもの実態に応じて、スイッチや入力支援装置、音声出力会話補助装置などの入出力支援機器を有効に活用し、学習を効果的に行えるようにすることが重要であると述べています。このように、子どもに適した教材・教具や入出力支援機器を活用することで、子どもは今までできなかった主体的な動きや学習が可能となり、それが子どもの自立や社会参加に大きな影響を与えることは間違いありません。

# 4　アクセシビリティ機能について

　障害のある子どもがICT機器を活用する際には、困難を感じる場合が少なくありません。例えば、上肢にまひがある子どもは小さなキーボードを打ちにくく、弱視の子どもは画面が見にくいかもしれません。そのような困難のある子どもに対して、機器を使いやすく調整する機能を「アクセシビリティ機能」といいます。この機能はすべてのPCやタブレットで統一されているわけではなく、メーカーやOS(例えば「Windows」や「macOS」など)によって異なります。一般的なアクセシビリティ機能には、文字を大きく拡大する機能や、音声での入力や読み上げ機能などがあります。まずは既存の機器にどのようなアクセシビリティ機能があるのかを調べ、子どもの実態に応じて効果的に活用することがICT機器導入の第一歩となるでしょう。

　以下に、iPadでよく活用される肢体不自由児向けのアクセシビリティ機能をいくつか紹介します。タブレットの側面にある電源やボリュームスイッチが小さく操作が難し

い場合、Assistive Touch を使うと画面のタップだけで操作が可能になります。

　設定 → アクセシビリティ → タッチ → AssistiveTouch（ON）にすると、グレーの四角に囲まれた白い丸が表示されます（写真 15-3）。デフォルト（ユーザが特に設定をしてない場合の標準の設定）では、写真 15-3 のボタンを 1 回タップすると Assistive Touch メニューが開き、メニューの外側を 1 回タップすると閉じます。例えば、iPad をロックしたい場合は、AssistiveTouch メニューからデバイスをタップし、画面のロックをタップすると iPad がロックされます。ボリューム調整も同様に、デバイスをタップして音量を調整できます。このように、指先の動きや力の調整が難しい子どもには非常に有効な機能です。また、外部に取り付けたスイッチを活用する場合には、スイッチコントロールを使用します。

　ここからは外部スイッチの操作について述べていきます。

写真 15-3　Assistive Touch

① **外部スイッチの登録**
・設定 → アクセシビリティ → スイッチコントロール → ON
・スイッチを選び、適切なスイッチをタップ

② **視覚支援**
　肢体不自由児の場合、運動機能障害だけでなく、視覚や聴覚などの問題を抱えていることが少なくありません。これらの困難に対して、アクセシビリティ機能は適切に対応できます。

　例えば、視覚に困難がある子どもの場合、設定 → 画面表示と明るさ → ダーク を選択すると、黒の背景に白文字となり、見やすくなります。

③**アシスティブアクセスの活用**
　対象の子どもが常に同じ場合、数種類のアプリだけを活用することが多いでしょう。また、自分で iPad を操作できる子どもでも、小さなアイコンは使いにくいことがあります。そんな時には、アシスティブアクセスを活用することで、シンプルな画面にできます。

・アシスティブアクセスの設定方法
　設定 → アクセシビリティ → アシスティブアクセス → アプリを選択
　→ グリッド表示 → アシスティブアクセスを開始。
　パスコードを入力すると、操作しやすい画面になります。

・アシスティブアクセスの解除方法
　ホームボタンをトリプルクリック → アシスティブアクセスの終了
　→ パスコードを入力　でホーム画面に戻ります。

# 5 肢体不自由児の困難さに対する支援機器の活用の考え方

　ここからは、AT（アシスティブ・テクノロジー）やICT（情報通信技術）を活用して、肢体不自由児の困難にどのように対応するかについて述べます。

　肢体不自由児＝動きの障害と考えられがちですが、実際には多くの肢体不自由児がコミュニケーション、認知、視覚や聴覚にも困難を抱えています。ここでは、動きやコミュニケーション、認知の困難を有する重複障害児への支援の考え方について説明していきます。

　肢体不自由であるということは、基本的に動きに対する困難を有していると思います。この困難に対する支援の考え方として、大きく分けると３つの方法が考えられます。

　例として、特別支援学校の生活単元学習や作業学習でよく導入されているミキサーを動かす場面について考えてみましょう。

## ① 目的となる動作を子どもの代わりに先生が行う

　例：「先生がミキサーのスイッチを代わりに押すね」と言いながら、先生がスイッチを押す場合です。言語が理解できる子どもには意味がありますが、理解できない子どもには、先生が動かしたミキサーの音や動く様子を観察するだけの学習になります。

## ② 教師の支援を受けながら、実際に目的となる動作を行う

　例：「先生と一緒にミキサーのスイッチを押すよ」と言いながら、子どもの腕や指を支援しながら、ミキサーのスイッチを子どもと一緒に押してミキサーを動かします。①に似ていますが、大きな違いがあります。少なくとも、子どもの手を取り、ミキサーのスイッチを押すとミキサーが動くという因果関係を教えています。また、普段はできない動きや指先の触覚の体験をさせています。

## ③ 子どもの動く部位の動きを活用し、目的となる動作に変換する

　例：自分一人でミキサーを動かすことを可能にします。この場合、外部スイッチ（ビッグスイッチやひっぱりスイッチなど）を作動させ、接続しているミキサーを動かします。外部スイッチとミキサーの因果関係を理解している子どもなら、①より③の方法が適切です。ミキサーを一人で動かせたという達成感や成就感を感じることができます。

　しかし、この方法はメリットだけでなく、以下のようなデメリットも考えられます。

　もし、子どもの持っている動きが自己刺激行動や常同行動であれば、ミキサーを動かしたことに喜びを感じていない、または気付いていない可能性があります。つまり、子どもはミキサーを動かしたくて体を動かしたのではなく、自己刺激や常同行動を行うこと自体が楽しくて体を動かした結果として、外部スイッチに触れ、ミキサーが動いた可能性があります。この場合、外部スイッチを入力する動きが日常の動きと同様のため、外部スイッチとミキサーの因果関係に気付きにくい、または興味の対象にならないこと

第15章 ICTについて

があります。

　これらから考えられることは、②と③の考え方は一概にどちらが正しいとはいえません。子どもの実態（外部スイッチとミキサーの動きの因果関係を理解している、もしくは学習を継続すれば理解する可能性がある子どもなのかどうか）、または、ミキサーが動くことや動かしたことに対する先生の称賛が強化子になるのか、さらにはどの程度の割合で実施されるのかなど、様々な要因を考慮することが必要です。

　さらに重要なことは、この子どもにミキサーを動かす学習内容（作業工程）を担当させることが必要なのかどうかを問い直すことです。もし必要だとするならば、②と③の方法のどちらが良いのかを先生方で話し合ってみてください。

　例えば、ミキサーを使う学習は、生活単元学習なら調理に関係した学習、作業学習なら紙工班での作業工程の一つとしてよく実施されています。③の考え方では、子どもの可能な動きを活用してミキサーを動かしました。では、②の考え方ではどのような活動になるでしょうか。

　この子どもにミキサーと同じ働きの学習内容が難しくても、近い内容をさせたいのなら、調理学習では子どもの両手を支援しながら一緒に野菜をちぎる、紙工班の紙すきの工程でも同じように子どもと一緒に紙をちぎる学習が考えられます。

　どうでしょうか。教育、特に特別支援教育は、ICT機器（この場合は支援機器）ありきではなく、まず子どもありきであるということです。その子どものためには、ICT機器を活用して子どもの可能な動作（例えば、頭を動かせるなど）を目的とする動き（例えば、ミキサーのスイッチの入力など）へ変換させた方がいいのか、それとも子どもを支援しながらその目的とする活動自体を子どもに教えた方がいいのか、学習に関わる教師全員で話し合いながら授業を構築していくことが大切だと思います。

## 6 肢体不自由児の困難に対する支援機器の活用について

　肢体不自由児が抱える最も大きな困難として、動きの困難、特に歩行を中心とした移動の困難が挙げられます。この場合、ICT機器というよりも、補装具として車椅子や電動車椅子が多く活用されています。車椅子の場合、ハンドリム（P57の図3-9参照）を手で握りながら肘を伸ばして進みますが、この動きが難しい子どもには、ジョイスティックレバーで操作する電動車椅子が使われます。

　しかし、上肢にまひがある子どもの場合、一般的なジョイスティックレバーが使えないこともあります。その場合、ジョイスティックレバーの取り付け位置を変えたり、操作の負荷を軽減するためにジョイスティックレバー内のばねを交換したりすることで、使用可能になることがあります。また、手指の力が弱く、可動範囲が狭い場合には、小型ジョイスティックやスイッチボード（いずれもIMASEN製）などを試してみるのも

良いでしょう。これらについては、多くの会社が様々なオプションを提供しています。

また、上肢の動きの困難さは、生活だけでなく、学習の準備や筆記などの学習活動にも大きな影響を与えます。特に、指先などの末梢の障害が強い場合、GIGA スクール構想で全国の児童・生徒一人一人に配布されている教育用端末の操作に困難を抱える子どもも少なくありません。

## 7 肢体不自由児の端末機器の操作について

　GIGA スクール構想により、全国の学校には教育用端末として Microsoft Windows 端末、Google Chrome OS 端末、iPadOS 端末（iPad）のいずれかが配布されています。ここでは、特別支援教育関連に多くのアプリを持っている iPad を操作するための支援について述べます。

　肢体不自由児の場合、タブレット（以下、iPad）の操作が難しいことがしばしば見られます。末梢部位（指先など）の機能が比較的保たれている疾患（筋ジストロフィー、脊髄性筋委縮症など）の場合は問題ありませんが、指や手にまひがある脳性まひの場合、iPad の操作は簡単ではありません。

　また、iPad はタブレットのため、固定せずに使用されることが多いのですが、上肢や体幹にまひがある肢体不自由児の場合、アームや三脚を使って iPad を適切な位置にしっかりと固定することが重要です。障害の重さにより異なりますが、iPad が動くたびに姿勢を変えたり、手や指の位置を調整したりすることは非常に難しいことです。不随意の動きがある子どもや筋緊張が強い子どもにとってはさらに困難です。

　私たちは片手で iPad を持ちながら、もう一方の手で画面をスワイプやタップして操作していますが、この動作は上肢にまひがあり手指の巧緻性が低い子どもにとっては非常に難しい動作になります。少なくとも、見やすい位置や操作しやすい位置に固定することが必須です。

　つまり、指先を含めた上肢のまひは、iPad のタップを中心とした基本操作を困難にしています。そのため、代替手段として、外部スイッチを導入することも少なくありません。

写真 15-4　スイッチボード[6]

　iPad を外部スイッチで操作する場合、最もシンプルな方法は、スイッチインターフェイスとして iPad タッチャー（写真 15-5）を活用し、外部スイッチで iPad を操作する方法です。しかし、iPad タッチャーの場合、貼り付けた部位だけがタップされたことになり、別の箇

写真 15-5　iPad タッチャー

所をタップしたい場合には再配置が必要です。

そのわずらわしさを解消するスイッチインターフェイスとして、「なんでもワイヤレス」（写真15-6：テクノツール株式会社）と「フックプラス」（写真15-7：パシフィックサプライ株式会社）があります。「なんでもワイヤレス」は、iPadと外部スイッチをBluetoothで接続し、アプリの操作を可能にします。一方、「フックプラス」はワイヤレスではなく、有線で接続しますが、その分、操作の因果関係が理解しやすいメリットがあります。しかし、残念ながら2023年3月で販売が終了し、後継機種としてBluetoothで接続する「ブルー2FT」（写真15-8：パシフィックサプライ株式会社）が発売されています。

写真15-6　なんでもワイヤレス[7]

もし有線で接続したい場合には、Microsoft アダプティブハブを活用し、その付属のケーブルにUSBハブをつなぎ、それにカメラアダプターを接続して最終的にiPadに接続する方法があります（写真15-9：ATティービー #108[10] 参照）。

また、iPadでは、iPadユーザーガイドでスイッチコントロールの概要がネットに掲載されています。そこからiPadOSのバージョンを選択すると、スイッチやスイッチコントロールの仕組みについて詳しく記載されています[11]。特別支援教育でiPadを活用する場合には、ぜひ一読しておきたい内容になります。

このように、肢体不自由の障害がある子どもの場合、スイッチインターフェイスや外部スイッチを活用することで、ある程度の困難は解消されると思います。

写真15-7　フックプラス[8]

写真15-8　ブルー2FT[9]

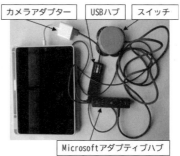
写真15-9　Microsoft アダプティブハブの活用

# 8　シンボルについて

肢体不自由の障害の場合、P286にも記載したように、多くの子どもが複数の障害

を抱えています。実際、特別支援学校を訪問すると、各学年に準ずる教育を受けている子どもは少なく、ほとんどが知的障害やその他の障害を併せ有する子どもです。このような子どもに対して、支援機器をどのように活用すれば効果的な教育が可能となるのでしょうか。

ここからは、肢体不自由と知的障害を併せ有する子どもへの指導について述べます。

重複障害で知的障害を有する子どもの支援の在り方は、知的障害児や自閉傾向のある子どもへの支援の考え方も加味しながら行う必要があります。もちろん、軽度な知的障害で言語が理解できる子どもの場合は、言語を中心に学習指導を行っていけば効果が見られると思います。しかし、言語だけでは理解や表出が難しい子どもも少なくありません。そのような子どもの場合、一般的には絵や写真、シンボルを活用することが適切です。ここからは、そのシンボルについて少し説明します。

シンボルで有名なものとしては、PCS（Picture Communication Symbols）、PIC（Pictogram Ideogram Communication）、ドロップス（The Dynamic and Resizable Open Picture Symbols）などがあります。もちろん、他にもたくさんありますが、ここでは有名なこれらのシンボルについて簡単に説明します。

まず、PCSですが、アメリカで開発されたシンボル（図15-2）で、世界で最も広く使用されているシンボルの一つです。日本でも利用者が多く、40,000以上のシンボルがあり、漫画的な要素も含んでいるため親しみやすくなっています。PCSの特徴として、カラーと白黒の両方で利用可能であり、わかりやすいリアルな外観を持ち、教材を作成するために、Boardmaker 7というアプリも出ています。

図15-2　PCSシンボル[12]

次に、PICですが、具体的な内容や対象物を表すPictogramと、抽象的な概念や動きを表すIdeogramに分けられ、現在は、日本以外にカナダや北欧、ブラジルなど20か国以上で活用されています。PICシンボル（図15-3）は黒地に白のシルエットのデザインが原則で、コントラストが強く、ロービジョンの人にも適しています。肢体不自由児の場合、視覚障害を有している子どもも少なくありません。そういう子どもには活用できるかもしれません[14]。また、2020年の東京オリンピックの開会式で、競技種目を表す50種類のピクトグラムが使用されたことは記憶に新しいと思います。

ドロップスの特徴は、なんといっても日本で開発されたシンボルであるということです。PCSやPICの場合、育ってきた環境や文化の違いから、日本人が使用するに

図15-3　PICシンボル[13]

はやや違和感を覚えることがあります。その点、ドロップスは日本人にとって一番しっくりきます。このドロップスをシンボルとして、話し言葉でのコミュニケーションが苦手な自閉症などの発達障害児のコミュニケーションを助ける支援ツールとして「ドロップトーク（Drop Talk）」が発売されました。その後、2,000 語のシンボルと音声が搭載された AAC ツールとして「ドロップタップ（Drop Tap）」が開発されています。このアプリはシンボルを iPad 画面上に配置し、タップするだけで音声が再生されます[15]。イラストや写真などから画像を追加したり、マイクから音声を録音したりすることもでき、使い手によってカスタマイズが容易なアプリです。また、iPad の一つの画面に一つの大きなシンボルを貼り付けて活用することが可能で、上肢に軽いまひがある人や視覚に障害がある人にも有効性の高いアプリといえます。

# 9 カードの活用の仕方

　ここからは、シンボルや絵、写真の使い方を子どもにどのように教えていくかを説明します。最初は、絵や写真、シンボル（以下「カード」と記載）が掲載されたカード交換から始め、カードの持つ意味を教えていきます。

　まず、カードを選ぶと良いことがあるという結果を子どもに体験させる必要があります。この教え方を、仮に上肢にまひがない子どもで考えてみましょう。

① **目の前のカードを手に取って教師に渡す → カードの内容や物が得られる。**

　この場合、最初はもう一人の教師が子どもの手を取って一緒にカードを相手の教師に渡すことを続ける必要があります（一対一の場合には、指導の先生が子どもの手を取って自分にカードを渡す）。カードをもらった教師は、カードと交換に子どもが喜ぶおもちゃなどを渡します。もちろん、子どもが喜ぶ行為（手遊び歌やイナイイナイバァなど）でもかまいません。この行為の繰り返しが、子どもにカード交換の意味を理解させることになります。

② **目の前のカードを一人で教師に渡し、好きな物と交換する。**

③ **２つのカードから好きなもののカードを選ぶことができる。**

　この場合、違うカードを選んだら教師は反応しないことが重要です。

④ **何度も間違えるようなら、再び①に戻り、手を取り、交換したいものが掲載されているカードを一緒に渡す。**

　できるようになったら②へ進みます。２つのカードでも正確に行えるようになったら、選択するカードの数を増やしていきましょう。それも可能になったら、カードの持つ意味が理解できたということになります。このような学習の繰り返しで、カードの意味を教えていきます。

次に、まひにより上肢をうまく活用できない子どもの場合を考えてみましょう。仮にカードの持つ意味を理解していても、渡すことはできない子どもの場合には、可動域に合わせたスイッチを設定することになります。また、知的に障害がある子どもの場合には、同時にシンプルテクノロジー（P300 参照）の考え方を導入し、スイッチとおもちゃの因果関係の理解を深化させる必要があるでしょう。

では、スイッチとタブレットを使ってカードを選ぶ方法について説明します。

① **随意的に動きが可能な箇所を確認する。**

ここで注意することは、不随意の動きでは活用できないということです。必ず、随意的な動きか不随意の動きかを確認してください。随意的な動きであれば、自己刺激的な動きでもかまいません。

② **動きの可能な範囲に、適切なスイッチを設定する。**

例えば、頭を左右に振る動きが可能な場合、全方向スイッチやヘッドレストに取り付けたジェリービーンスイッチなどが適切でしょう。

③ **子どもが入力したら、子どもの目の前のタブレット画面で子どもの好きな絵が動く、または出現するように設定する。**

この時、最も難しい問題は、タブレットの画面の視覚や聴覚の刺激が頭を左右に振る動作の刺激よりも魅力ある結果でなければ効果が見られないということです。つまり、子どもの動きが自己刺激的な動きであれば、子どもにとって魅力のない iPad の変化は、頭の動き → スイッチ ON → iPad の変化の因果関係を理解させることにはつながりません。子どもの興味関心が高まる視覚＋聴覚刺激の変化を探してください。どうしてもその刺激が見つからない場合には、頭の動き → スイッチ ON → iPad の変化（手遊び歌のイラストなど）と一緒に触覚や固有覚を刺激するような好きな遊び（手遊び歌やこちょこちょ刺激など）を取り入れてみましょう。これにより、自己刺激的な動きでも、スイッチに触れることで iPad の画面に変化が起こり、好きな活動が行われることに気付く可能性があります。この方法を習得するには、iPad だけでなく、普段からシンプルテクノロジーを取り入れ、子どもが自己刺激だけの世界を作らせない環境の設定が必要です。

④ **子どもの大好きな強化子（好きな画面や音楽など）を使って、偶発的なスイッチ入力経験を繰り返すことで、画面と外部スイッチが結びつくようにする。**

そのうちに、強化子の効果で意図的にスイッチを押すことができるようになるかもしれません。もちろん、その動きがなかなか出ない場合には、教師が子どもの身体を支援して、スイッチ入力を子どもと一緒に行います。

⑤ **動きが定着したら、タブレット画面の左右にカードを設定する。**

大きな枠が希望するカードを囲んだ時に、スイッチを入力すると子どもが好きな画面や音楽が鳴るようにします。

⑥　数枚（2〜4）枚のカードから選択する。

　⑦　間違いが多いようなら、③や④に戻る。

　この⑤、⑥の内容は、理論的には可能ですが、実践するにはある程度の認知と技術が必要です。もし、自己刺激の動きが上肢で、ある程度の動きが可能であれば、タブレットを子どもが上肢で選択できる位置へ設定することが有効です。なぜなら、できない時には一緒に手を取って教えることができ、支援が容易で、子どもにとって結果がわかりやすいからです。やはり、特別支援教育において、最もわかりやすい支援方法は、子どもの身体を支援しながら教える方法だと思います。

# 10　視線入力について

　随意的な動きが難しいが、視線の動きは可能な子どもを対象にした支援方法です。この場合は、視線でパソコンの画面を見つめると変化（写真が変わる、写真のものをもらえるなど）が起こることを理解させる必要があります。

## ①　EyeMoT3D の活用 [16)]

　伊藤が作成した EyeMoT3D を使い、パソコンのディスプレイを見ることで画面に変化が起こることに気付かせます。

## ②　注視の練習

　最初は短い時間から始め、徐々に注視する時間（例えば1秒　⇒　2秒　⇒　5秒）を延ばしてフィードバックしていきます。

　段階的に注視時間の延長をすることで、注視の意味を理解させていきます。

## ③　希望するカードの選択

　パソコン画面の左右にカードを提示し、子どもが希望するカードを一定時間注視したときに、好きな画面が現れたり、活動（手遊び歌など）を提供したりします。

　視線入力には、マウスのようにポインターで選択できる利点があります。しかし、教師が子どもの身体を支援しながら教えることができないという課題があり、さらに、現在の iPad 組込み型の視線入力装置である「TD パイロット」は約140万円（2024年10月現在）とかなり高額な商品になっています。

　一方、視線入力ではありませんが、知的障害がない人の場合には、スイッチとして瞬きを活用する方法もあります。選択肢が表示されている画面上を枠が移動し、その枠と選びたい選択肢が重なった時に瞬きをすると、その選択肢を入力できます。

　また、iPad の「顔スイッチ」アプリは、iPad のインカメラを活用し、スイッチ操作を実現するアプリです。このアプリを使うことで、以下のような動作をスイッチとして利用できます。

口を開ける
　　顔を右に向ける
　　顔を左に向ける
　　顔を上に向ける
　　顔を下に向ける
　　目を閉じる
　これらの設定した動作が行われたときにスイッチ信号を出力します。例えば、口を開ける動作をスイッチとして設定すると、口を開けたときに特定の操作が実行されます。
　このアプリでは、Bluetoothで接続する乾電池型のスイッチ「MaBeee」（P301参照）を使って、外部機器の操作も可能にします[17]。

## 11 シンプルテクノロジーについて

　福島は「シンプルテクノロジー」を、「肢体不自由等の障害があるために乾電池で動くオモチャや家電品のスイッチのON／OFF操作が困難な人たちが、得意な動作に反応するスイッチやセンサーを使って、乾電池で動くオモチャや家電品をON／OFFする仕掛け」と定義しています[18]。このシンプルテクノロジーは、教師と重度・重複障害児をつなぐ糸口になります。
　現在、パソコンやタブレット端末などのICT機器の発達により、障害のある子どもでもアクセシビリティ機能を活用して使える場合が多くなりました。しかし、重度な知的障害を有する肢体不自由児の場合、入力と結果の因果関係がわからないなどの課題もあります。そんな時に活用したいのがシンプルテクノロジーです。
　例えば、乾電池で動くおもちゃを外部スイッチで操作するには、BDアダプター（写真15-10）を使用します。このアダプターを使うと、外部スイッチの入力でおもちゃを動かせるようになります。スイッチは子どもの状況に合わせて選び、子どもが楽しめるおもちゃを動かすことができます。例えば、手のひらで押すだけのビッグスイッチでも、人形や自動車のおもちゃを簡単に動かすことが可能となります。

写真15-10　BDアダプター

　最初は人形や自動車のおもちゃを動かすためにスイッチを押しているわけではないと思います。しかし、偶然や教師の支援でスイッチを押すと人形が動きます。この動きが子どもの興味を引けば、何度もスイッチを押すうちに因果関係に気付く可能性が高まります。
　手が決まった方向にしか動かない子どもの場合は、子どもの持っているその動きを活

第 15 章　ICT について

用して適切なスイッチを設定します。引っ張りスイッチや棒スイッチなど、子どもの動きに応じたスイッチを設定することが可能です。手の動きが難しい子どもは、足や顔の動きでも対応できます。

　もし人形や自動車の動きに興味を持てない場合は、ウゴキんぐ（写真 15-11：パシフィックサプライ）を活用すると、スイッチで家電製品を動かすことも可能となります。

　シンプルテクノロジーの考え方は、P292 の 5 - ③の考え方と同じように感じるかもしれませんが、大きな違いがあります。シンプルテクノロジーでも自己刺激動作や常同行動などの動きを活用する場合がありますが、子どもの強化子となるものを用意することが可能です。つまり、自己刺激動作や常同行動も利用しつつ、子どもの強化子となるものを用意できる点で大きく異なります。興味のあるおもちゃが自分の方へ寄ってきたり、音を立てたりすることで、子どもが興味を持ちやすくなるのです。その点が、生活単元学習や作業学習の③の考え方とは異なります。また、日常的な遊びに取り入れることができるので、時間に制約されずに何度も繰り返し操作することが可能です。これにより、外部スイッチとおもちゃの動きの因果関係を理解しやすくさせます。

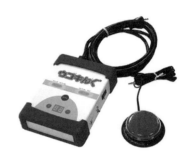

写真 15-11　ウゴキんぐ [19]

　さらに、シンプルテクノロジーは、子どもの持っている動きを活用し、普段は動かすことのできないものを動かすことができることで、子どもに喜びや気付きを与え、達成感や自主性を育む可能性があります。しかし、子どもがシンプルテクノロジーでおもちゃを動かすだけで終わっている場面を時々見かけます。これでは、子どもにおもちゃを与えて一人遊びをさせているのと変わりません。つまり、おもちゃと子どもの二項関係に過ぎません。

　子どもはスイッチを押すとおもちゃが動くという因果関係を理解できたかもしれませんが、それ以上に学習が発展していません。この二項関係に教師が参加しなければ意味がないのです。子どもがおもちゃを動かしたら、称賛したり、大げさなリアクションをしたりして、二項関係を三項関係に広げることが必要です。このような活動を継続することで、二項関係の成立から三項関係の成立へと発展させることができます。

　今までおもちゃを動かしたくてスイッチを押していた子どもは、やがて先生に称賛してほしくてスイッチを押すようになるでしょう。

　P299 に示したように、顔の動きで iPad をスイッチにできるアプリ「顔スイッチ」は、Mabeee（写真 15-12：ノバルス株式会社）を活用し、おもちゃを動かすことが

写真 15-12　MaBeee

301

可能です。決まった方向を向ける子どもには活用できると思います。例えば、少し右側を向く動きを持っている子どもの場合、その動きでおもちゃが動けば、顔とおもちゃの動きの因果関係が形成されるかもしれません。このアプリでは、顔の動きの角度やラッチやタイマーの機能が付いているため、微細な動きでも感知でき、何度も繰り返すことが可能です。実態が適した子どもがいる場合には、一度試してみてください。

最後に、MaBeee について、少しだけ紹介しておきます。MaBeee は、ノバルス株式会社が提供する乾電池型の IoT デバイスです。このデバイスは、単3乾電池の形状をしており、中に単4乾電池を入れて使用します。iPad と Bluetooth で接続することで、おもちゃを操作することができます。

主な特徴としては、車や電車のおもちゃのスピード調整、ぬいぐるみの動作、イルミネーションの演出など、さまざまな用途に対応しています。それほど高額なものではないので、購入する価値のあるものだと思います[20]。

# 12 重複障害教育に対して有効と思われる iPad のアプリの紹介

- Pocket Ponds…水に触れる感覚が楽しめる
- Video Touch-Animals…１タッチで多くの動物の動画が楽しめる
- リアルアニマル HD…動物が様々な方向から出てきたり、動いたりする
- ゆびつむぎ…絵本作家やイラストレーターの絵で遊べ、静かな感じの内容
- ぴよたっち…タッチするとヒヨコが飛び立つ、iPad タッチャーでの使用可能
- i Love Fireworks Lite…花火をあげたり見たりできる
- かんたん電車ゲーム…線路を作って電車を走らせる
- たっち&びーぷ…写真といろいろな音を楽しめる
- たいこあそび…どこをタップしても音が鳴るので、簡単に遊べる
- Cause and Effect Sensory Light Box…１タッチで神秘的な音と画面になる
- Eye Movie Player…視線で動画を動かす
- Eye Communication…視線で選択可能
- Eye Picture…視線で絵を描く
- Blink Talker…まばたきでコミュニケーションができる

以上のような、様々なアプリがあります。子どもの実態に応じて適切に活用してください。

この ICT の分野は、今後急速に技術革新が進むと予測されます。そのため、常にネットワークインフラを強化し、最新の技術動向を把握することが重要です。

**引用・参考文献**

1）文部科学省 「教育の情報化に関する手引 - 追補版 -」https://www.mext.go.jp/a_menu/shotou/zyouhou/detail/mext_00117.html

2）文部科学省 「GIGA スクール構想の実現へ」 https://www.mext.go.jp/content/20200625-mxt_syoto01-000003278_1.pdf

3）文部科学省 「特別支援教育で ICT を活用しよう」 https://www.mext.go.jp/content/1422477_1_2_2.pdf

4）Kyoto University Higher Education Accessibility Platform 「『Tobii Eye Tracker 5』で Windows を操作する」https://www.assdr.kyoto-u.ac.jp/heap/tobii-eye-tracker-5/

5）文部科学省：特別支援学校学習指導要領解説 各教科等編〔小学部・中学部〕. 開隆堂 ,2018.

6）IMASEN https://www.imasengiken.co.jp/product/emc/option.html

7）TECHNO TOOLS https://www.at-mall.com/products/nandemo-wireless?_pos=1&_sid=4d573519e&_ss=r

8）Pacific Supply https://www.p-supply.co.jp/products/index.php?act=detail&pid=610

9）Pacific Supply https://www.p-supply.co.jp/news/index.php?act=detail&id=477&cat=3

10）AT ティービー ＃108 https://www.youtube.com/watch?v=ScokZaL-xvQ&list=PLPzJqQy4JiXbalE9oTZ7rHcx1jChVqJfb&index=5

11）ipad ユーザガイド （iPadOS 16）https://support.apple.com/ja-jp/guide/ipad/ipad90b36e17/16.0/ipados/16.0

12）PiCTOGRAM & COMMUNICATION http://pic-com.jp/03_02_pic_symbol.htm

13）東京都人権啓発センター https://www.tokyo-jinken.or.jp/site/tokyojinken/tj-66-column.html

14）日本 PIC 研究会 http://j-pic.net/index.html

15）ドロップレット・プロジェクト https://droptalk.net/?page_id=6496

16）ポランの広場 https://www.poran.net/ito/eyemot/eyemot-3d

17）AT ティービー ＃129 https://www.youtube.com/watch?v=_NsX_WPtBik&list=PLPzJqQy4JiXbalE9oTZ7rHcx1jChVqJfb&index=2

18）福島勇：シンプルテクノロジーとは. 手足の不自由な子どもたち はげみ 386:4-14. 2019.

19）Pacific Supply https://www.p-supply.co.jp/products/index.php?act=detail&pid=506

20）NOVARS https://novars.jp/toycontrol

# 第16章

## 連携に必要な用語

## 第2章

**固有覚（こゆうかく）**… 身体の位置や動きを感じ取るための感覚になります。筋肉や腱、関節にある受容器が、身体の各部分の位置や動きを把握し、脳に伝えています。このおかげで、目を閉じていても、自分の手を合わせたりすることができます。

**前庭覚（ぜんていかく）**… 身体のバランスや空間での位置を感じ取るための感覚になります。主に、内耳にある三半規管と前庭器官が、頭の動きや位置の変化を把握し、脳に伝えています。これにより、身体の姿勢の調整やバランスを維持することができます。

## 第4章

**気管切開（きかんせっかい）**… 図 16-1 のように、気管と皮膚を切開しその部分からカニューレを入れ、気道を確保する方法です。これは、特別支援学校や訪問教育の子どもたちでよく見られます。

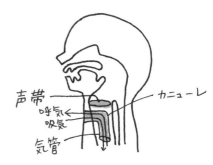

図 16-1　気管切開

**導尿（どうにょう）**… 尿道から膀胱内にカテーテルと呼ばれる細い管を挿入し、尿を体外に排出する医療行為です。このうち、自分で行う導尿を自己導尿といい、また一定の時間ごとに導尿をする場合を間欠導尿（かんけつどうにょう）といいます。

**インスリン注射（インスリンちゅうしゃ）**… インスリンは、すい臓で作られるホルモンです。糖分を含む食物は消化酵素などでブドウ糖に分解され、小腸から血液中に吸収されます。食事で血液中のブドウ糖が増えると、すい臓から分泌されたインスリンは、血液中のブドウ糖を細胞に取り込ませ、エネルギーとして利用するのを助けます。糖尿病の子どもは、すい臓からインスリンがほとんど分泌されないため、インスリン注射が必要になります。このようにインスリンには、血糖値を調整する働きがあり、インスリン注射は、このインスリンを外部から補う治療法です。

**実質的違法性阻却（じっしつてきいほうせいそきゃく）**… ある行為が、通常であれば違法とされる場合でも、その行為が正当化されるだけの事情が存在する場合には、違法性が阻却される（違法ではないとされる）という考え方です。医療的ケアにおいて、通常は医師や看護師のみが行うべき医行為を、特定の条件下で教員が行うことが認められています。

**前吸引（まえきゅういん）**… この吸引は，痰を気管や口腔内から引く吸引ではありません。経腸栄養剤を注入する前に、胃の内容物を調べるために注射器で吸引し、胃の内容物の確認をします。（ぜんきゅういん）と読むこともあります。

**ドリップチャンバー** … 滴下筒（てきかとう）ともいい、経腸栄養剤の滴下速度を観察するための筒になります。

クレンメ… 経腸栄養剤の滴下速度を調整する部位です。

ダンピング症候群（ダンピングしょうこうぐん）… 経腸栄養剤を使用している場合、急に栄養剤を腸に送ることでおこる症状です。

・早期ダンピング症候群と後期ダンピング症候群の二種類に分かれます。早期ダンピング症候群は、食後30分以内に発症します。急に栄養剤が腸に送られると、浸透圧の関係で体の水分が腸に集まり、水分のバランスが崩れることで起こります。症状として、動悸、めまいや顔面蒼白などが見られます。

・後期ダンピング症候群は、食後2〜3時間後に発症します。栄養剤が体に急に吸収されると、それを下げようとインシュリンが過剰に放出され低血糖を起こします。症状は、発汗、顔面蒼白などです。対策として、注入速度を遅くしたり、1回の注入量を減らしたりします。

## 第5章

髄液（ずいえき）… 髄液（ずいえき）は、脳脊髄液とも呼ばれています。脳室の脈絡叢（みゃくらくそう）という部分で生成され、脳と脊髄の間を循環している無色透明の液になります。主な働きは、脳と脊髄を衝撃から守るためのクッションの役割を果たすことと、脳の代謝産物を排出し、脳圧を調整することで脳の環境を安定させることです。

後索・内側毛帯路（こうさく・ないそくもうたいろ）
… P93に述べているように、振動覚・位置覚や精密な触覚を脊髄から脳に伝える重要な神経経路です。この用語には聞いたことのない単語が並んでいると思いますので、説明していきます。まず後索についてですが、図16-2に後索と後根、後角との位置の違いを示しました。役割と位置の違いをまとめると表16-1のようになります。

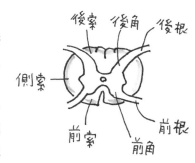

図16-2　脊髄の断面図

表16-1　後索、後根、後角、前角の違い

| 名　称 | 位　置 | 役　割 |
|---|---|---|
| 後索 | 脊髄の背側（後ろ側）にある白質の部位 | 振動覚、位置覚（関節や四肢の位置や動きを感じる感覚）や精密な感覚を脊髄から脳に伝える上行性伝導路が通る。 |
| 後根 | 脊髄の背側から出入りする神経線維の束の部位 | 末梢からの感覚情報を脊髄に伝える求心性（感覚性）神経になる。 |
| 後角 | 脊髄の灰白質の後方の部分 | 後根から入ってきた感覚情報を受け取り、脳に伝えるための中継点になる。 |
| 前角 | 脊髄の灰白質の前方の部分 | 前角には運動ニューロン（下位運動ニューロン）の細胞体が集まっていて、脳からの指令を受け、筋肉に伝達し、体を動かす。 |

次に、内側毛帯ですが、これは、延髄から始まり、橋、中脳を通り、視床へ到達する神経線維の束になります。

　つまり、精密な触覚や振動覚、位置覚は、脊髄の後索を通り、延髄でシナプスを形成します。その後、反対側に交叉し、内側毛帯を通って視床に達し、最終的に体性感覚野に伝わります。

　一方、粗大な触覚や痛覚、温度感覚の情報は、脊髄の後角でシナプスを形成し、その後、反対の脊髄側索を上行し、視床に達し、最終的には体性感覚野へ伝わることになります。

## 第7章

痙性（けいせい）…　筋肉の異常な緊張状態です。その異常な状態で手足が動かなかったり固まったりすることを痙性まひといいます。痙性は筋肉の状態を指し、痙性まひは、痙性により運動機能や感覚が低下した状態を指します。

バニーポッピング　…　両手を床につけて体重を支え、両足をそろえて前に跳びながら移動する動作で、ウサギの飛ぶ様子に似ているために、このように呼ばれています。

核黄疸（かくおうだん）…　ビリルビン脳症ともいわれています。ビリルビンの値が高くなり、大脳基底核などの細胞が侵される病気で、脳性まひ（アテトーゼ型）や難聴の原因の一つとなります。一時は、ほぼ見られなくなりましたが、超低出生体重児の生存率が向上することで最近は増加に傾向にあります。

ビリルビン　…　赤血球が分解されるときに生成される黄色い色素で、この値は肝臓の機能に異常がないか調べる検査項目の一つです。ビリルビンは、通常血液中にはわずかしか存在していませんが、肝硬変や胆石になると、値が高くなります。その場合、ビリルビンは黄色いため、皮膚や白目の部位が黄色くなる黄疸という症状が出ます。

企図振戦（きとしんせん）…　振戦とは震えのことです。企図は「くわだて」を意味し、図16-3のようにボタンを押そうとしたときなどの目的がある動作を行う場合にふるえがひどくなり持続することをいいます。安静時にはほとんどふるえは見られません。

図16-3　企図振戦

ADL（Activities of Daily Living、日常生活動作）…　日常生活を送るために必要な動作で、具体的には、次のような動作が含まれます。

　　　移乗（ベッドから車椅子への移動など）　　移動（歩行や車椅子の操作）
　　　食事（食物を口に運ぶ動作）　　　　　　　更衣（衣服の着脱）
　　　排泄（トイレの使用）　　　　　　　　　　入浴（体を洗う動作）
　　　整容（身だしなみを整える動作）

第 16 章　連携に必要な用語

虚血性壊死（きょけつせいえし）…　血液が供給されないことで、酸素や栄養が不足し、その組織の細胞が死んでしまうことです。有名な疾患として、心筋梗塞や脳梗塞があります。

視放線（しほうせん）…　目で見た物を脳の視覚野である後頭葉に伝える経路の一部になります。具体的には、図 16-4 のように、視放線は外側膝状体（がいそくしつじょうたい）から後頭葉の視覚野まで伸びる神経線維の束です。

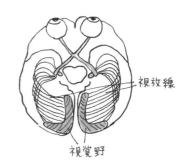

図 16-4　視放線[1]

仮性肥大（かせいひだい）…　筋ジストロフィーの場合には、ふくらはぎの筋肉が盛り上がって見える場合（図 7-11 参照）が多いのですが、これは筋肉ではなく、脂肪や結合組織が増えた状態です。そのため、実際には筋肉及び筋力は低下しています。

登はん性起立（とうはんせいきりつ）…　筋力が低下した際に見られる特有の立ち上がり方で、具体的には、床から立ち上がるときに、手を膝や太ももに当てて体を支えながら立ち上がる動作（図 7-12 参照）です。筋ジストロフィーで見られます。

跛行（はこう）…　何らかの原因（痛み、筋力低下など）で正常な歩行ができない状態です。例えば、足を引きずるように歩くことや、バランスを崩しながらの歩行などになります。

青色強膜（せいしょくきょうまく）…　強膜とは、いわゆる白目の部位で、その部位が青くなることをいいます。

象牙質形成不全（ぞうげしつけいせいふぜん）…　象牙質とは図 16-5 の箇所で、この部位の形成不全が起こり、独特な色になります。

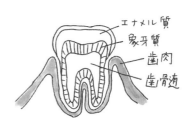

図 16-5　象牙質[2]

転座型（てんざがた）…　21 番目の染色体の一部が切断され、他の染色体に付着することでダウン症になります。遺伝のリスクが高く、ダウン症の約 5 ％は染色体の転座で起こるといわれています。症状は、通常のダウン症と変わりません。

モザイク型　…　正常な細胞と異常な細胞が混在している状態で、症状が軽くなります。モザイク型のダウン症は約 1 ％でまれなタイプです。

環軸椎亜脱臼（かんじくついあだっきゅう）…　図 16-6 のように、頸椎の一番上が環椎で、二番目を軸椎といいます。この部位は、非常に特殊な形状をしていますが、この部位がずれて不安定な状態をいいます。ダウ

図 16-6　環軸椎[3]

309

ン症はに多く見られる状態で、注意が必要です。

**耳介（じかい）**… 図16-7のように、耳の中で音を集めるために外側に出ている部分で、耳たぶも含みます。

**水腎症（すいじんしょう）**… 腎臓からの尿の流れが悪くなることで、腎臓内に尿がたまり、痛みや腎臓の機能低下が出てきた状態です。原因の一つとして尿管に結石が詰まる尿路結石（にょうろけっせき）があります。

**全前脳胞症（ぜんぜんのうほうしょう）**… 胎生期の前脳（脳の最も前の部位で、大脳と間脳）が左右へ分離されない脳の形成障害で、脳奇形、小頭症や口唇裂などの顔の奇形、重度の知的障害などの症状があります。一番多いのは13トリソミー（パトウ症候群）といわれています。

図16-7　耳介

**気管軟化症（きかんなんかしょう）**… 気管が柔らかいため、息を吐くときに気管が扁平となり、呼吸障害を伴う病気です。主に息を吐く呼気時に喘鳴（ぜいめい：ゼロ、ゼロなどの呼吸音）が強くなります。

**アーモンド様眼裂（アーモンドようがんれつ）**… 眼裂とは上下のまぶたのすき間のことで、形がアーモンドのように見える目を示します。具体的には、上まぶたが目の内側に向かって下向きの曲線、下まぶたが上向きの曲線を描いて、アーモンドのような形になります。5p欠失症候群やプラダー・ウィリー症候群など、特定の遺伝子疾患で見られます。

**人中（じんちゅう）**… 図16-8のように、鼻から上唇まで伸びる縦の溝のことです。

**失調性歩行（しっちょうせいほこう）**… 筋力低下やまひがないにもかかわらず、円滑な歩行ができない状態で、具体的には、酔っぱらいのようにふらふらと歩くめいてい歩行や足を広げ、バランスを取って歩くワイドベース歩行などがあります。

**脳卒中様症状（のうそっちゅうようしょうじょう）**… 脳卒中に似た症状を示します。激しい頭痛、けいれん、ろれつが回らない、言葉が出ない、ふらふらする、意識障害、物が二重に見える、視野が狭くなる、運動まひやしびれの症状がでます。

図16-8　人中

**心筋症（しんきんしょう）**… 心筋（心臓の筋肉）の異常で機能が低下している疾患を総称して心筋症といいます。症状としては、タイプや心筋のダメージによって様々で、息切れ、動悸、足のむくみや咳がとまらないなどの症状が出ます。

高アンモニア血症（こうアンモニアけっしょう）… 血液中のアンモニア濃度が異常に高い状態です。肝臓の機能の障害によりアンモニアを尿素に変える機能の低下が原因です。症状として、意識障害や呼吸障害、けいれんなどが起こります。

もやもや病… 図16-9のように、脳の大きな動脈である内頸動脈の終末が狭くなり、その結果、手足のしびれやまひ、言語障害などが現れます。閉塞した内頸動脈の近くから、細い血管がたくさん出るため、その見え方からもやもや病と呼ばれています。日本を含めた東アジアに多いのが特徴です。

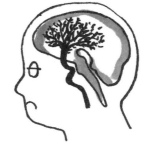

図16-9　もやもや病

## 第8章

横隔膜（おうかくまく）… 図16-10のように、胸と腹との境に位置する筋肉と腱で構成された構造になります。名前は膜ですが、実際は筋肉です。また、この横隔膜には、大動脈、大静脈、食道の通る3つの穴があり、食道が通る穴を食道裂孔といいます。

大転子（だいてんし）… 図16-11のように、大腿骨の外側の突起になります。脚の付け根の外側で一番出ている箇所です。

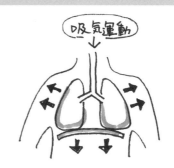

図16-10　横隔膜

自助具（じじょぐ）、補助具（ほじょぐ）、補装具（ほそうぐ）…

・自助具とは、生活の困難を減らすために工夫や改良された道具（グリップの太いスプーンなど）で、個々のニーズに応じて作られる場合がほとんどです。

・補助具は、日常生活の不便を軽減するための道具で、杖や車椅子などが含まれ、既製品が多くを占めます。

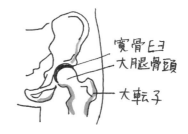

図16-11　大転子

・補装具とは、身体機能を補完や代替するための装置で、継続して使用されるものであり、義肢や座位保持装置、補聴器などが該当します。この内容はあくまでも一般的なものであり、体に合わせたオーダーメイドの車椅子なども補装具に含まれることがあります。

MOVEプログラム… MOVEはMobility Opportunities Via Educationの略で、アメリカで開発された肢体不自由児のための教育プログラムです。主な特徴として、個別化されたアプローチや日常生活での動きの重視などが特徴です。具体的には、歩行器などを日常生活の中で活用することにより、身体機能の改善を図っていくことなどがあります。

# 第10章

シーソー呼吸 … 図16-12のように、おなかと胸が交互にふくらむ呼吸になります。具体的には、息を吸うときに胸がへこんでおなかがふくらみ、息を吐く場合には胸がふくらんでおなかがへこみます。この呼吸は、気道が閉塞している時に見られます。

図16-12　シーソー呼吸

陥没呼吸（かんぼつこきゅう）… 息を吸い込むとき、図16-13のように肋骨の間や胸骨の下などが陥没することがあります。子どもは、胸郭が柔らかいため起こりやすく、喘息や呼吸状態が悪い場合に見られます。

図16-13　陥没呼吸

食道裂孔ヘルニア（しょくどうれっこうヘルニア）… 図16-14のように、横隔膜の食道裂孔（横隔膜にある食道の通る穴）から胃が胸の方へ飛び出している状態です。そのため、胃からの逆流が多く、胃食道逆流症の大きな要因になります。ヘルニアとは、本来あるべき位置から飛び出した状態をいいます。椎間板ヘルニアが有名です。

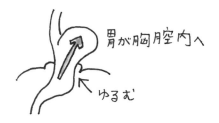

図16-14　食道裂孔ヘルニア

呑酸（どんさん）… 胃酸の逆流によって、喉の違和感や胸やけ、酸っぱさを感じる状態を指します。またはそのようなげっぷが出ることをいいます。

サイレントアスピレーション … 不顕性誤嚥（ふけんせいごえん）ともいいます。サイレントとは静か、アスピレーションは誤嚥なので、「静かな誤嚥」ということになります。つまり、むせない誤嚥です。不顕性とは症状が出ない場合のことを指します。このむせない誤嚥はとてもやっかいで、気付かないうちに誤嚥性肺炎になる可能性があります。あまりむせが見られないのに、よく熱を出す子どもや炎症反応が高くなったりする子どもはサイレントアスピレーションの可能性があるので要注意です。このような子どもの場合には、一度嚥下検査をすることが必要です。

嚥下反射（えんげはんしゃ）… 食物を咀嚼し、喉の奥まで送ると、自動的にのみ込み食道へ送る反射を嚥下反射といいます。この反射がうまく機能しないとむせや誤嚥につながります。障害児や高齢者の場合には低下していることがあるので注意が必要です。

咽頭反射（いんとうはんしゃ）… 病院で、舌圧子で舌の奥を押さえられると、「グェー」

となりますが、それが咽頭反射です。これは、異物が喉に入るのを防ぐための防御反射です。一方、嘔吐反射は、延髄の嘔吐中枢の興奮で起こります。そのため、脳圧が亢進したりしても吐き気が出ます。これが咽頭反射との違いです。

攣縮（れんしゅく）… 持続的なけいれん性の収縮をいいます。

CRP（C反応性タンパク質）… 保護者から、「CRPが高いんですよ」と引継ぎを受けることがあるかもしれません。身体のどこかに炎症があるということです。C反応性タンパク質は、体内で炎症や組織の損傷があるときに肝臓で生成され、血中に現れるタンパク質です。どこに炎症が生じているかは診断できませんが、炎症の有無を把握する値です。同じような検査として、白血球数を調べることがあります。白血球数の場合には、反応が早く、CRPよりもすぐに結果がわかりますが、炎症だけでなく激しい運動やストレスなどでも上昇する場合があります。

VF（嚥下造影検査：えんげぞうえいけんさ）… 誤嚥があるかどうかを調べる検査ですが、それだけではなく、どのような食形態や姿勢だと誤嚥しにくいかなどの様々な情報を調べることができる検査になります。バリウムを含む食物を飲み込んでもらい、その流れをエックス線で調べます。

甲状軟骨（こうじょうなんこつ）… 図16-15のように、「のど仏」を形成している軟骨で、この骨の前方部分が「のど仏」になります。指で触ると、「ゴックン」とのみ込んだ時に、持ち上がる骨です。つまり、この甲状軟骨が上がった時には、のみ込んでいることになります。しかし、嚥下力が弱っている子どもの場合は、一回の「ゴックン」では、のどにまだ食物が残っ

図16-15　甲状軟骨[4]

ている場合があり、次の食事を口の中に入れてしまうと誤嚥の原因になることがあります。そのため、子どもの嚥下力は常に確認しておくことが大切です。

## 第11章

吸啜反射（きゅうてつはんしゃ）… 赤ちゃんが母乳やミルクを飲むために、舌の上下運動で口腔内を陰圧して乳汁を吸い出す動作で、原始反射の一つです。障害の重い子どもにはこの動作が残っていることがあります。

## 第14章

ハイテクエイド
　AAC（拡大・代替コミュニケーション：コミュニケーションに困難を抱える人々が意思を伝えるための方法や技術）はノンテクエイド、ローテクエイド、ハイテクエイドの3つに分類できます。

以下に、それぞれを説明します。

**ノンテクエイド** … 特別な技術を使わないコミュニケーション手段。例えば、表情、視線、ジェスチャーなど。

**ローテクエイド** … シンプルな道具を使ったコミュニケーション手段。例えば、文字盤、コミュニケーションボード、写真、イラストなど。

**ハイテクエイド** … 電子機器やソフトウェアを活用したコミュニケーション手段。例えば、意思伝達装置、VOCA（P288 参照）など。

## 第15章

**IoT（アイオーティー）** … Internet of Things の頭文字で、直訳するとモノのインターネットですが、家電、自動車、住宅、機械などの様々な「モノ」がインターネットに接続され、人間と相互に通信する状態を示しています。例えば、スマートホームでは、エアコンや照明などの家電がスマートフォンから遠隔操作できるようになりました。その他の活用例を挙げてみます。

    **交通**：自動運転車や交通管理システム

    **ヘルスケア**：ウェアラブルデバイスによる健康データのモニタリング

    **農業**：センサーを使った土壌や作物の状態監視

今後、IoT は、私たちの生活や産業の効率性と利便性を大幅に向上させていくことは間違いありません。

**引用・参考文献**

1）公益財団法人　日本眼科学会　https://www.nichigan.or.jp/public/disease/structure/item02.html

2）歯科の辞典　https://www.shika-yogojiten.jp/dictionary/273/

3）赤坂整形外科　http://blog.akasei.net/?eid=921600

4）イラスト AC　https://www.ac-illust.com/main/search_result.php?word=%E7%94%B2%E7%8A%B6%E8%BB%9F%E9%AA%A8&utm_source=tag

松元泰英先生の本

ISBN978-4-86371-332-1
B5判／186頁
2015年11月発行
本体2,200円＋税

医師や理学療法士、作業療法士などの専門家との連携で困らないために、肢体不自由教育の現場で必要とされる医療用語を豊富なイラスト、写真を使ってやさしく、かつ簡潔に解説する。「解剖学的内容」「摂食指導」「医療的ケア」「疾患」「一般用語」と5つの章に分けて掲載。便利な索引付き。

ISBN978-4-86371-468-7
B5判／168頁
2018年6月発行
本体2,200円+税

医学博士・言語聴覚士である筆者が、特別支援学校での22年間の教員経験を生かし書き下ろした重度重複障害児教育の入門書。"この一冊を読めば何とかなる"をコンセプトに、教員が指導を進める上で知っておきたいこと、大切なことをまとめた。外部専門家や保護者との連携に関するヒントも満載。

ISBN978-4-86371-630-8
B5判／192頁
2022年6月発行
本体2,300円＋税

重度重複障害児教育の入門書として好評の『目からウロコの重度重複障害児教育』の続編。教育現場ですぐに実践できるよう、障害に応じた具体的な支援方法を豊富なイラストで、わかりやすく解説しているのは前作と同様。今作では、特に学校で求められる「自立活動」「摂食指導」「医療的ケア」「コミュニケーション」の内容を重点的に掲載しています。また疾患別の指導を解説。子どもの実態に応じた指導の助けになる、正にかゆいところに手が届く内容です。

# 教育現場ですぐに役立つ
# 肢体不自由教育の手引書
### ～肢体不自由児の生理・心理・病理から
### 教育課程までこれ一冊で～

2025 年 3 月 31 日　初版第 1 刷発行

■著　者　　松元　泰英
■発行者　　加藤　勝博
■発行所　　株式会社 ジアース教育新社
　　　　　〒 101-0054　東京都千代田区神田錦町 1-23　宗保第 2 ビル
　　　　　TEL：03-5282-7183　FAX：03-5282-7892
　　　　　E-mail：info@kyoikushinsha.co.jp
　　　　　URL：https://www.kyoikushinsha.co.jp/

■イラスト　さめしまことえ
■表紙デザイン　小林峰子
■DTP　株式会社彩流工房
■印刷・製本　三美印刷株式会社
○定価は表紙に表示してあります。
○乱丁・落丁はお取り替えいたします。（禁無断転載）
Printed in Japan
ISBN978-4-86371-717-6